音楽心理学入門

星野悦子 編著

誠信書房

はしがき

　音楽心理学は旧(ふる)くて新しい学問である。19世紀後半に科学としての心理学がドイツで産声を上げたが，その時点で音楽的知覚の実験や美的判断の研究がすでに始まっていたのである。そして現在も日進月歩で研究成果は増え続け，その意味ではいまだ発展途上の研究領域ともいえる。

　音楽は古代から人間の生活と共にあって，芸能・芸術としてばかりではなく，いろいろな場面で人間に関わってきた。あるときは人の心を慰撫し，解放し，鼓舞し，整えてもきた。人間の生活に寄り添い，心や体に深く影響を及ぼす音楽は，まさしく問うに価値ある心理学の研究対象といえよう。

　本書は，音楽心理学を初めて学ぶ人や学生の皆さんに基礎的知識を提供しながら，より深く学ぼうとする読者にも十分読み応えのある水準を目指すという，やや欲張った「入門書」である。これまでの音楽心理学の成果を広く紹介すると同時に，今後の方向性を示唆する新しい知見も多々取り上げている。

　執筆者の多くは大学などで心理学や音楽心理学，音楽教育などの教鞭をとっているが，大学や短大のテキストにもなる音楽心理学の本は少ないと考えていた。そこで，自分たちで協力して，音楽心理学に関心をもつ人たちに広く受け入れられるような内容と水準を目指して書こう，ということになった。

*

　本書は次のような特徴をもつ。

　第一に，全部で13の章から構成され，各章は現代の音楽心理学を形成する中心的テーマを扱っている。序章ともいえる第1章では，この学問全体を展望し，第2章以降は，音楽音響の感覚と知覚，音楽の認知，音楽の記憶，音楽と他の認知能力との関係，音楽と感情，音楽的発達，音楽と脳，演奏の心理，音楽社会心理学，音楽療法，産業音楽心理学と続いていく。いわば古典的なジャンルから最先端のジャンルまで，これまでの類書にはない切り口と幅広いテーマを含んでいる。また，章ごとに軽めの話題を短くまとめた「コラム」を置き，各章末にはその領域に関して推薦できる和書を「参考図書」として挙げた。ぜひとも全体を通読して，音楽心理学の間口の広さと多様さを知っていた

だきたい。

　第二に，本書ではスタンダードで明快な内容の記述を心がけた。現時点でわかっていることをしっかりした科学的根拠をもって書き，今はまだ推測でしかないこととは区別するように努めた。さまざまな理論的立場がある場合には，なるべく公平・中立な立場でバランスよく，一つの理論について詳細な記述をし過ぎないように留意した。そうすることによって，音楽心理学研究の今後の新たな進展とダイナミックな変化や展開にも，柔軟に対応できることになるだろう。

　第三に，本書はその専門領域で堅実に実績を積んでいる研究者が執筆した。その多くは心理学者であるが，脳科学，音楽教育学，音楽療法の専門家も含まれる。「音楽と心理」という複雑で多層的な対象の理解と説明には，さまざまな角度からのアプローチが必要だからである。若い読者にとっては，音楽心理学が内包するあまたの専門領域を知る機会になるはずである。

＊

　音楽心理学は体系化の遅れている学問と見なされるふしもあるが，それはもはや事実ではない。体系とは「一定の原理で組織された知識の統一的全体」（『広辞苑』）である。本書では，実証性と客観的測定を重んじる人間科学という「一定の原理」をもつ心理学的方法論によって，音楽行動とその心的活動に関して蓄積された多くの「知識の統一的全体」を組織し構築すること，つまり，現在の音楽心理学を可能な限り体系的に整理統合し，全体像としてまとめ上げることを目指している。どれだけ成功したかは，読者の皆さんの今後の評価を待つほかはない。

　西欧では古代ギリシャの昔から，音楽が人間性の発達に必須の実践かつ学問として重視されてきたが，現代では音楽心理学こそが必須の学問といえるかもしれない。私たちはいつでもどこでも大量の音楽に囲まれるという前人未到の時代に生きており，遍在する音楽との適正かつ実りある向き合い方を模索・探究・理解する必要がある。このためには，音楽心理学が最適の科学といえるであろう。本書がそのためにささやかでも役立てば幸いである。また，音楽の不思議さに挑むこの学問の面白さも実感していただければ，執筆者全員にとってこれ以上の喜びはない。

＊

　最後に，本書の発刊にあたり，誠信書房編集部の中澤美穂氏，米森俊輔氏にはさまざまな面でのサポートと緻密なる編集の労をお取りいただいた。執筆者を代表し，心から感謝申し上げる。

　　2015 年 1 月

編 著 者

＊

　このたびの増刷にあたり，若干の修正を加えてアップデートした個所がある。また，可能な範囲で新しい研究の紹介にも心掛けた。

　　2024 年 5 月

編 著 者

目　次

はしがき ……………………………………………………………… iii

第 1 章　音楽心理学とは何か ……………………………… 1

第 1 節　音楽心理学の定義　1
第 2 節　音楽心理学の方向性　4
第 3 節　音楽心理学の歴史　5
第 4 節　音楽心理学の研究領域　11
第 5 節　音楽心理学の研究法　15
　コラム　音楽の機能　12

第 2 章　音楽と音響 …………………………………………… 26

第 1 節　音の物理学的特徴について　26
第 2 節　音を知覚する生理的な仕組み　34
第 3 節　音の強さの尺度　37
第 4 節　聴覚に固有な事象　39
第 5 節　音律と協和　41
　コラム①　残響時間　28
　コラム②　日本語母音のフォルマント　32

第 3 章　楽音の知覚 …………………………………………… 45

第 1 節　音の大きさ（ラウドネス）　45
第 2 節　音の高さ　50
第 3 節　音色　54

第4節　音楽の印象判断　58
　　　コラム　サウンドスケープ　58

第4章　音楽の認知 ……………………………… 65

　　第1節　メロディの認知　65
　　第2節　楽音の群化とパターンの認知　67
　　第3節　旋律パターン（旋律線）の認知　72
　　第4節　拍節・リズムの認知　76
　　第5節　調性の認知　79
　　第6節　旋律の分析と期待　84
　　　コラム①　音階旋律の錯覚　71
　　　コラム②　和音プライミング　85

第5章　音楽の記憶 ……………………………… 92

　　第1節　記憶の心理学　92
　　第2節　音楽の短期記憶　94
　　第3節　音楽の長期記憶　96
　　第4節　音楽の潜在記憶　100
　　第5節　音楽・記憶・ライフサイクル　104
　　　コラム①　トスカニーニの暗譜　99
　　　コラム②　大音量の音楽が記憶力を伸ばす？　103

第6章　音楽と他の認知能力 …………………… 110

　　第1節　音楽の聴取と認知能力　110
　　第2節　モーツァルト音楽への心理的反応　122
　　第3節　長期の音楽教育・訓練と一般認知能力　126
　　第4節　おわりにかえて　130
　　　コラム　音楽は聴覚のチーズケーキ？　115

第7章　音楽と感情 …………………………………………… 137

第1節　音楽と感情の関係　137
第2節　音楽が表す感情　142
第3節　音楽による感情の喚起　147
第4節　音楽的感情　151
　　コラム　音楽による感情喚起メカニズム　153

第8章　音楽行動の発達 ………………………………………… 162

第1節　音楽行動の発達とは　162
第2節　乳児期の音楽行動　164
第3節　幼児期の音楽行動　167
第4節　児童期の音楽行動　170
第5節　青年期の音楽行動　174
第6節　演奏技能習得と音楽専門家への発達　177
　　コラム　子どもの歌の発達研究　170

第9章　音楽と脳 ………………………………………………… 185

第1節　脳研究の基本事項　185
第2節　音楽の知覚・認知と脳活動　193
第3節　演奏と脳活動　197
第4節　音楽と感情の脳活動　201
　　コラム①　エビデンスに基づいた医療　192
　　コラム②　絶対音感と脳　200

第10章　演奏の心理 ……………………………………………… 211

第1節　演奏の実証的研究　211
第2節　演奏を生みだす心と身体　225

コラム① 演奏者の感情 224
コラム② 即興演奏の心理 230

第 11 章　音楽の社会心理学　240

第 1 節　音楽の社会心理学とは　240
第 2 節　性格と音楽行動　242
第 3 節　ジェンダーと音楽　248
第 4 節　社会の中での音楽の役割　251
第 5 節　音楽の好みと社会との関係　253
第 6 節　音楽についての語りとアイデンティティ　257
コラム　教育場面での社会心理学　252

第 12 章　音楽療法　263

第 1 節　音楽療法の概要　263
第 2 節　音楽療法の実際　266
第 3 節　音楽心理学と音楽療法の関係　272
コラム　フリギア旋法を生かした「報告ゲーム」!?　279

第 13 章　産業音楽心理学　283

第 1 節　現代社会と音楽　283
第 2 節　商品としての音楽　286
第 3 節　産業のための音楽　292
第 4 節　音楽の消費の方法　295
コラム①　スピーカーの試聴に適した曲　292
コラム②　超音波と CD と「癒し」　298

事項索引　302
人名索引　310

第1章 音楽心理学とは何か

星野　悦子

第1節　音楽心理学の定義

1　音楽心理学とは

　音楽心理学（psychology of music）についてのきちんとした定義は，あまり知られていない。それはどのようなものなのか。まずは先達の定義や関連することばを紹介してみよう。

　「音楽心理学とは，音楽的行動，および広く音楽に関係した行動一般についての心理学である」と，その著書『音楽心理学』の冒頭に記したのは，京都大学で心理学を講じていた梅本堯夫（1966）である。**音楽的行動**とは作曲，演奏，鑑賞（聴取）を指し，レヴィン（Lewin, K.）のいう $B=f(P, E)$ を引用して，音楽的行動（B）が，音楽をする人（P）と，音楽（E）とによって，どのような影響を受けるかが問題にされるとする。

　「音楽心理学は心理学的方法と理論とによって音楽現象を究明する科学である。したがって，心理学の体系の中にありながら，同時に，音楽学の体系にも属している」と述べたのは，東京藝術大学で長く心理学の教鞭をとっていた櫻林仁（1966）である。

　東西の二人の先達のことばをまとめると，音楽心理学は音楽的行動についての心理学であり，同時にそれは音楽学の中に含まれる性質をも併せもつ。つまり，心理学と音楽学の**境界領域**に位置する学問ということになる。このほかにも音楽心理学に関連する隣接領域には，音響学，音響心理学，聴覚心理学，感

情心理学,音楽教育学,音楽社会学,音楽神経(脳)科学,音楽療法などが含まれている[1]。本書では,こうした関連領域がどのように音楽心理学を広げ豊かにしているのかを,各章を通して見ていくことになる。

さて,櫻林は上記に続けて「このような既成の学問体系相互のあいだに介在する境界領域は,一般に,未開発のままにとり残されるきらいがあるが,また,それなるがゆえにこそ,未来の発展を約束された光栄ある開拓地の役割を果たすのである」(p. 343) と書いた。音楽的行動を研究対象とすることが音楽心理学の第一の特徴であり,さらに境界領域であることが音楽心理学の第二の特徴である。それが多様なとらえ方を生みやすくし,さまざまな学問的背景をもつ人々の関心を呼び込むのであろう。このことは同時に,音楽心理学が現在も日々新たな知見を生み出しているダイナミズムに寄与している。

さらに,『ニューグローブ世界音楽大事典』から「音楽心理学」の項を調べてみると,その冒頭は次のように始まる。

> 音楽心理学とは心理学の一領域であり,最も原初的なものから最も高次に発展したものに至るまで,あらゆる形態の音楽行動の研究を志向する学問である。研究方法としては**実験心理学**[2]の方法を用い,臨床的研究や神経学的な研究までも含むより広い学問分野の中で,関連するあらゆる研究成果を吸収している。(スペンダーとシューターダイソン,1994, p. 177)

ここには,あらゆる形態の音楽行動を対象にするのであり,研究方法としては実験心理学の方法を用いることが記されている。これが音楽心理学の第三の特徴である。

次に,そもそも心理学とは何かについて押さえておく必要があるだろう。

2　心理学とは

心理学(Psychology)とは人の心の働き,あるいは人や動物の行動と意識

---

[1] ラドシーとボイル(Radocy & Boyle, 1979)は,音響学,社会学,人類学,哲学が,音楽心理学にきわめて関係が深い領域だと記している。

[2] 基礎心理学ともいう。応用を目的とするよりも,実験を重用して理論的な法則定立を目指す。

を研究する学問である。心とは，生体の複雑な行動を支えている内的過程を指すが，ただ単に心や行動を"研究する"だけでは心理学の要件を満たさない。方法が科学的であること，すなわち「**データの収集と処理に基づく推論**」である**実証的方法**を採用することが，心理学の基本条件である（下山, 2000, p. 42）。そして，そのための方法論を備えている**経験科学**[3]である。心理学は，人間理解のための基礎的研究と，その実践的な応用研究からなっている。

　心理学は科学であるから，その考え方は**論理実証主義**に基づいている。論理実証主義とは，経験観察によって実証し，分析によって論証する，検証可能な命題を意味ある事柄として探究する立場である。逆にいうと，検証できない命題は追究しても無意味であるとして，形而上学とは袂を分かった哲学的な立場を貫いている。人間の精神活動という，曖昧でつかみづらいものを研究対象とする（だから，方法論の科学性には強くこだわる）。そして，あくまでも現実の人間から経験的・実証的なデータを収集して，そこから論理的に推論・検討して妥当なものを知見として得る。さらに知見を積み重ねて，人間行動と心理の理論化・体系化に努めている。

　心理学の方法には，観察法，調査法，実験法，検査法，面接法，事例研究法などが含まれるが，最も重用される方法は「実験（法）」である。**実験**（experiment）とは，こうすればどうなるのか，条件を設定して実際に試してみることである。心という曖昧な対象を探究するがゆえに，可能な限り統制された条件下で観察対象となる反応を確定し，データ収集を行う。探索的な実験もあれば，仮説に基づいて白黒をつける検証実験もある（本章第5節参照）。

3　音楽心理学の定義

　再び音楽心理学とは何かについて立ち返ってみよう。音楽心理学とは，音楽的事象に関係する人間の行動（音楽的行動）や精神活動を探究する，心理学の一分野である。佐瀬（1962）は「音楽は，単なる音の刺激ではなく，内的な意味を持つ人間の活動の一部である」という『教育心理　下巻』（昭和22年文部省発行）からのことばを紹介した後，「音楽は精神の活動であり，心理学は精神活動の科学である。したがって，音楽と心理学との間には親和関係が成り立

---

[3]　経験的事実を対象とした学問。

つ」(p. 22) と記した。音楽心理学とは，音楽に関係した**行動**[4]および**精神活動**についての心理学である。これは音楽という現象を，人間の行動であると同時に内的な精神活動（心理過程）としても理解し，音楽現象を行動/心理現象としてとらえる。音楽をする心と音楽的行動において，何が，どのようなメカニズムで起こっているのかについて，理解と説明を試みるのである。

以上をまとめると，音楽心理学は，音楽的行動や，音楽現象と人間との関係について，広範囲に研究する心理学の一領域である。とりわけ関係の深い音楽学との境界に位置してはいるが，その軸足はあくまでも心理学という科学の中にあり，実験を重視する基礎心理学とその応用からなる専門領域である。

第2節　音楽心理学の方向性

音楽心理学にはいくつかの考え方や方向性（研究の立場）が存在する。

一つ目は，20世紀の初めから中葉に活躍した**シーショア**（Seashore, C. E.）たちに見られた。それは「音楽についての」心理学であり，あくまでも既成の音楽作品（西洋芸術音楽の作品が多い）という刺激を中心に置いて，それによってもたらされる人間の反応や行動の変化を探究していく立場である。西洋音楽理論と人間の音響知覚の対応関係について調べる研究が代表例であり，「西洋芸術音楽とその理論に仕える心理学」といえるかもしれない。

二つ目は，音楽に参加している「人間の行動自体」を研究する心理学である。聴取行動として聴き手の聴取態度を調べることや，音楽能力の測定・訓練に関する研究，演奏行動として演奏者の技能や身体動作，練習の効果的スキルの研究，などがこれに当てはまる。精神活動よりも「行動の測定」に重きを置く，**行動主義**の流れに立脚するものといえよう。

三つ目は，音楽を言語のような「情報の一種」としてとらえ，それを心の中でまず知覚し（知識にあまり依存しない過程），認識や理解や記憶するという

---

[4] 心理学でいう「行動」ということばは，一般の使い方（何かをしようとして体を動かすこと）よりも広い意味で用いられる。多くは生活体（人・動物）の能動的な運動を含めて，外部に現れた観察可能な内・外の活動を指すが，広義には感情，思考などの精神活動や，無意識の過程まで含めることがある。

認知（知識に強く依存する過程）の処理の，同時的または継時的な心理過程を詳しく追究して，人間の知覚・**認知**[5]の仕組みに関する一般的知見にその事実を加えよう，とする立場がある。これは音楽の**認知心理学的研究**ともいえる（阿部・星野，1985）。たとえば，短い音高系列の調性的まとまり感（星野・阿部，1984）や，単一音高の記憶が音階スキーマによって影響されること（星野，1985）といった研究，あるいは拍節やリズムパターンの知覚研究とモデル化（後藤，2000；岡田・阿部，1998）などが中心に行われてきた。音楽を材料にした知見を得ることで，私たちの一般的な知覚認知機序の解明に役立つことが期待できる（詳しくは第4章参照）。

このほかにも，津崎（1988）は，音楽という刺激が人間の行動・情動に与える「影響」を重視する立場を挙げている。音楽療法研究や，環境音楽の作業効率の研究などが当てはまる（第6章，第12章，第13章参照）。

どの立場にせよ，そこには音楽現象と人間との密接な関わりが想定されている。この二つはどちらも非常に複雑な構成体であり，かつ相互作用しあって「音楽の場・状況」が成り立つ。近年は，人が音楽行動を行う**状況・文脈**の重要性が指摘されている（第11章参照）。研究の目的や対象に合わせて，各種の研究方法が工夫され，この錯綜した現象にアプローチしている。

第3節　音楽心理学の歴史

ここで梅本（1966）を参考にしながら，音楽心理学の歴史を簡単に眺めてみたい。黎明期から現在まで，六つの時期に大きく区分できるであろう。以下に欧米と日本での研究を併記する。

1　I期──黎明期

音楽心理学の始まりは19世紀後半にさかのぼる。1862年にドイツの**ヘルムホルツ**（Helmholtz, H.）によって『音響感覚論』が著され，彼の助手だった

---

[5] 人間の「知」の働きと仕組みを指す。ナイサー（Neisser, 1967）は「感覚入力が変形され，減じられ，精緻化され，貯蔵され，再生され，使用されるようなすべての過程に関係するもの」と述べた。

ヴント (Wundt, W.) はやがて独立して，1879年にライプツィッヒ大学に心理学実験室を創設した。この年をもって科学としての心理学が誕生したとされているのだが，その時点ですでに，**音楽的音響**を対象とする科学的研究が始められていたのである。音程，協和，音色などの感覚・知覚研究，さらに旋律，和声，リズムの基礎的研究は当時から関心をもたれ，ドイツの心理学者でチェロを弾いたという**シュトゥンプ** (Stumpf, C.) や，リップス (Lipps, T.)，マイヤー (Meyer, M.) といったドイツ人の心理学者，音響学者を中心に研究された。英国の言語学者・音響学者のエリス (Ellis, A. J.) は1875年に『諸民族の音階』を著し，音程の単位としてセント算法[6]を考案した。

2　II期──音楽才能の研究

20世紀に入ると，1919年に米国ではシーショアが，シーショア音楽才能尺度 (Seashore Measures of Musical Talent) という**音楽能力テスト**を開発した (Seashore, 1919)。これは，初期の音楽知覚研究で用いられた測定法やテストを組み合わせて，主に人の音響感覚の鋭敏さを重要視した標準化されたテストであり，音楽的才能を分析する研究の先駆けとなった[7]。

3　III期──演奏の研究

1932年には，音楽心理学の専門学術雑誌である『アイオワ大学音楽心理学研究』が創刊され，シーショアと門下生たちを中心にした音楽心理学の研究舞台が整った。そして，**演奏行動**という研究困難な対象にも科学のメスが入ったのが，この頃の特徴である。シーショアは，独立変数として楽譜に示される作品を，従属変数として演奏行動を記録して分析した。そして，演奏家の表現は，楽譜に指定された音の機械的な再現からの「ずれ」にあり，そこに聴き手は美や芸術性を感じ取ることを見いだした。これを**芸術的逸脱**と呼んだ（第10章第1節参照）。ドイツでは，レヴェス (Révész, G.) が音楽的才能や天才

---

[6] 音律を理論的に表示するため用いられる対数値。セントは1オクターブの1200分の1の音程。これによると，平均律の全音は200セント，半音は100セントとなる。

[7] このテストには批判も多い。たとえば，音楽教育学者マーセル (Mursell, 1934) は，「シーショアのテスト項目には，音楽性を適当に現わす部分が含まれていない」（邦訳 p. 349）と記し，別個に孤立した特殊能力を測定することが，機能的な音楽活動にとって非常に適切でありうるかどうかは疑問だとした。

についての研究を行った。米国の女性研究者ヘブナー（Hevner, K.）の音楽的情動の研究（1936, 1937）は，現在でもよく引用される。

　日本における音楽心理学の歴史に最初に登場する人物は，音楽学者の兼常清佐(かねつねきよすけ)であろう。彼は，1913年に『日本の音楽』[8]を著して日本の伝統音楽を研究したのみならず，声の音響分析やピアノの性能分析なども初めて行った。最近は，わが国の「音楽知覚認知研究の先駆け的存在」と，再評価されている（蒲生ら，2008）。その後，城戸幡太郎，黒木総一郎，結城錦一，和田陽平，少し遅れて寺西立年，北村音壱の各氏が，音響心理学的研究を精力的に行い，玉岡忍，山松質文の両氏は，シーショア音楽才能テストの日本版応用開発を行った。

4　Ⅳ期——音楽心理学研究の広がり

　第二次大戦後，米国では応用音楽心理学の研究が盛んになり，産業・労働の場での音楽の実用的活用に関する膨大なデータを積み重ねた。現在でも当時の研究成果が，公共の場や職場のBGM，アメニティ音楽の有効利用に役立てられている（苧阪，1992）。基礎心理学的な研究では，**ファンズワース**（Farnsworth, P. R.）の音楽的好み（趣味）の研究（1950）や音楽社会心理学（1954）がある。

　ヨーロッパではフランスの音楽知覚研究が卓越しており，メロディ知覚や演奏の研究，実験美学など幅広い業績を残した**フランセース**（Francès, R.）は，1958年に『音楽の知覚』を著した。これは1988年に米国の**ダウリング**（Dowling, D. J.）によって英訳された。リズム知覚の研究ではオレロン女史（Oléron, G.）やフレス（Fraisse, P.）の活躍も有名である。

　1960年代は，日本での研究が豊かな実りをあげた時期である。櫻林仁が1962年に，音楽の心身への効果を説いた『生活の芸術』を著し，1966年には梅本堯夫が，音楽心理学学習者のバイブルといわれる『音楽心理学』を著した。そして，1962年にはこの二人によって，音楽心理学懇話会（現在の日本音楽心理学音楽療法懇話会）が発足した。以来この会は休むことなく続いており，毎年刊行される『音楽心理学音楽療法研究年報』は，日本の音楽心理学と音楽療法の研究の歩みを記録した貴重な資料となっている。ほかに，1962年

---

[8] 蒲生美津子・土田英三郎・川上央（編）『兼常清佐著作集』（大空社）第1巻に収録されている。

には佐瀬仁，1967年には関計夫が音楽心理学の著書を出版した．

5　V期——音楽知覚認知研究の始まり

1970年には新潟大学の相沢陸奥男が『音楽的聴覚の研究』を著した．聴力測定から調性感，共感覚，絶対音高意識まで幅広く研究し，日本における音楽知覚認知研究に貢献した．

この頃から，米国を中心に情報理論や**認知心理学**が台頭し，多くの認知科学者・認知心理学者が活躍し始めた．そうしたなかで，1973年には米国の指揮者・作曲者のバーンスタイン（Bernstein, L.）が，ハーバード大学ノートン校で音楽心理学的にも興味深い講義を行った．彼は**ノーム・チョムスキー**（Chomsky, N.）の生成文法理論を音楽に援用し，音楽には言語と同じく原理的に普遍性があると主張した．その内容は『答えのない質問』の題名で刊行され（Bernstein, 1973），映像（DVD）も残されている．それに影響され，**ラダールとジャッケンドフ**（Lerdahl & Jackendoff, 1983）は『調性音楽の生成理論』を著し，大きな反響を呼んだ．この時期，米国ではラドシーとボイル（Radocy & Boyle, 1979）による『音楽行動の心理学的基礎』が音楽心理学のテキストとして使われ，わが国でも邦訳された[9]．

また，1985年には英国の**スロボダ**（Sloboda, J. A.）が『音楽的精神』を書いて，音楽の認知心理学研究の流れを加速した．

こうした動きに伴い，西欧や日本の音楽心理学における研究は飛躍的に増えていく．その結果，1989年には初めての第1回国際音楽知覚認知会議（The First International Conference on Music Perception and Cognition : ICMPC1st）が京都で開催され，これを期に日本音楽知覚認知研究会（1994年に「研究会」から「学会」へと改称）が，梅本堯夫を会長として前年1988年に組織された．この会は「学際領域の連携協同によって，音楽の知覚・認知に関する研究の進歩をはかる」[10]目的で，108名の参加者で始まり，現在は約280名の学会員を擁している．

この頃活躍した研究者としては，主に米国の**ドイチュ**（Deutsch, D.），前出のダウリング（Dowling, D. J.），**クラウダー**（Crowder, R. G.），**マイヤー**

---

9)　日本での書名は『音楽行動の心理学』（音楽之友社）．
10)　「日本音楽知覚認知研究会会報」第1号より．

(Meyer, L.) などが挙げられる。

　国際音楽知覚認知会議は 2 年ごとに世界各地で開かれ，第 2 回は米国のロサンジェルス，第 3 回はベルギーのリエージュ，第 4 回はカナダのモントリオール，第 5 回は韓国のソウル，第 6 回は英国のキール，第 7 回はオーストラリアのシドニー，第 8 回は米国のエヴァンストン，第 9 回はイタリアのボローニャと続き，2008 年には再び日本（札幌）で第 10 回目を迎えた[11]。この国際会議はその後も米国，ギリシャと回を重ね，2014 年には再びソウルで開催された。なお，日本音楽知覚認知学会は，春と秋の年 2 回の研究発表会を開催し，年間平均 30 件ほどの研究を，毎年新たに生み出している。なかでも優れた研究は，機関誌『音楽知覚認知研究』に掲載される。

6　Ⅵ期——音楽と感情の研究

　21 世紀に入って，さらに新たな機運が盛り上がった。それは音楽と感情の研究である。「音楽は感情の言語である」といわれ，作曲，演奏，音楽鑑賞は，感情的な関わりをまったく抜きにしては語ることができない（Scherer, 2001）のであるが，心理学は長い間この領域の探究を怠ってきた。その事情が変わったのは，2001 年に英国のスロボダ（Sloboda, J.A.）とスウェーデンのジュスリン（Juslin, P. N.）の編著によって刊行された，『音楽と感情——理論と研究』[12] によってである。この本は，心理学を中心に，哲学，音楽学，脳科学，人類学などを含めた広範囲な領域から，音楽と感情に関する研究を集めたアンソロジーであるが，ここから音楽と感情の研究に火がついたといっても過言ではない。以降は，音楽感情の研究が飛躍的に増加した。さらに，感情心理学が勢いづいていることからの影響も見逃せないだろう。

　その他，脳機能イメージング技法などを取り入れた，音楽活動全般に関する脳科学的アプローチが進んでいる（第 9 章参照）。音楽と映像などのクロス・モダリティ研究，音楽療法の研究（第 12 章参照），音楽発達研究（第 8 章参照），音楽の社会心理学（第 11 章参照）や進化心理学の進歩も指摘しておこう（これらは本章第 4 節で後述する）。それらの研究において，**学際的連携**が目に

---

11)　第 10 回音楽知覚認知国際会議（札幌）の内容や様子は，日本音楽知覚認知学会の公式サイトから「ICMPC10 アーカイブ」で眺めることができる。
12)　2008 年に『音楽と感情の心理学』のタイトルで邦訳が出版された（誠信書房）。

表1-1　音楽心理学の歴史的な歩みと主な音楽心理学者

I期（19世紀～1910年頃）
科学的音楽心理学の黎明期。音響心理学的研究が中心。Helmholtz, H.（1862），Stumpf, C.（1883），Meyer, M.（1900），Lipps, T.（1885），Hornbostel, M. M.（1910），Ellis, A. J.（1875）
日本：兼常清佐（1913）

II期（1919年～1930年頃）
音楽的才能の研究。才能分析的研究。Seashore, C. E.（1919），Révész, G.（1925）
日本：『心理学研究』創刊（1926）

III期（1932年～1945年頃）
専門学術誌『アイオワ大学音楽心理研究』（*Iowa Studies in the Psychology of Music*）創刊（1932）。Seashoreと彼の門下生の活躍。Hevner, K.（1936），Rigg, M. G.（1940），Révész, G.（1952）
日本：①音響心理学的な研究（城戸幡太郎，高野瀏，結城錦一，和田陽平，黒木総一郎，北村音壱。②音楽才能テスト（玉岡忍，山松質文）。

IV期（1945年頃～1970年頃）
米国では応用音楽心理学。音楽社会心理学（Farnsworth, P. R.〈1954〉）。欧州では音楽知覚研究（Francès, R.〈1958〉，Fraisse, P., Oléron, G.など）
日本：①音響心理学的研究（寺西立年，安藤由典）。②音楽の生理学的研究（櫻林仁『生活の芸術』〈1962〉）。③知覚認知研究（梅本堯夫『音楽心理学』〈1966〉，相沢睦奥男〈1970〉）。④音楽家の性格研究（佐瀬仁『音楽心理学』〈1962〉）。⑤ゲシュタルト心理学（関計夫『新しい音楽心理学』〈1967〉）。

V期（1970年頃～1990年代後期）
認知心理学の隆盛。音楽知覚認知研究の活発化。学際化，多彩化，国際化。Carterette, E. C., Cohen, A. J., Crowder, R. G., Cuddy, L. L., Deliège, I., Deutsch, D., Dowling, W. J., Gabrielsson, A., Hargreaves, D. J., Hodges, D. A., Imberty, M., Jones, M. R., Kendall, R. A., Krumhansl, C. L., McAdams, S., Meyer, L., Repp, B. H., Sloboda, J. A., Trehub, S.

VI期（2000年～現在）
音楽と感情の研究機運の高まり。音楽の神経心理学・脳科学の発達。学際化の展開（心理学，工学，医学，芸術，教育）。応用領域の発展（音楽療法，音楽映像など）。Besson, M., Bigand, E., Cross, I., Davidson, J. W., Hallam, S., Huron, D., Juslin, P. N., North, A., Patel, A. D., Peretz, I., Schellenberg, G., Schubert, E., Sloboda, J. A., Trainor, L. J., Zatorre, R. J.

＊梅本（1966）を参考に星野が追記・作成。
＊表中に紹介したもののうち，章末の文献表にはII期以降の主要文献のみを挙げた。
＊V・VI期の人名はアルファベット順。

つく（たとえば，脳研究とのタイアップ）のも近年の特徴である。

　以上で見てきたように，音楽心理学は多様な隣接する諸科学領域の影響を受けながら，独自の成長と体系化を目指してきた。そうした「雑種性」をもつことが，特徴のひとつでもあるといえる。歴史を振り返ることによって，多くの先達が苦心の末に膨大な知見を蓄積し，現在の豊かな知識にたどり着いたことが理解できる。

　音楽心理学の歴史的歩みをまとめたものが，表1-1である。

第4節　音楽心理学の研究領域

　音楽心理学は，多くの基礎心理学や応用心理学分野と結びついて発展してきた。前述のように，その隣接領域は多岐にわたっている。以下に，「音楽と人間の心理学研究」の関連領域として，広義の音楽心理学に含まれるものを解説する。

1　音響心理学と聴覚心理学

　歴史的に見て，音楽心理学に関係する研究の多くは，音響心理学から発展してきた。この領域の基礎知識は，現在でも重要である。「楽譜は音楽ではなく，音響となって初めて音楽的表現がなされる」（梅本，1996, p.8）のである。

　ところで，音楽の素材となる「音」には二通りの意味がある。①物理的刺激として外界に存在する「音波である音そのもの」と，②心理的な反応である感覚として人や動物に「聞こえる音」，とが区別される。難波（1982）は前者を音刺激，後者を音感覚と呼んだ。この両者間の対応関係については**音響心理学**が，音響に関する諸経験を取り扱う心理学部門として研究を担っている。音響心理学では，音の属性（定常音の大きさや高さ，音色，騒音，音の協和性など）という音響現象と，それに対する人間の感覚反応について研究する。とくに，②の感覚としての音響情報の処理を行う聴器（耳）の仕組みや機能，聴知覚（生理学的側面も含む）について専門的に研究する分野を，**聴覚心理学**という（第2章と第9章も参照）。

2 狭義の音楽心理学

人間の音楽行動（聴取・演奏・作曲）について，あるいは研究対象が単なる音響ではなく，聴き手にとって意味のある音のパターンである「音楽」となった次元での反応についての心理学的研究が，狭義の音楽心理学である。音楽は

> **コラム　音楽の機能**
>
> 音楽は芸術や娯楽としてだけではなく，昔から人間生活の中のさまざまな場面で用いられ，多様な機能を果たしてきた。梅本（1996）は，音楽の機能として以下の五つを挙げた。
> (1) **知覚の操作**として——音楽が何かを予告し注意を喚起する（例：アナウンス前の予告音，電車の発着メロディなど）。
> (2) **感情の操作**として——音響がもつ感情喚起力とそれを文化の中で洗練させた音楽は，人の感情に働きかける（例：子守唄，宗教音楽，各種の儀式音楽など）。
> (3) **表現を通じての機能**——視覚的表現に対し聴覚からの補助手段として，音楽が内容の表現，意味，象徴などを表現（例：劇や映画の音楽，舞踏やフィギュアスケートの伴奏音楽など）。
> (4) **社会性**をもつものとして——音楽的同期によって集団作業のタイミングがコントロールでき，集団凝集力（団結）により集団を維持（例：作業唄，国家，社歌，校歌など）。
> (5) **運動性**のあるものとして——演奏には姿勢・呼吸を整え，指や手足の運動で楽器を操作するという身体運動を伴う。聴取でもリズムとの同期運動が生じやすい（例：リハビリ訓練用や体操演技の音楽など）。
>
> これらの他に，筆者はもう2つの機能をつけ加えたいと考えている。
> (6) **行動の操作**として——音楽には摂食行動，購買行動，群衆行動などを下意識においてコントロールする機能がある（例：病院，レストラン，商店などの背景音楽〈BGM〉は人々の行動に影響をあたえ，経済効果も確認されている）。
> (7) **認知の操作**として——音楽が認知面へ与える影響については現在盛んに研究されている。短期的な聴取効果（空間課題得点の向上，背景音楽による認知への影響など）と，長期的な訓練効果（他の認知能力や知能との関連性）とに分けられる（詳細は本書の第6章参照）。
>
> いずれにしても，人間と音楽との関係は，時と場合によってその多彩な機能を万華鏡の様に変えながら，絶えることなく生涯に渡って続いてゆくようである。

単に無秩序な音の集合・集積ではない。それは，複数の音の組織だったパターンやモジュール（単位構成物）であり，時間的構造をもつ。それらを西洋の音楽学のことばに移し換えれば，旋律であり，ハーモニー，拍子やリズムと呼ぶことになる。同時にそれらは，人間の知覚や認知の対象としての音楽単位でありうる場合もあり，さらに大きな構造をもつ楽曲としての音楽（作品）を構成し，ある文化の成員間という制約はあるとしても，豊かな感情や思想などの「意味」を表現あるいは伝達し，反応を生むことが可能である（Miell et al., 2005）。

音楽心理学の中でも**音楽認知心理学**の研究領域では，音を素材にして**人間の「知」**のかたちや仕組みを探ることを目的とする（第4章参照）。そのほかに，音楽的感情の分野では，音楽的感情の知覚や誘発について（第7章参照），また演奏の心理学では，演奏表現や演奏者の意図と聴取者の受容という双方向コミュニケーションについて（たとえば，Senju & Ohgushi, 1987）も，活発に研究されている（第10章参照）。

3　音楽発達心理学と音楽教育心理学

音楽能力とは何なのか。私たちの音楽能力は，どのような性質で，いかに伸ばせばよいのだろうか。こうした疑問に答えようとするのが音楽教育心理学，あるいは音楽発達心理学である。前者は，音楽能力を伸ばす教育の過程を心理学的に解明し，教育の効果を高めるための理論と方法を研究し，かつその結果を心理学的に検証することを目的とする。教育は「価値の創造という営み」であるため，一定の目標に到達することが求められる。これに対して後者の発達心理学では，誰にでもある人間の一般的能力（competence）のひとつとしての音楽能力（musical competence）や音楽行動の実態を，「生涯に展開される心身の変化」という視点から科学的に把握しようとする。ハーグリーヴス（Hargreaves, D. J.）の著作（1986）は，代表的研究のひとつである。日本では，音楽の発達的アプローチに関する近年の膨大な研究資料をまとめ上げた梅本（1999），音楽能力の熟達化を通して背後にある認知的メカニズムを探究しようとする大浦（1996, 2005），などがある（第8章も参照）。

4　音楽療法

　音楽療法は臨床的音楽心理学と呼ばれることもあり，その独自性を尊重しながら，本書では音楽心理学の応用領域として位置づける。音楽は芸術としての美的機能や娯楽としての機能のほかにも，さまざまな機能をもつことが，古代ギリシャ時代から知られてきた。なかでも，人間の行動にポジティブな影響を与える音楽を選りすぐり，心身の種々の疾病や障害の**治療や訓練の援助**として活用しようとするのが，音楽療法である。西欧における音楽療法の歴史は大変古く，前史時代の呪術師による病者への音響や音声の使用から始まったとされている。日本では1967年に，英国のチェリストで音楽療法士のジュリエット・アルヴァン（Alvin, J.）女史の来日講演によって歴史のページが開かれ，現在では医療と福祉に大いに貢献している。

　音楽療法では，**音楽療法士**と呼ばれる専門家が，クライエントとの間に音楽を介した望ましい治療的人間関係を形成しながら，音楽を用いて治療・療育やリハビリを実践する。基礎科学である音楽心理学の知識は，音楽療法士にとっては必須である。なぜなら，音楽は，音楽療法士が**治療の道具**として使用するものであり，よって音楽に対する「一般的な反応」について，十分理解しておく必要があるからである（第12章参照）。

5　音楽人類学と音楽社会心理学

　音楽を社会的・文化的脈絡でとらえて考察しようとするのが，音楽人類学あるいは音楽社会学の特徴である。英国の音楽人類学者ブラッキング（Blacking, J.）は，「音楽が人間の行動として見なされるならば，音楽の音響を独立に分析することはもはや不可能であり，それは**文化における音響**として研究されなければならない」と述べている（1973）。音楽行動は（ある特定の）文化の中で作られる。そこには最初に人々間の関連があり，その場所や時間に音楽が生まれ，伝達され，文化的な**文脈**や**聴取習慣**の中で"意味"をもつ。音楽は何よりも人々の間に成立する文化的な表現手段である。異なる民族や文化によって，異なる音楽パターンが組織化され作品が生まれ，その文化構成員に享受される。その意味で「音楽は言語のように学習を要する」のである。

　しかし，その一方で，私たちは異なる文化の音楽へも，ある程度は開かれた

耳をもっている。「戦いの歌」と「子守唄」とは，文化が違っていても識別できる。こうした通文化的な共通性である**普遍素**と**文化的独自性**とを切り分け，あるいはそれらの関係について考えようとする試みが，音楽認知心理学の中にも認められる（たとえば，Balkwill et al., 2004）。また，社会や対人的状況の中での音楽の影響や役割については，音楽社会心理学が近年研究を加速している（Hargreaves & North, 1997；および本書第11章参照）。

以上，音楽心理学に関わる広範囲な領域を区分けして，簡単に紹介した。このほかにも最近注目されるのが，音楽の起源や**進化**を探ろうとする音楽の進化心理学である。心理学は無論のこと，音楽学，言語学，動物の音声行動も視野に入れた，広範な多分野からの研究成果（Wallin et al., 2000），音楽の「意味」に関して進化論的観点を含めて考察するクロスの研究（Cross, 2005）などがある。また，産業と音楽の関係性に特化した産業音楽心理学も，発展中の新領域である（第13章参照）。

逆の発想をすると，音楽心理学は，音楽学，音響学，認知科学，人類学，教育学，医療などの学際領域の中央に存在して，これらの領域が音楽を実証的な研究対象とする際には科学的操作を担う働き手として登場し，データ観測の方法や理論的根拠ないしは概念化に手を貸して，これらの領域を複合的につなぎとめる役割を担っているとも考えられる。本書の第2章以下では，いくつかの関連領域を詳しく眺めることになる。だがその前に，音楽心理学はどのように研究されるのかという研究法について，具体例を挙げて解説する。

第5節　音楽心理学の研究法

　音楽心理学の研究法は，一般に心理学が行っている研究法にのっとっている。その基礎の上に，本文中の研究例で紹介するような独自の方法も多く開発されてきた。

　音楽心理学の研究法は，問題に枠組みを与え，説明するための**理論**または**仮説**（仮の説明）と，理論の裏づけとなる**データ**と，データを収集して整理し解析するための**統計的方法**とによって支えられている。どんなに実験や調査で多

くのデータを集めてみても，何らかの理論的枠組みなしには，すべての事実が整理されないまま無関係に放置されてしまいかねない。また，データを採取する前に，先行研究ではその問題がどこまでわかり，どんな理論的枠組みの中で研究されているかを押さえておく必要がある。そのうえで，それに連なる仮説を設定した後に，その仮説を検証する**仮説検証実験**が望ましいとされる。だが，あまり先行研究のない新しい発想や領域の研究には**探索的研究**も行われ，そこでの問題や何らかの傾向を発見しようとすることもある。

音楽心理学は近年，よりいっそう分化するとともに，複数の領域に関わる**学際化**もしている。実りあるデータを得るためには，関連領域の多様な研究法の中から，問題に応じた（何を，誰を対象に，どのような目的で研究したいか）適切な方法が選択されることが肝要である。音楽心理学の主な研究法として以下に八つを挙げ，研究例を引きながら見ていこう。

1　観察法

行動を見ることでデータを得る方法である。意図的な操作を加えることなく，あるがままに事象を観察・記録する**自然観察法**と，調べたい行動が生じやすい環境を整えて，人為的な状況で観察・記録する**実験的観察法**がある。前者は主に子どもや動物が対象の場合であり，後者では子どもや大人を対象に，前もって「調べたい行動」が出るように設定したなかで観察する。

音楽行動についての実験的観察法の例として，ジンズボーグの研究（Ginsborg, 2002）,「新しい歌曲を学習・記憶する歌手たちの観察研究」を紹介する。彼女は，女声歌手たちに新規の歌曲（長さは1分30秒程度。5/4拍子で調性の曖昧な複雑な歌曲）を提示して学習させ，その練習過程を観察・記録した。歌手はプロ，音楽専攻学生，アマチュアを合わせて13名である。1回15分の練習セッションを6回与え，その様子を録音して採譜したものをデータとした。発話や音楽素材も記録した。「ある行動が途切れない間」を1試行として，途切れた後は別の試行としてカウントした。結果から，(1) 譜読みにおいて，①歌詞だけを読む，②歌の旋律をピアノで弾く，③伴奏部をピアノで弾く，④旋律だけを歌う，⑤拍子を数える，⑥旋律と歌詞とを歌う，(2) 記憶からの産出において，①歌詞を語る，②声を出して拍子をとる，③歌詞と旋律とを歌う，などの記銘ストラテジーが分類され，再生が正確で覚えの早い歌手は

ど，より多種類のストラテジーを使うことがわかった．

2　実験法

　現実生活の複雑な要因の影響を受けないように，また，研究者が何らかの仮説をもって意図的に条件操作を行い，統制された条件下で刺激（**独立変数**）を変化させ，そのときの反応行動（**従属変数**）を観察し，測定・記録してデータ収集を行う方法である．要因間の厳密な因果関係を把握することが目指されるが，「こうしてみたらどうなるか」を知るために，「人為的に可能な限り条件を一定に設定したうえで，データを取る」ことを方針とする研究法である．心理物理学[13]的測定法から社会心理学的集団実験まで多岐にわたって用いられる．ここでは例として，星野（2003）の「歌の聴取印象において詞と旋律が互いに及ぼす影響──「喜ばしさ-悲しさ」尺度を中心に」を紹介する．

　星野（2003）は，歌曲の**因子分析**[14]による，以前の研究から導き出された「高揚・明るさ」因子に着目した．その負荷量の高い尺度である「喜ばしさ-悲しさ」を用いて，歌曲を構成する二つの要素，ことば（歌詞）と音楽（旋律）のどちらが，より強くこの尺度を規定しているのかを調べた．2種類の要因（歌詞，旋律）の単独での情緒性の強さをそれぞれ4段階に分け，対応する刺激，すなわち，前もって「喜ばしい」「やや喜ばしい」「やや悲しい」「悲しい」の4段階に評定された現代短歌（詞）と創作メロディ（曲）の各々を準備した．それらを互いにすべてを組み合わせて歌曲を作り，ソプラノ歌手の歌唱を録音した．各歌を被験者にランダムに提示し，歌から感じられた「喜ばしさ-悲しさ」の程度を評定させた．その結果，図1-1のように，歌としての聴取印象では，旋律の情緒が歌詞の情緒を凌駕することが示された．歌詞がいくら喜ばしくても旋律が悲しいと「悲しい歌」に聞こえ，歌詞が悲しくても旋律が喜ばしいと「喜ばしい歌」に聴かれる傾向があった．その傾向は，一般大学生より音楽大学の学生でより顕著であった．歌の聴取において，音楽（旋律）はこ

---

13) フェヒナー（Fechner, G. T.）によって確立された理論．精神物理学とも呼ばれる．物理的事象（刺激）とそれに対応する心理学的事象（反応をもたらす内的過程の結果）との間の精密な数量的関係から，心の働きを理解しようとする（第2章参照）．

14) SD法（第7章第2節参照）とその後の因子分析は，ある概念や事柄について私たちがもっている全体印象の内的構造を，いくつかの因子（視点・側面）で表現しようとする，多変量解析法のひとつ．

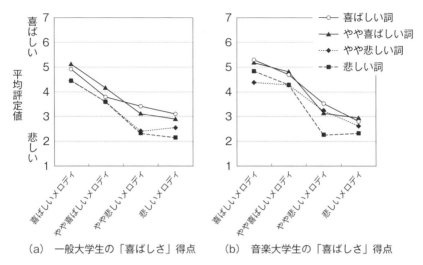

(a) 一般大学生の「喜ばしさ」得点　　(b) 音楽大学生の「喜ばしさ」得点

図1-1　「喜ばしさ-悲しさ」の程度の異なる詞と旋律から作られた各歌の平均評定値

とばよりも情動喚起力の大きいことが示唆された。

3　質問紙法（調査）

　現実生活のある側面について調べるため，その特徴を適切に抽出してデータとするのが，調査である。なるべく多くの人に質問が書かれた用紙を配布し，回答してもらう。多数の人に対して同時に，比較的簡単に調べることができる。**自由記述形式**と**選択形式**がある。たとえば，「若者とカラオケ行動」の調査をしようとするとき，「あなたはカラオケについてどう思いますか。自由に述べてください」と問うのは自由記述形式であり，「あなたは月に何回程度カラオケに行きますか。①月に1回，②月に2,3回，③月に4回以上」に印をつけてもらうのが選択形式である。研究目的に沿った**心理測定尺度**（すでに存在する質問紙のこと）を用いたり，自分で質問項目を作成したりしてもよい。研究例については，次項の検査法と併せて解説する。

4　検査法（テスト）

　標準化[15]された測定尺度（各種の心理検査）を用いて，人間の個人差を探ろうとする方法である。主な検査として以下のものが挙げられる。

(1) 発達関係——乳幼児精神発達診断法，自閉症・発達障害児教育診断検査（PEP-R）など。
(2) 知能関係——田中ビネー式知能検査，鈴木ビネー式知能検査，ウェクスラー式知能検査（WAIS）など。
(3) 性格・パーソナリティ関係——
　①質問紙法として：YG性格検査，MPI（モーズレイ性格検査），MMPI（ミネソタ多面人格目録），STAI（状態・特性不安尺度），MAS（顕在性不安尺度），**ビッグファイブ**[16]など。
　②投影法として：ロールシャッハ検査，絵画統覚検査（TAT, CAT, SAT），PFスタディ，文章完成テストなど。
(4) 適性関係——進路適性テスト，職業適性検査など。

　研究例として，星野（Hoshino, 1999）を紹介する。音楽を専攻する大学生の演奏不安（あがり）について，星野（1999）はさまざまな角度から**調査**と**検査**を行った。調査としては，「演奏不安質問紙」（PAQ）で三つの演奏状況下（自宅での練習，グループ演奏，ソロ演奏）での演奏をイメージさせ，不安に関係する20の質問項目（例：「手のひらに汗をかく」「お腹が締め付けられる」）について，4段階の当てはまる頻度にチェックさせた。二つ目の調査は演奏動機に関するもので，「あなたはなぜ聴衆の前で演奏するのですか」との質問に対し自由記述で回答させ，その内容と演奏不安との関連を検討した。検査としては，STAIを用いて一般的な不安の高さを測定し，**性格検査**（YG性格検査，MPI）による性格特性や性格のタイプと演奏不安との関連も調べた。その結果，演奏不安の強さと特性不安に有意な正の相関があり，神経質的性格傾向とも関連があった。演奏動機に関しては，「他者にこの音楽の素晴らしさを伝えたい，音楽を通してコミュニケートしたい」という「表現/伝達動機」

---

15) 検査結果を判定する基準が統計的に明らかにされ，信頼性と妥当性をもつ検査として認められていること。
16) 今日，最も一般的に使われている5因子モデルの性格検査。「外向性」「神経質傾向（情緒不安定性）」「（経験への）開放性」「調和性（協調性）」「誠実性（勤勉性）」からなる（第11章参照）。

の強いグループでは，演奏不安が他のグループよりも有意に低かった。つまり，あがりには，演奏による表現欲求の強さの程度と神経質的性格の両面が影響していた。

5 面接法

対象者と直接会って話し合いながら観察し，データを収集する方法。**調査面接**と**臨床面接**に分けられる。基礎研究では，被面接者から情報収集を目的とする前者を用いる。後者の場合は，被面接者の心理的援助を目的とする。面接形式には，①構造化面接（尋ねる項目が前もって決められている），②非構造化面接（質問項目が決められていないで自由に話し合う），③半構造化面接（ある程度は決まっているが，話が広がってもよい場合），の3種がある。

例として，梅本（1985）「邦楽の伝統的教育方法」を紹介しよう。明治生まれの伝統邦楽の専門家たちに，その音楽訓練過程について，**半構造化面接**を行った。お稽古の開始年齢，その動機，両親の態度，師の教え方，初舞台，上達の過程と段階，などについて直接話を聴いた。結果の一部を記すと，概して琴を始める年齢は6歳前，三味線は10歳以降に始めた人が多かった。開始の動機については，芸熱心な家庭であって，両親や周りの人が「子どもの成熟や興味の芽生えを敏感に感じ取り，それが開始を促しているよう」であり，親の支持と本人の音楽好きの両輪が備わって稽古が開始されていた。師の教え方については，邦楽の教育は"教えない"ということである，という表現が多く見られた。師から与えられるのを待っている受け身の姿勢ではなく，能動的・積極的に自分の必要なものを師から奪い取る，という強い求道的精神を養うためであるという（西洋音楽の訓練課程については第8章参照）。

6 事例研究

数名の限られた者を対象に，観察，調査，実験などを行って，個人例を多面的に追究する。方法としては事例を対象とするが，その目的は普遍的である。誰しもが持ち合わせているが普段は現れにくい人間の根幹にある心の動きを，特異な対象から知ろうとするのである。人間に関して，とくにその精神活動については，わからないことや謎がたくさんある。音楽心理学的な事象については，超絶的な音楽記憶再生能力をもつ**サヴァン症候群**の事例を詳しく研究した

ものがある（Sloboda et al., 1985）。臨床心理学や音楽療法では，多用される方法である（第12章参照）。

7　文献研究

　文献や記録から，研究や判断の基礎材料を得る方法である。一般には哲学的研究，歴史的研究などに用いられるが，心理学研究でも理論構築の過程で，この方法が採られることがある。たとえば，音楽美学者で音楽心理学にも詳しい**レナード・マイヤー**（Meyer, 1994）は，「音楽における情動と意味」という論文において彼の理論を展開した。その概要は，①音楽を聴いて生起する**情動**（emotion）とは，音楽に反応しようとする傾向，すなわち，音楽の進行につれて，次に確率的に何が起こるかが**期待**され，その期待どおりにフレーズが展開したり解決したりすることが，遅らされたり抑制されたときに生じる。期待どおりにならずに引き伸ばされ，あるいは予期しないフレーズ展開になったとき，聴取者の心には驚きや緊張，不安などの「情動」が生じる。②予期するフレーズと予期しないフレーズが程よく混ざり合ったとき，私たちは美的で快い音楽と感じる。これを「最適喚起水準で情動が刺激されている」状態という。こうした研究は，実証的に人からデータを採取して検討されたというよりは，研究者自身の哲学的直観やアイディア，古今の文献に基づいて構築された理論的研究といえる（第4章第6節も参照）。

8　生理心理学的手法

　生理心理学では，被験体の生理的反応もミクロな「行動」であると考えて，それを変数として測定する。通常，生理的反応は外から見えないが，装置によって取り出すことができるからである。生理的指標を用いる理由として以下が考えられる。

(1) 乳幼児など，反応を言語化できない被験者を対象とする。
(2) 言語表現や質問紙での評定がしにくい心理現象（例：恐れのような感情の「大きさの程度」，刺激に対する「慣れの程度」）を調べる。
(3) 言語表現よりも，隠れた生理的変化に意味がある（例：ポリグラフ検査）。

(4) 中枢神経系の情報処理過程を解明する（例：演奏時のワーキングメモリを脳波から探る）。

例として，(2)にあたる研究を紹介する。岩城ら（1998）の「音楽の反復聴取が覚醒水準に及ぼす影響」では，音楽に対する覚醒と慣れについて脳波を調べた。**刺激的音楽**（EM）の条件と**鎮静的音楽**（SM）の条件において，12名の被験者にこの2曲を4回，反復して聴かせた。呈示のたびに，①音楽の印象評定，②音楽聴取後の被験者自身の感情の評定，③脳波測定，を行った。その結果，①印象評定からは反復効果は認められなかった。②被験者自身の「緊張感」は反復とともに低下した。③脳波のα波は，曲に関係なく反復聴取によって低下した（反復によって，覚醒水準がだんだん下がったから）。しかし，β波とθ波では曲によって相違が見られた。β波はEM条件では高くなり，SM条件では反復とともに低下した。θ波ではまったく逆に，SM条件では高く，EM条件では低くなった。すなわち，反復聴取においては，**覚醒水準**を下げる側面と，反復にもかかわらず楽曲の特徴を反映して感情や覚醒水準を維持する側面があることを示した。

以上のように，さまざまな研究方法を用いて，音楽心理学は心と音楽の関係を探究する。何を（誰を）対象に，どのようなことを研究したいかによって，研究方法が選択される。基礎心理学の領域では，主に実験によって新しい知見が得られ蓄積されてきた。最近は，実験室中心の還元的な方法にとどまらない，日常場面から遊離しない**生態学的妥当性**[17]をふまえた研究も，支持されている。

【引用文献】
阿部 純一・星野 悦子（1985）．音楽の認知心理学的研究について　心理学評論，**28**，267-279．

---

17) 人や生物は生態学的な環境の中で生きており，それとの相互作用を理解する必要がある。非現実的な実験室での反応より，現実の行動場面での研究を重視することを指す。実験用の音楽刺激よりも実際の演奏や聴取，日常と同じ状況で音楽の心理を研究することが該当する。セッティングの自然さと，変数の操作・統制の厳密さとの折り合いが難しい。

相沢 陸奥男（1970）．音楽的聴覚の研究　音楽之友社
Balkwill, L-L., Thompson, W. F., & Matsunaga, R.（2004）. Recognition of emotion in Japanese, Western, and Hindustani music by Japanese listeners. *Japanese Psychological Research*, **46**, 337-349.
Bernstein, L.（1973）. *The unanswered question: Six talks at Harvard*. Amberson Video in cooperation with WGBH-TV.（バーンスタイン，L. アイ・エス・エス映像翻訳班（訳）（2005）．答えのない質問（DVD）　ニホンモニター・ドリームライフ事業部）
Blacking, J.（1973）. *How musical is man?* University of Washington Press.（ブラッキング，J. 徳丸 吉彦（訳）（1978）．人間の音楽性　岩波書店）
Cross, I.（2005）. Music and meaning, ambiguity, and evolution. In D. Miell, R. MacDonald, & D. J. Hargreaves（Eds.）, *Musical communication*. Oxford University Press. pp. 27-43.（クロス，I. 片平 建史（訳）（2012）．音楽と意味，多義性，そして進化　ミール，D.・マクドナルド，R.・ハーグリーヴズ，D. J.（編）星野 悦子（監訳）音楽的コミュニケーション――心理・教育・文化・脳と臨床からのアプローチ　誠信書房 pp. 30-50.）
Farnsworth, P. R.（1950）. *Musical taste: Its measurement and cultural nature*. Stanford University Press.
Farnsworth, P. R.（1954）. *The social psychology of music*. Iowa State University Press.
Francès, R.（1958）. *La Perception de la Musique*. Librairie Philosophique J. Vrin.
蒲生 美津子・土田 英三郎・川上 央（2008）．「兼常清佐著作集」刊行にあたって　蒲生 美津子・土田 英三郎・川上 央（編）兼常清佐著作集　第3巻　大空社　p. 1.
Ginsborg, J.（2002）. Classical singers learning and memorizing a new song: An observational study. *Psychology of Music*, **30**, 58-101.
後藤 靖宏（2000）．リズム（旋律の時間的側面）　谷口 高士（編著）音は心の中で音楽になる――音楽心理学への招待　北大路書房　pp. 53-79.
Hargreaves, D. J.（1986）. *The developmental psychology of music*. Cambridge University Press.（ハーグリーブズ，D. J. 小林 芳郎（訳）（1993）．音楽の発達心理学　田研出版）
Hargreaves, D. J., & North, A. C.（1997）. *The social psychology of music*. Oxford University press.（ハーグリーヴズ, D. J., & ノース，A. C.（編）磯部 二郎・沖野 成紀・小柴 はるみ・佐藤 典子・福田 達夫（訳）（2004）．人はなぜ音楽を聴くのか――音楽の社会心理学　東海大学出版会）
Hevner, K.（1936）. Experimental studies of the elements of expression in music. *American Journal of Psychology*, **48**, 246-268.
Hevner, K.（1937）. The affective value of pitch and tempo in music. *American Journal of Psychology*, **49**, 621-630.
星野 悦子（1985）．単一音高の記憶に及ぼすメロディ"文脈性"の影響　心理学研究, **56**, 132-137.

Hoshino, E. (1999). Performance anxiety, motivation, and personality in music students. 音楽知覚認知研究,**5**, 67-86.
星野 悦子 (2003). 歌の聴取印象において詞と旋律が互いに及ぼす影響——「喜ばしさ-悲しさ」尺度を中心に 日本音楽知覚認知学会平成15年度秋季研究発表会資料, 1-6.
星野 悦子・阿部 純一 (1984). メロディ認知における"調性感"と終止音導出 心理学研究,**54**, 344-350.
岩城 達也・塚本 真紀・岩永 誠 (1998). 音楽の反復聴取が覚醒水準に及ぼす影響 音楽知覚認知研究,**4**, 1-9.
Juslin, P. N. & Sloboda, J. A. (Eds.) (2001). *Music and emotion: Theory and research*. Oxford University Press. (ジュスリン, P. N.・スロボダ, J. A. (編) 大串 健吾・星野 悦子・山田 真司 (監訳) 音楽と感情の心理学 誠信書房)
Lerdahl, F. & Jackendoff, R. (1983). *A generative theory of tonal music*. MIT Press.
Meyer, L. (1994). Emotion and meaning in music. In R. Aiello (Ed.), *Musical perceptions*. Oxford University Press. pp.3-39. (マイヤー, L. 上田 和夫 (訳) (1998). 音楽における情動と意味 アイエロ, R. (編) 大串 健吾 (監訳) 音楽の認知心理学 誠信書房 pp. 3-45.)
Miell, D., MacDonald, R., & Hargreaves, D. J. (Eds.) (2005). *Musical communication*. Oxford University Press. (ミール, D.・マクドナルド, R.・ハーグリーヴズ, D. J. (編) 星野 悦子 (監訳) (2012). 音楽的コミュニケーション——心理・教育・文化・脳と臨床からのアプローチ 誠信書房)
Mursell, J. L. (1934). *Human values in music education*. Silver, Burdett. (マーセル, J. L. 美田 節子 (訳) (1968). 音楽教育と人間形成 音楽之友社)
難波 精一郎 (1982). 聴覚 相場 覚 (編) 現代基礎心理学2——知覚I 東京大学出版会 pp.75-105.
Neisser, U. (1967). *Cognitive psychology*. Prentice-Hall. (ナイサー, U. 大羽 蓁 (訳) (1981). 認知心理学 誠信書房)
岡田 顕宏・阿部 純一 (1998). メロディの認識——拍節解釈と調性解釈を結合した計算モデル 長嶋 洋一・橋本 周司・平賀 譲・平田 圭二 (編) コンピュータと音楽の世界——基礎からフロンティアまで 共立出版 pp. 199-214.
芋阪 良二 (編著) (1992). 新訂 環境音楽——快適な生活空間を創る 大日本図書
大浦 容子 (1996). 熟達と評価的発達——音楽の領域での検討 教育心理学研究,**44**, 136-144.
大浦 容子 (2005). 音楽心理学の新しい波——理解と享受を中心に 子安 増生 (編著) 芸術心理学の新しいかたち 誠信書房 pp. 73-103.
Radocy, R. E. & Boyle, J. D. (1979). *Psychological foundations of musical behavior*. Charles C. Thomas. (ラドシー, R. E.・ボイル, J. D. 徳丸 吉彦・藤田 芙美子・北川 純子 (訳) (1985). 音楽行動の心理学 音楽之友社)
櫻林 仁 (1962). 生活の芸術——芸術心理学の立場 誠信書房
櫻林 仁 (1966). 音楽心理学 音楽之友社 (編) 新訂 標準音楽辞典 音楽之友社 pp.

343-344.

佐瀬 仁（1962）．音楽心理学——音楽と人間形成　音楽之友社

Scherer, K. R. (2001). Foreword. In P. N. Juslin, & J. A. Sloboda (Eds.), *Music and emotion: Theory and research*. Oxford University Press. p. 2.（シェーラー，K. R. 大串 健吾（訳）(2008) まえがき　ジュスリン，P. N.・スロボダ，J. A.（編）大串 健吾・星野 悦子・山田 真司（監訳）音楽と感情の心理学　誠信書房　pp. i-ii.）

Seashore, C. E. (1919). *Manual of instructions and interpretations for measures of musical talent*. Columbia Gramophone.

関 計夫（1967）．新しい音楽心理学　音楽之友社

Senju, M., & Ohgushi, K. (1987). How are the player's ideas conveyed to the audience? *Music Perception*, **4**, 311-323.

下山 晴彦（2000）．心理臨床の基礎 1　心理臨床の発想と実践　岩波書店

Sloboda, J. A. (1985). *The musical mind: The cognitive psychology of music*. Oxford University Press.

Sloboda, J. A., Hermelin, B., & O'Connor, N. (1985). An exceptional musical memory. *Music Perception*, **3**, 155-170.

スペンダー，N.・シューターダイソン，R.（著）貫 行子（訳）(1994)．音楽心理学　サディ，S.（編）柴田 南雄・遠山 一行（総監修）ニューグローヴ世界音楽大事典　第 4 巻　講談社　pp. 177-203．

津崎 実（1988）．音楽知覚心理学の動向——旋律・ピッチ知覚を中心として　心理学研究．**59**，176-190．

梅本 堯夫（1966）．音楽心理学　誠信書房

梅本 堯夫（1985）．邦楽の伝統的教育方法　梅本 堯夫・中原 昭哉・馬淵 卯三郎（編）アプサラス——長広敏雄先生喜寿記念論文集　音楽之友社　pp. 177-190．

梅本 堯夫（編著）(1996)．音楽心理学の研究　ナカニシヤ出版

梅本 堯夫（1999）．シリーズ人間の発達 11　子どもと音楽　東京大学出版会

Wallin, N. L., Merker, B., & Brown, S. (2000). *The origins of music*. MIT Press.（ウォーリン，N. L.・マーカー，B.・ブラウン，S.（編著）山本 聡（訳）(2013)．音楽の起源　上　人間と歴史社）

参考図書

阿部 純一（1987）．旋律はいかに処理されるか　波多野 誼余夫（編）音楽と認知　東京大学出版会

アイエロ，R.（編）大串 健吾（監訳）(1998)．音楽の認知心理学　誠信書房

第2章 音楽と音響

羽藤　律

音楽のおおもとは音響である。本章では，音の基本的な性質や音響の特徴について取り上げる。

第1節　音の物理学的特徴について

1　音の基本的性質について

　音楽も，身の回りにある音・物音・環境騒音も，すべては音である。音とはいったい何であろうか。そこからひもといて考察することが，基礎的かつ重要である。音とは，空気の疎密波である。外界の刺激を受けて，空気に気圧の高い部分と気圧の低い部分ができ，その変化を聴覚が感じ取って音となる。音の中でも時報や音叉のような音は，気圧の高い部分と低い部分が規則的に繰り返され，頭の位置を変えるだけで強いところと弱いところがあるということがわかる。このように音は，空気を伝わる波なのである。波には縦波と横波の2種類がある。縦波は，伝わるものの密度の変化で，横波は，伝わるもののねじれによって生じる波である。音はまさに前者，縦波のひとつなのである。

　それでは，縦波が伝わる速度について考えてみよう。音の伝わる速さは，伝えるものが空気の場合，以下の式で求められる。

$$K = 331.5 + 0.6\,t$$

　ここで，K は音速，t は温度（気温）である。この式によると，気温がだい

たい 20℃のときに 340 m/秒となる。この速度は，時速 1440 km であり，マッハ 1 とされる。なお，伝えるものが水中の場合は 1500 m/秒，金属の場合は 5950 m/秒，コンクリートの場合は約 3000〜4000 m/秒となる。このように伝えるものによって，**音速**が大きく変わる。

　また，音速が決まっている場合，距離によって到達時間が変化する。たとえば，音源と 34 m 離れている場合，到達時間は 0.1 秒となる。その倍の，音源から 68 m 離れている場合，到達時間は 0.2 秒となる。人間の聴覚は，この 0.1 秒という短い違いを，音の微妙なずれとして認識することができる。コンサートホールなどでは，楽器から直接届く音，音源から壁面を反射して届く音が，一定の遅れをもって人間の耳に届く。このずれによって，人は音のはっきりとした感じやぼやけた感じ，また，**臨場感**としてとらえることができる。このように人間の耳は，音楽そのものの微妙な響きの違いに基づき，音源のさまざまな特徴をとらえることができるのである。

2　エコー現象

　音は 1 秒間に約 340 m 進むが，この速度のゆえに起こりうる現象で，音楽として聴くには邪魔とされる現象がある。それが，**エコー**といわれる現象である。エコーには 2 種類あり，ロングパスエコーとフラッターエコーといわれる。ロングパスエコーは，いわゆる「山彦」のような現象で，「ヤッホー」と音を出せば「ヤッホー」と返ってくる現象である。つまり音源からの直接音と反射する音の間に距離がありすぎるため，直接音の音像とは別に間接音がそのままのかたちで聞こえているというものである。もう一つは，フラッターエコーである。フラッターエコーは，日光東照宮の「鳴き龍」に代表されるように，部屋の中にある平行壁面の間で音が過大に反射し，たとえば「パチ」と手を叩いたとき，「ぶるるん」と震えるような音がする。これら二つのエコーは，音像が濁ったり聞き取りにくくなったりするため，コンサートにおける音響においては，避けなければならないのである。

3　周期，周波数

　さて，音は縦波であることを前節では述べた。この縦波は，図 2-1 のように表すことができる。図中にある曲線はひとつの例である。その縦軸は音の強さ

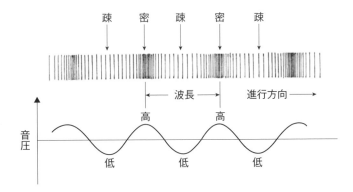

図 2-1　空気の疎密波の様子

を表し，上が密（気圧が高い）の状態，下が粗（気圧が低い）の状態を示す。横軸は時間を示す。ここで，1周期分（一つの山から次の山まで，または，一つの谷から次の谷まで）の時間は，1秒間に何回波があるかによって決まる。すなわち，次の式のようになる。

$$1秒間の波の数 = 1（秒）/周期（秒）$$

ここで，1秒間の波の数のことを周波数といい，単位はヘルツ（Hz）であ

コラム①　残響時間（Reverberation Time：RT）

残響時間とは，室場における残響の程度を示す指標の一種であり，音を止めてから，60 dB 減衰するまでの時間と定義される。60 dB 減衰するとは，音源のエネルギーが，100万分の1まで小さくなることを意味している。残響時間は，音場の壁，床，天井，椅子などの素材，人が音場内にいるかどうかによって変化する。また，室場の容積によっても左右され，容積が大きくなればなるほど残響時間が長くなる。すなわち，セメントに囲まれた空間や体育館のような音場では残響時間が長くなり，普通の部屋やスタジオでは残響時間が短くなる。1980～1990年代にかけてホールの建設ラッシュのとき，残響2秒が，コンサートホールにおける**最適残響時間**であると宣伝された。当然のことながら，残響時間は一種の目安であって，それだけでは音の響きの良し悪しが決まるとは必ずしもいえない。現在も研究が進められているテーマのひとつである。

る。周期が1 ms（1000分の1秒）の場合，周波数は1000 Hzであることがわかる。加えて，1周期分の横軸に波の進む距離を，縦軸に振幅（音の強さ）を取った場合，1000 Hzの波のときは，横軸の1周期分は次の式のとおりとなる。

$$1 周期分 = 約 340 \text{ m}/秒/1000 \text{ Hz} = 約 0.34 \text{ m}$$

1周期分の波の長さを**波長**といい，単位はメートル（m）である。

ここで，図2-1の波形は，**純音**といわれる波の形である。純音とは，半径1の円の周りを等速で回る点を仮定し，横軸に点が回った角度，縦軸に点の値を示したものである。ゆえに，以下で表すことができる。なお，πは円周率，fは周波数，tは時間，θは位相，Iは振幅を示している。

$$純音における振幅 = I \cdot \sin(2\pi f t + \theta)$$

純音の特徴は，正弦波で表現され，音の高さを感じられ，聴覚実験などで使われる特殊な音である。たとえば，音叉や口笛の音はこれに近い。

ここでは，最もシンプルなかたちである純音について述べた。純音は，音響心理学では最も基礎的な音として使われている。

4 音響分析の方法

さて，音は，**周期音**と**非周期音**に分けて考えることができる。周期音の特徴は，基本となる音に，その整数倍の音が重畳した音である。たとえば，楽器を用いた**楽音**がこれに含まれる。ただし，打楽器などは，これに当てはまらない場合もある。非周期音とは，周期的ではないすべての音のことで，ピンクノイズやホワイトノイズなど，いわゆる**雑音**と呼ばれるものが例として挙げられる。このように，純音以外の音で周期音，非周期音の総称を，**複合音**という言い方もできる。これは，音楽，音声，**騒音**[1]など，すべての音を指す。

---

1) 騒音は，「望ましくない音。たとえば，音声，音楽などの聴取を妨害したり，生活に障害，苦痛を与えたりする音」（JIS Z8106）と定義される。聞き手の状態によって，音楽，音声のような意味のある音も，騒音になりうる。雑音とは，関係のない周期をもつ振動が同時に起こる場合をいう非周期音のうち，音楽や音声以外の必要ではない音で，感情的にニュートラルな音である。雑音が不快な音となった場合，それは騒音となる。また，楽器などから出る雑音で，その楽器に特徴的な音色を与える雑音を噪音ともいう。

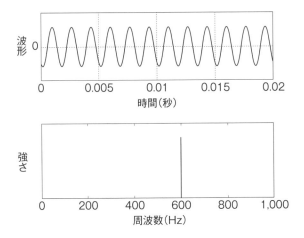

図 2-2　600 Hz 純音の波形とスペクトル

　すべての音は，周波数，位相などの異なる正弦波を重ね合わせたものである。すなわち，すべての周期音は，どんな音でも純音を合成すればできるのである。純音に分解することを，**フーリエ変換**（Fourier transform：FT）という（日野，1977）。

　周波数を横軸に，振幅（エネルギー）を縦軸に取った図 2-2 の上部の波形で 600 Hz の純音を示すと，600 Hz 1 本だけのスペクトルが見られる（図 2-2）。また，弦楽器や管楽器の音，また人の声帯の振動などに見られる周期複合音のスペクトログラムを見ると，左から第一次倍音（基本振動数），第二次倍音，第三次倍音の順に横軸から垂直に立ったいわゆる**スペクトル**を見いだすことができる（図 2-3）。

　さらに，楽音も倍音からなっている。低いほうから，第一次倍音，第二次倍音，第三次倍音……となっている。倍音は，基本周波数の整数倍からなっており，C を基本周波数とした場合の**倍音列**は，図 2-4 のとおりである。この倍音構造によって，楽音の音色が決まってくるのである。

　非周期音の場合は，周期が限りなく長くなった場合のことを想定して，フーリエ変換を行う。ティンパニやトライアングルのような打楽器を分析した場合，スペクトルは線スペクトルとなるのではなく，左から右に直線を描くように表される。これを，**連続スペクトル**という。

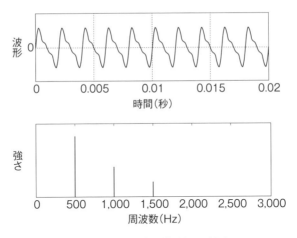

図2-3 周期複合音の波形とスペクトル

図2-4 基本音をCとしたときの各倍音間の音程 (安藤, 2004. p.22. 注1図)

5 人の声とその成分

　人間の声（音声）も声帯から出る音は，基本音，第一次倍音，第二次倍音，第三次倍音という成分をもっている。加えて人の音声で特徴的なのは，声道の共鳴周波数に応じた**フォルマント**（formant）という考え方である。

　声道は，閉管による共鳴を行う。声道の閉管による共鳴周波数は，声道の形と舌の位置によって変化する。この声道によって強められる音の成分を，フォルマントという。声道の共鳴周波数を一番低いものから第一フォルマント，3倍振動を第二フォルマント，5倍振動を第三フォルマントという。日本語の母音は，第一フォルマントと第二フォルマントの組み合わせによって決まる。ま

た,子音の中の一部は,第二フォルマント,第三フォルマントで決まるものもある。

歌声と話し声の特徴はどう違うのだろうか。**スンドベリ**(Sundberg, 1974)は,いわゆる**ベルカント唱法**[2]における男声のスペクトルには,2.8 kHz 付近

コラム② 日本語母音のフォルマント

歌声のフォルマント(singing formant)は本章で取り上げたところであるが,日本語発話の母音も,サウンドスペクトログラムを用いて分解できる。サウンドスペクトログラムでは,エネルギーの強い部分と弱い部分が,濃いか色か明るい色かで示される。その周波数の一番低い部分から第一フォルマント,第二フォルマントというように名前を付けることができる。下の図は,横軸に第一フォルマント,縦軸に第二フォルマントをとってグラフを作ったものである(中田,1995)。たとえば,他の母音と比較して,日本語の'ア'は第一フォルマント周波数が高い傾向にある。さらに,'イ'の音は他の母音と比較して第一フォルマント周波数が低く,第二フォルマント周波数が高い傾向にある。このフォルマントは個人差があるものだが,ある範囲で共通性を抽出できるものである。さらに,サウンドスペクトログラムの個人差を見ることによって,その人の声の特徴がわかる。これを**声紋**といい,犯罪の捜査などに用いられている。

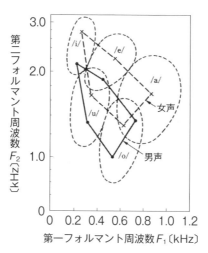

図 母音のフォルマント周波数の分布(中田,1995, p.10)

に特別な大きいピークが見られ「シンガーズフォルマント」と名づけている。スンドベリは，スウェーデン語の母音［u］について，話し声と歌い声のスペクトルを比較した。その結果，第一，第二フォルマントも含む 2 kHz 付近までは，話し声と歌い声のスペクトルはたいへんよく似ていた。しかし 2〜3 kHz にかけては，歌い声では話し声と比較して，大きなピークができた。オーケストラをバックとした演奏時においても，このピークの成分に関しては，オーケストラがそれほど大きなエネルギーをもっていないので，歌声の響きが客席に届くのである（Sundberg, 1982）。

6　共振・共鳴現象について

　共鳴とは，特定の音の周波数帯域の音圧が，強められる現象のことをいう。弦の振動について考えてみる。弦の振動は，その両端が固定され，中央部分が振動した場合，最も大きく中央の部分が振動する。両端が固定され中央が振動する場合，これを基本振動という。弦の圧力が一定の場合，その 2 倍振動（弦の中央部分が固定，左右が振動），3 倍振動（弦の 1/3 の部分が固定，その間が振動）……という波が生じる。このように，波長は基音の整数分の 1，周波数は整数倍となる。このようにして，楽器の倍音の関係が出来上がるのである。これは，ギターやバイオリンのような弦楽器に延長することができ，倍音の組み合わせが楽器によって異なる。

　同様に，一般的な管楽器や声道の場合を仮定してみよう。この場合，閉じたほうが固定，開いたほうが振動して共鳴現象が起こり，基本振動の波長は，パイプの長さの 4 倍になることがわかる。たとえば，長さが 68 cm のパイプを仮定した場合，基音の波長は 272 cm となり，音速の 340 m を波長で割れば 125 Hz となる。ここで，パイプの太さは，基本音とは関係ない。この原理から，管楽器のピストンなどを用いて管の長さを変え，倍音の周波数を変えて，音階の音を出しているのである。また，その 2 倍，3 倍の倍音も，2 倍振動，3 倍振動から出ているのである。ちなみに人間の声道の場合にも，この原理は当てはまる。

2）　ベルカント唱法とは，17 世紀半ばより少し前からイタリアのヴェネツィアで起こったオペラの唱法。「美しい歌唱」といわれ，胸声，裏声を駆使し，低音域から高音域まで無理のない発声で歌おうとする唱法のこと。

第2節 音を知覚する生理的な仕組み

1 聴覚器官

　聴覚の仕組みを図 2-5 に示す。外側から，外耳，中耳，内耳の順に並んでいる。まず，音は外耳道を通って，鼓膜を振動させる。**鼓膜の振動**は，耳小骨（槌骨，砧骨，鐙骨）を経由して，蝸牛の入口である前庭窓に伝えられる。その結果，内耳にある液体（リンパ液）が前庭窓の振動によって動かされ，蝸牛の中にある膜を振動する。この膜のことを，基底膜という。**基底膜の振動**が有毛細胞によって検知され，神経の発火が生じ，脳に伝わる（Lindsay & Norman, 1977）。

　基底膜は，蝸牛の始まりの部分（前庭窓）から，渦巻きの内側の先端部（蝸牛頂）まで入っており，長さは約 3.5 cm である。基底膜の幅は，前庭窓が狭く，蝸牛頂に向かって広くなる。基底膜上のリンパ液に与えられた圧力によって，まず前庭窓付近の基底膜が膨らみ，この膨らみが進んでいく。これを**進行波**と呼ぶ。どの場所で基底膜の膨らみが最大になるかは，音の周波数によって

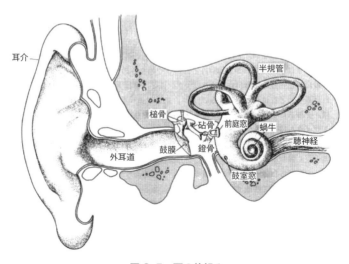

図 2-5　耳の仕組み

決まっている。前庭窓付近のほうが，高い音に対して膨らみが強く，蝸牛頂付近のほうが，低い音に対して膨らみが強くなるようにできている。すなわち，音の周波数が基底膜の位置に対応しているといえる。また，基底膜の上にはコルチ器があり，その中には神経細胞である**有毛細胞**がある。基底膜が上下に動くと，基底膜と蓋膜の間でずれの運動が生じ，その結果，有毛細胞の頂部の毛が変異する。これが，内有毛細胞の興奮を引き起こし，続いてこの興奮が，聴神経のニューロンに**活動電位**を発生させると考えられている。

2　神経細胞の自発的発火

聴覚神経は直接脳につながっているのではなく，その間に何個もの神経節を通り脳につながっている。これらの神経は，大脳皮質が信号処理をしやすいように，信号を変えながら上行あるいは下降する。また，聴覚神経は，上行神経細胞を経由して，両耳の関係に大きな作用をもつ上オリーブ複合体を通り，外側毛帯，下丘，内側膝状体，聴覚皮質へと至る（境，1978：詳しくは第9章および図9-1を参照）。

3　場所説と頻度説

音が耳に届いてからの経路と，音を知覚するまでのプロセスに関する理論を，**聴覚説**という。聴覚説は，内耳の神経系に関する説からなっている。たとえば，音の周波数分析を考えた場合，基底膜上の特定の場所によって決まるとする考え方（**場所説**）と，神経細胞が音の波形と同期して発火し，時間によって左右されるとする説（**頻度説**）がある。

場所説は，音が耳から入ると基底膜に進行波が生じ，その結果，進行波の振幅の最も大きいところにおいて，音の高さの感覚を生じるというものである。音の基底膜上の位置が，音の高さに影響を与えているものと考えられている。

それに対して頻度説（時間説ともいう）は，蝸牛から出ている神経が音の波形と同期して神経のインパルスを出し，その信号を脳がとらえ，音の高さを認識するというものである。神経インパルスは，**絶対不応期**[3]があるが，多くの神経の相互作用によって，高い周波数の音でも知覚できるのではと考えたわけである。

場所説は周波数全体に対して，頻度説は4000 Hz以下に対しては説明でき

る。いずれも長所，短所があるが，両者とも音の高さの知覚に重要な役割を果たしている。

4　聴覚の機能局在

大脳において一次聴覚野は前方から中部に存在し，二次聴覚野はその側面にある（図9-2参照）。一次聴覚野は音の基本的情報を，二次聴覚野では音の意味などの情報が扱われているといわれている。また，言語の理解では，運動性の部位と感覚性の部位の二つに分けることができる。運動性中枢である**ブローカ野**と，感覚性中枢である**ウェルニッケ野**である。ブローカ野の損傷は，ことばがどうしても発話することのできない患者において見られるものである。ウェルニッケ野の損傷は，言語理解のできない患者に対して見られるものである。

ペンフィールド（Penfield, 1975）は，開頭手術中に大脳のあちこちを電気刺激することで，脳の機能が地図のように場所によって分業していることを見いだした。言語に関するブローカ野，ウェルニッケ野のほかにも，運動野と感覚野の部位別な機能局在が知られている（音楽と脳については第9章を参照）。

5　聴力損失について

大きい音を聞いていると，音は聞こえるが耳が痛くなり，これを長時間聞いていると一時的に閾値が上がり（一時的聴力損失〈temporary threshold shift : TTS〉），繰り返していると永久的に閾値が上がる。これを，永久聴力損失（parmanent threshold shift : PTS）という。

鈴木（1998）は，1998年7月からフランス国内で販売される音楽用ヘッドホンステレオの最大出力の上限を，100 dBに規制する法案が成立したことを報告した。また，ロックコンサートなどでは一時的であるにしても，非常に高いレベルで暴露されることになる。聴力障害を発生させないためには，聴取するレベルや時間長に気をつける必要がある。さらに，一時的であるとはいえ，120 dB以下の音の強さにとどめるべきであるといわれている。

ポータブルプレーヤーのノイズキャンセリングヘッドホンの使用による環境

---

3)　絶対不応期とは，一つの神経が発火した場合，発火と発火の間に不応期と呼ばれる刺激に反応しない時間が生じる。不応期は，神経に含まれるNa^+チャネルが活性化されないために起こる。

騒音の低減も，警告音としての環境騒音，とくに交通騒音の検知の支障の一例である。ノイズキャンセリングヘッドホンとは，環境騒音の逆位相の音をヘッドホンに与え，背景騒音の音圧レベルを低減して音楽を再生するヘッドホンで，装着時の事故の危険性も，メーカー各社のカタログにおいて指摘されているところである。

6　臨界帯域とマスキング

　二つの音が出たとき，テスト音がマスク音にマスクされる場合がある。周波数の近い2音が同時に出された場合に，2音の大きさはさらに大きくはならない。それに対して二つの音の周波数が離れているとき，明らかにテスト音のほうが大きく感じられる。このように，二つの音が，ある種のフィルタのような働きをしていることがわかる。このある種のフィルタのことを，**臨界帯域**（Zwicker, 1982）という。この範囲内においては，大小二つの音が出た場合に同じフィルタで処理されるので，同時に鳴らされた場合，大きい音が小さい音を隠す。このような現象を**マスキング**という。マスキングは，近い周波数の範囲においては起こりやすいが，臨界帯域が離れてしまえば起こりにくくなる。マスキングという現象も，臨界帯域の一つの証拠となる。基本的には臨界帯域ごとの大きさの和が，全体の大きさを示すことがいえる。

第3節　音の強さの尺度

1　音の強さの尺度

　音の強さと音の大きさの間には，フェヒナーの法則が成り立つ。それは，音の強さが弱い場合にはその強さに対して感受性が高く，強い場合には感受性が低いというものである。すなわち，強さに相当大きな差があるために，音の強さを直接記述しても煩雑となるのみである。そこで，dB（deci-Bel）という単位を用いて音の強さを表すことによって，フェヒナーの法則を圧縮している。

　二つの強度 I と I_0 の差をデシベル数（単位：dB）で表すと，以下のように

示すことができる。

$$\text{デシベル数} = 10 \log_{10} \frac{I}{I_0}$$

この dB 数は足し算，引き算が可能で，足し算の場合は log の中の括弧が掛け算となる。また，引き算の場合には，log の中の括弧が割り算となる。このデシベル数は次のような性質をもつ。

(1) 強さが 2 倍になると約 3 dB 増える。
(2) 強さが 10 倍になると 10 dB 増える。
(3) 強さの比が 100 倍になると 20 dB，1000 倍になると 30 dB 増える。

ここで，I_0 は 10^{-12} W/m² である。この強さは，1000 Hz の音の最小可聴域（人間の聴力の限界）と一致する。

2 A 特性音圧レベル，等価騒音レベル

音のエネルギー単位について，音圧レベルという側面からもう少し詳しくみてみよう。音の強さの測定には，A 特性音圧レベルが多く用いられる。A 特性音圧レベル L_{PA} は，次式で定義される（JIS Z8106, 1988）。

$$L_{PA} = 10 \log_{10} \frac{P_A^2}{P_0^2} \text{ (dB)}$$

ここで，P_A は A 特性で重みづけられた音圧の実効値，P_0 は基準音圧（20 μPa）を示す。A 特性は，等ラウドネス曲線（ISO 226, 2003）を基礎とした周波数重みづけであり，広帯域の周波数成分を含む音について経験上，感覚量とよい対応を示す（図 2-6）。

A 特性音圧レベルを基礎に，**等価騒音レベル**（equivalent continuous A-weighted sound pressure level）が提案された。等価騒音レベルは，次式で定義される（ISO 1996/1, 2003；JIS Z8731, 1999）。

$$L_{Aeq, T} = 10 \log_{10} \left[\frac{1}{t_2 - t_1} \int_{t_1}^{t_2} \frac{P_A^2}{P_0^2} dt \right] \text{(dB)}$$

ここで，$L_{Aeq, T}$ は時刻 $t_1 \sim t_2$ までの時間 T における等価騒音レベル，P_0 は基準音圧（20 μPa），P_A は A 特性で重みづけられた瞬時音圧の実効値を示す。

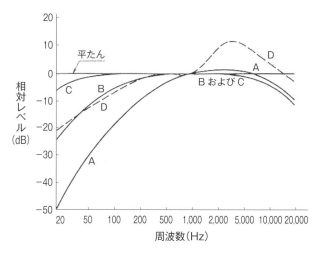

図 2-6　A 特性の重み付け（JIS C1505, 1988）

$L_{Aeq, T}$ は音圧レベルが時々刻々移り変わる変動音を代表する値であり，JIS Z8731 にも採用されている。

第4節　聴覚に固有な事象

1　うなり

　周波数が近接した純音を同時に鳴らした場合，うなり（beat）という現象が見られる。うなりは，音が大きくなったり小さくなったりを繰り返す現象で，二つの音が合成することによって，波の山と谷が新たに生じる現象である。うなりの回数は，周波数の差によって生じる。たとえば，1000 Hz と 995 Hz であれば 5 回，1000 Hz と 999 Hz であれば 1 回，1001 Hz と 1000 Hz であれば 1 回，1006 Hz と 1000 Hz であれば 6 回生じる。うなりの回数を Fn，二つの純音の周波数を f1，f2 とするうなりの回数は，次式のとおりとなる。

$$Fn = |f_1 - f_2|$$

楽器の調律を行う場合は，うなりを手がかりに行うことが多い。

2 音韻復元

人が会話する音声に対し，ある一定の間隔で短時間のノイズを挿入したとする。その結果，ノイズを挿入したところは，完全に音が出ていないにもかかわらず，会話はつながっているように聞こえる。このような現象を音韻復元という。これは，脳が音声の手がかりをもとに，聞こえない部分を補完している現象である（Warren, 1970）。

3 音脈分凝

音楽を聴いているとき，高い音と低い音が規則的に繰り返される場合，高い音は高い音同士で，低い音は低い音同士で連続しているように聞こえることがある。これを音脈分凝といい，ブレグマン（Bregman, 1990）が提唱した。速度を遅くすると，この分離が減少する（第4章2節参照）。

4 音階旋律の錯覚

ドイチュ（Deutsch, D.）は，高い音と低い音を両耳に交互に提示した。本来ならば，高低2音が両耳に別々に聞こえると思われる。しかし，一方の耳からは高い音が，反対の耳からは低い音が連続で聞こえるという錯覚が生じる。同様に，より複雑な右耳と左耳で音高が入り混じった音を同時に音を鳴らした場合，一般的には，片方の耳からは高いメロディーが，もう片方の耳からは低いメロディーが知覚される。これを音階旋律の錯覚という（Deutsch, 1982）（第4章コラム①参照）。

5 無限音階

視覚の世界では，エッシャーの錯視に見られるように，階段をどこまで上がっても同じところに戻ってくるような図がある。聴覚の世界も同じで，ドレミファソラシドと上がっていっても，無限にそれが繰り返すという錯覚がある。これを，無限音階という。この無限音階は，釣鐘状のスペクトルをもった音を作り，そのスペクトルを変えずに，部分音を少しずつ上方（下方）にシフトすることを繰り返すと，無限に音がその場で上がっていく（下がっていく）

ように感じるが，実はその場でくるくる回っているように感じる音を作ることができる（Shepard, 1983）。

第5節　音律と協和

1　協和・不協和，オクターブ類似性

　音楽の世界では，音の周波数の間の比が，簡単な整数比であるほど快い音であるとされている。楽音では，快い響きをもつ二つの音を**協和音**といい，汚い響きの音を**不協和音**であるとしている。協和音の生じる様相は次のとおりである。

　2音によって作られる音が耳ざわりに感じる周波数範囲にあるとき，音は不協和で汚く感じられる。二つの純音を同じ周波数から少しずつ変化させていき，1オクターブまで変化させた場合，その間で複合音の協和性は大きく変化する。二つの音の周波数が同じ場合には，不協和がまったくないので協和性は良い。二つの音の周波数の差を離していくと，周波数が近いときには，うなりが生じ，協和性が急激に減少する。周波数の差が80～100 Hzの場合，協和性は最も悪い。2音の差が大きくなると協和性は良くなる。そして，2倍の関係になると協和性は最も良くなる。ここでは，完全5度や6度音程の協和性が考えられていない。これは，歪みのない2つの純音の協和性を示しているからである。

　それに対して，複数個の高調波からなる二つの複合音の協和度を取った場合，基本周波数が整数比でない場合，協和性が低くなる傾向がある。これらの傾向は，部分音の違いによるうなりやざらつき感が，音の美しさに重要な関係をもっていることを示している。

　周波数比が2倍になると二つの音の高さはオクターブの感覚を生じ，ちょうどオクターブ異なる同じ音が戻ってきたように感じる。これを**オクターブ類似性**という。しかし，ちょうど2倍の音より少しだけ広がるほうが，オクターブらしく聞こえることが知られている。

2 音階と音律──純正律，ピタゴラス音律，平均律

　音律とは，さまざまなジャンルの音楽で，どんな高さの音を使うのかという決まりごとである。9世紀に始まったとされるグレゴリオ聖歌の頃までは旋律は単旋律であったが，やがて複旋律となり和音も重要視されるようになった。さらにその後，転調が行われるようになった。西洋の音律には，ピタゴラス音律，純正律，平均律がよく知られているが，単旋律からポリフォニー（多声音楽），そして和声的なホモフォニーの音楽にしたがって変化するにつれて，その特徴が明らかになってきた。

　まず，ピタゴラスは，5度の音程を基準として音律を作っている（紀元前500年頃）。ピタゴラスは，次の比のとおり音階を作った（小方，2007）。

階名：	ド	レ	ミ	ファ	ソ	ラ	シ	ド
比率：	1	$\frac{9}{8}$	$\frac{81}{64}$	$\frac{4}{3}$	$\frac{3}{2}$	$\frac{27}{16}$	$\frac{243}{128}$	2

　ピタゴラス音律は，単旋律の場合にはそれで十分だった。しかし，11世紀頃からポリフォニー音楽が生まれ，二つ以上の音を重ねると不協和となることが起こった。

　そこで15世紀頃に考案されたのが**純正律**である。純正律とは，音階を自然倍音から構成するものである。純正律はうなりがない（小方，2007）し，3度や6度の音程の周波数比が単純で，響きが「きれい」である。

階名：	ド	レ	ミ	ファ	ソ	ラ	シ	ド
比率：	1	$\frac{9}{8}$	$\frac{5}{4}$	$\frac{4}{3}$	$\frac{3}{2}$	$\frac{5}{3}$	$\frac{15}{8}$	2

　ただし，この計算方法では，転調して音を重ねた場合，転調後の音は複雑な周波数比をもち，不協和で「きたなく」なってしまう。ピアノなら，転調するごとに調律をし直さなければならない。また，純正調でもしピアノを演奏するなら12段の鍵盤が必要となってしまう。そこで，1オクターブを12の半音で12等分して12音を等比級数的に同じになるようにし，微細なうなりには妥協しながら12音を並べたのが，17世紀頃に誕生した**平均律**である。平均律の周波数の与え方は，次式のとおりである。Fは周波数，iは基準音から何半音離れているかを示している。

$$F = 440\ (\mathrm{Hz}) \times 2^{(i/12)}$$

ここで 440 Hz は A の音の周波数を示す。A の音は最近では 442〜445 Hz を用いることが多い。平均律を用いれば，多少のうなりはあっても，転調に対応ができる。J. S. バッハは 1722 年に『平均律クラヴィーア曲集 第 1 巻』を作曲した。これはオクターブ 12 の音で，全部の長・短調での演奏を可能にする作品集であった。だが実際には調律が難しかったために，平均律が普及したのはピアノが大量生産された 19 世紀後半になってからであった。

【引用文献】

安藤 由典（2004）. 新版 楽器の音響学 第 5 刷 音楽之友社
Bregman, A. S. (1990). *Auditory scene analysis: The perceptual organization of sound.* MIT Press.
Deutsch, D. (1982). *The psychology of music.* Academic Press.（ドイチュ, D.（編著）寺西 立年・大串 健吾・宮崎 謙一（監訳）(1987). 音楽の心理学 上 西村書店）
日野 幹雄（1977）. スペクトル解析 朝倉書店 pp. 9-24.
ISO226 (2003). Acoustics-Normal equal-loudness-level contours.
ISO 1996/1 (2003). Acoustics- Description, measurement and assessment of environmental noise -- Part 1: Basic quantities and assessment procedures.
JIS C1505（1988）. 精密騒音計
JIS Z8106（1988）. 音響用語（一般）
JIS Z8731（1999）. 環境騒音の表示・測定方法
Lindsay, P. H. & Norman, D. A. (1977). *Human information processing: Introduction to psychology.* Academic Press.（リンゼイ, P. H.・ノーマン, D. A. 中溝 幸夫・箱田 裕司・近藤 倫明（訳）(1983). 情報処理心理学入門 I サイエンス社）
中田 和男・音響心理学会（編）(1995). 改訂 音声 コロナ社
Penfield, W. (1975). *The mystery of the mind: A critical study of consciousness and the human brain.* Princeton University Press.（ペンフィールド, W. 塚田 裕三・山河 宏（訳）(1987). 脳と心の正体 法政大学出版局）
鈴木 陽一（1998）. 音を聴く楽しみと聴力保護 日本音響学会研究発表会講演論文集, pp. 699-702.
小方 厚（2007）. 音律と音階の科学――ドレミ…はどのようにして生まれたか 講談社ブルーバックス
境 久雄（編著）中山 剛（共著）(1978). 聴覚と音響心理 コロナ社
Shepard, R. N. (1983). Demonstrations of circular components of pitch. *Journal of the Audio Engineering Society*, **31**, 641-649.
Sundberg, J. (1974). Articulatory interpretation of the 'singing formant'. *Journal of*

the Acoustical Society of America, **55**, 838-844.

Sundberg, J.(1982). Perception of singing. In D. Deutsch (Ed.), *The psychology of music*. Academic Press. pp. 59-98.(スンドベリ,J. 寺西 立年(訳)(1987). 歌声と歌唱の知覚 ドイチュ,D.(編)寺西 立年・大串 健吾・宮崎 謙一(監訳)音楽の心理学(上) 西村書店 pp. 71-117.)

Warren, R. M.(1970). Perceptual restoration of missing speech sound. *Science*, **168**, 392-393.

Zwicker, E.(1982). Psychoakustik. Springer-Verlag.(ツヴィッカー,E. 山田 由紀子(訳)(1992). 心理音響学 西村書店)

---- 参考図書 ----

吉田 友敬(2005). 言語聴覚士の音響学入門 海文堂出版

重野 純(2003). 音の世界の心理学 ナカニシヤ出版

天外 伺朗(1987). ディジタル・オーディオの謎を解く――CD・DATの科学と開発 講談社ブルーバックス

リンゼイ,P. H.・ノーマン,D. A. 中溝 幸夫・箱田 裕司・近藤 倫明(訳)(1983)情報処理心理学入門Ⅰ サイエンス社

日本音響学会(編)(1996). 音のなんでも小辞典――脳が音を聴くしくみから超音波顕微鏡まで 講談社ブルーバックス

ミラー,H. M. 村井 範子・松前 紀男・佐藤 馨(訳)(1977). 新音楽史 東海大学出版会

永田 穂(1986). 静けさよい音よい響き 彰国社サイエンス

吉澤 純夫(2006). 音のなんでも実験室――遊んでわかる音のしくみ 講談社ブルーバックス

第3章 楽音の知覚

羽藤　律

　音から私たちが受ける心理的な属性には，音の大きさ，音の高さ，音色がある。これらの心理的な感覚属性は，物理的な特徴を主に反映している。音の感覚的属性と物理的特徴の関係を次に示す。

- 大きさ……音のエネルギー
- 高さ……周波数特性
- 音色……音のエネルギー，周波数特性，時間変動特性

　本章では，大きさ，高さ，音色の順に，心理的測定法を考慮しながら，楽音（musical tone）の知覚を中心に議論を展開する。後半は音楽の印象判断にも言及する。

第1節　音の大きさ（ラウドネス）

1　フォンとソン（ラウドネスレベル）

　音の大きさ（ラウドネス）とは，JIS[1] Z8106（1988）で，「音の強さに関する聴感上の属性で，小から大に至る尺度上に配列される」と定義されている。また，音の大きさのレベル（ラウドネスレベル）は，JIS Z8106 で「ある音に

---

1) JIS（日本工業規格）とは，日本の工業製品の規格やさまざまな測定法について定めた規格。各種音響用語や測定法も定義されている。

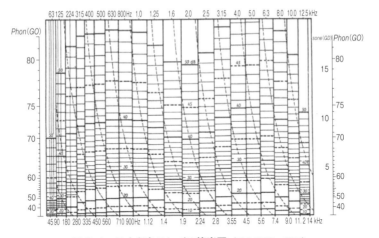

図 3-1　ラウドネスレベル算出図 (ISO 532B, 1975)

ついて，正常な聴力をもつ人が，その音と同じ大きさに聞こえると判断した 1000 Hz の純音の音圧レベル」とされている。さらに，JIS Z8106 では，「ラウドネスの単位記号は sone（ソン）」，「ラウドネスレベルの単位記号は phon（フォン）」，「音の大きさのレベル 40 phon の音を 1 sone とし，正常な聴力をもつ人がその n 倍の大きさと判断する音の大きさを n sone」と定義されている。

さらに，ラウドネスレベルの計算には，臨界帯域をもとに聴覚のマスキングを考慮に入れて算出するなどの方法が，古くから提案されている。この中で，ISO 532B（1975）として採用され，現在においてもよく使われているツヴィッカー（Zwicker, 1960）の方法（以下 LLz という）は，まず，図 3-1 に示すようなチャートの中へ，1/3 オクターブバンドレベル[2] をプロットし，プロットされた部分の総面積を求める。そして，プロットされた部分の総面積に対して，横軸いっぱいの底辺をもち，面積が等しい矩形を作図することによって求める。これらの計算方法は手計算では複雑であるが，最近では 1/3 オクターブバンドレベルを入力するだけで，簡便に算出できるコンピュータプログラムも提案されている（Zwicker et al., 1991）。さらに計算ソフトを搭載した騒音計なども市販されている。

2）　1 オクターブを 1/3 に区切って，バンドごとのエネルギーを示すことができる。

2　マグニチュード推定法

　私たちは，音の強さなどの物理的"量"を測定し，さまざまな場面で用いる。これと同じく，受け取る側の人間の感覚も，"量"として扱うことができる。物理量と感覚量の対応を求める**心理評価法**のひとつとして，**マグニチュード推定法**が挙げられる。マグニチュード推定法とは，たとえば，「一つ一つの音の大きさを判断し，反映すると思う正の数を自由に割り当てる」ことによって，感覚量を直接測るというものである。

　この結果，刺激の強さIと，答えられた数値Ψの間に，以下の**べき関数**（power function）が成り立つ（Stevens, 1975）。

$$\Psi = kI^{\beta}$$

ここで，βとkは定数である。この関係をべき法則（power law）といい，この法則は「スティーヴンスの法則」ともいう。

　べきの値βは属性によってほぼ一定であり，音の大きさのほか，明るさは0.33，塩の味は1.4，長さは1.0，重さは1.45，電気ショックの場合は3.5となる。このように，べきの値は感覚の種類によって異なるが，ほとんどの感覚に当てはまる。

　なお，刺激を横軸に，反応を縦軸にとった場合，べきの値が1より小さい場合には，グラフの左が急峻であるが右のほうでなめらかになる曲線，べきが1のときには右上がりの直線，べきが1より大きい場合にはグラフは，左のほうでなめらかであるが右のほうで急峻となる曲線となる。この図の横軸，縦軸を対数変換した場合，これらの曲線は，傾きの違った右上がりの直線となる。

　マグニチュード推定法には，判断のターゲットとする音に，あらかじめ数値を割り当てた標準刺激を用意する手法もある。しかし，ヘルマンとツビスロッキ（Hellman & Zwislocki, 1961）は，標準刺激と比較刺激の二つの刺激を使用する場合，標準刺激の大きさによってマグニチュード判断が変化すること，また標準刺激によってマグニチュード判断が変わることなどを示した。最近では，標準刺激は用いずにたとえば「一つ一つの音の大きさを判断し，反映すると思う正の数を自由に割り当てる」という絶対判断が行われる場合が多い。

3 マグニチュード推定法適用の研究例

　音楽演奏において，ラウドネスは演奏の表情のために重要な要素となる。一般環境において変動する複合音のラウドネスは，等価騒音レベルで近似できることが知られている。しかし，複合音の中に顕著な純音成分を含む場合には，臨界帯域モデルに基づくツヴィッカー提唱の**複合音のラウドネスの算出法**のほうが，ISO 532B としてさまざまな複合音のラウドネスの指標として，ある程度妥当な成績を示す。現在では，臨界帯域の中心周波数に同じく工業規格化された，1/3 オクターブバンドの中心周波数が用いられ，比較的簡便である。これに対し，ムーアら（Moore et al., 1997）による方法は，アメリカ標準規格（ANSI S3.4, 2007）に用いられている。この方法は，広帯域成分を含んだ音と同様に，不連続な周波数特性もまた正確に予測する。ISO 532B と ANSI S.3.4 は，定常音に対しては正確に予測できる。ANSI S3.4 は，広帯域成分をもつ環境騒音に対して予測可能であるが，はっきりとした高さをもつ音については適用可能性が検証されていない。そこで，桑野ら（Kuwano et al., 2011）は，演奏音（楽音）を用いて，これらの指標が適用できるか検討した。

　実験ではバンドノイズ，シンセサイザーによって作成した楽器音，オーケストラ演奏音のそれぞれの「大きさ」を，被験者がマグニチュード推定法を用いて測定した。音源は，シンセサイザーで作成した楽音 18 種類（六つの楽器×レベル 3 段階），中心周波数 1000 Hz の 1/3 オクターブバンドノイズ（レベルを変えたもの 4 種類），オーケストラ演奏音 4 種類であった。演奏音はすべて，変ホ長調の上行から下降への順次進行（Es-F-G-As-B-As-G-F-Es）を，1 分間に 200 音のテンポで提示した。ここで，被験者 11 名はマグニチュード推定法を用いて，各刺激音の「系列全体の音の大きさ」を判断し，反映すると思う正の数を自由に割り当てた。

　結果の分析にあたっては，1/3 オクターブバンドレベルのエネルギー平均値を用いた。また，これに基づいて L_{peq}（重みづけなし等価騒音レベル），L_{Aeq}（A 特性等価騒音レベル），ISO 532B，ANSI S3.4 という各指標と，11 名の被験者の判断の幾何平均値を計算し，相関係数とともに図にプロットした。

　その結果，図 3-2 のすべての図で示されたとおり，ISO 532B（0.988），ANSI S3.4（0.987）が，L_{peq}（0.973），L_{Aeq}（0.967）と比較して有意に高い相

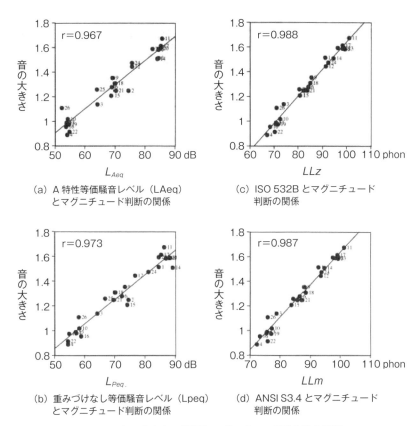

図 3-2　各ラウドネス指標とマグニチュード推定法の関係
（Kuwano et al., 2011 を著者一部改変）

関係数を示す傾向にあった。また，ISO 532B と比較して ANSI S.3.4 のほうで，相関がやや高い傾向にあった。このように，線スペクトルをもつ音でも，1/3 オクターブバンドレベルのエネルギー平均を用いることが良い方法であることが示された。

　マグニチュード推定法は，簡便かつ短時間にデータを得ることができ，その適用範囲も広い。しかし，提示される刺激の範囲，許容される刺激の範囲，そして被験者の認知的な要因によって，得られたデータが常に比率尺度を満たしているのかどうか，という問題が残されている。

第2節 音の高さ

1 可聴範囲

人間が音の高さを聴くことのできる範囲を，**可聴範囲**という。可聴範囲は，20〜20000 Hz といわれている。その範囲の中で，音の大きさの知覚における物理的エネルギーと音の大きさの関係は，二つの純音を調整することによって決定できる。前に提示される音を標準音とし，一定の周波数，強さ，持続時間を与える。次に標準音と違った周波数の比較音を提示し，被験者は「同じ大きさ」となるように，比較音の大きさを変える。こうして得られたのが，**音の大きさの等感曲線**である。図 3-3 に，ISO 226（2003）に示されている音の大きさの等感曲線を示す。図 3-3 内の曲線を見ると，500 Hz までの低い周波数帯域で耳の感度は悪く，3000〜5000 Hz で良いことがわかる。また，騒音計の A

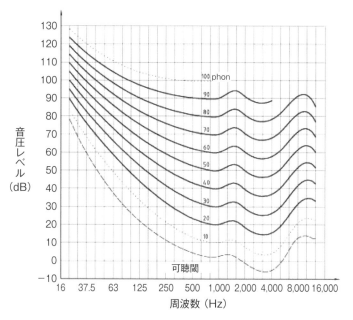

図 3-3　音の大きさの等感曲線（ISO 226, 2003 を著者一部改変）

特性とは，等ラウドネス曲線を基礎とした周波数重みづけであり，広帯域の周波数成分を含む音について経験上，感覚量と良い対応を示す（第 2 章の図 2-6 を参照）。

2　メル尺度

　音の高さを表す感覚の尺度として，メル尺度がある。メル尺度では，差が同じであれば知覚する音の高さも同じであるとされている。ここで，1000 Hz，40 phon の純音の高さを，1000 メル（mel）と定義する。この高さの 2 倍に感じられるまで周波数を上げていくと，そこが 2000 メルとなる。メル尺度上の 1000 Hz 以上の音は，周波数の対数に比例して高くなる。また，100 Hz 以上の音は，オクターブ上がっても，2 倍の高さにならない。

3　音の鋭さ（シャープネス）

　私たちは，ラウドネスとは独立した感覚として，音の響きから"鋭さ"を感じる。こうした性質を音のシャープネスと呼ぶ。単位はアキューム（acum）である。

　シャープネスは，ビスマルク（Bismarck, 1974）が提案し，ツヴィッカーとファスル（Zwicker & Fastl, 1990）によって発展させられた。シャープネスは，次式で定義される。

$$S = 0.11 \frac{\int_0^{24\,\text{Bark}} N'g(z)z\,dz}{\int_0^{24\,\text{Bark}} N'\,dz} \text{ acum.}$$

　ここで，S はシャープネス，N' は各臨界帯域のラウドネス，g(z) はシャープネスのウェイト，z は臨界帯域の番号（単位：Bark）である。なお，60 dB，中心周波数 1 kHz の臨界帯域ノイズのシャープネスを，1 acum としている。シャープネスの g'(z) は，16 Bark（中心周波数 3150 Hz）までは 1 で，20 Bark（6400 Hz）を超えると上がり始め，20 Bark（中心周波数 6400 Hz）を超えると急激に上昇し，24 Bark（15500 Hz）では 4 に達する。

4　トーン・ハイトとトーン・クロマ

　バッチェム（Bachem, 1950）は，音の高さを，トーン・ハイト（tone hei-

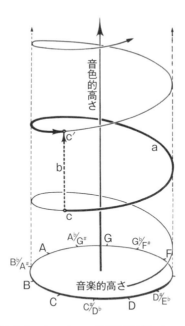

図3-4 トーン・ハイトとトーン・クロマの螺旋モデル(Shepard, 1982, 邦訳 p. 430)

ght)とトーン・クロマ(tone chroma)という二つの異なった属性に分けている。トーン・ハイト(音色的高さ)は,周波数の変化にしたがって連続的に変化していく感覚である。さらに,トーン・クロマ(音楽的高さ)は,周波数が2倍(オクターブ)になれば元に戻ってくるように感じる属性である。音楽的高さは,**音調性**ともいわれる。

シェパード(Shepard, 1965;1982)は,トーン・クロマとトーン・ハイトの関係について,多次元的に示した(図3-4)。いわゆる円柱の底面の周囲に,トーン・クロマが示されている。円柱の高さにあたる部分が,トーン・ハイトにあたる。トーン・クロマは,この円柱を上から見ると,オクターブの関係にある音はすべてが重なる。そのため,曲を移調しても,音の関係は螺旋上に載っている音の関係のままと思われる。

バッチェム(Bachem, 1948)は低い周波数から徐々に上昇させた音名の絶対判断の実験を行った。絶対音感を保持している者は約4 kHz まで正確な判断を行うことができた。しかし,約4 kHz 付近を超えると判断は曖昧になり,約

5 kHz を超えると特定の音名に対する判断ミスが多くなった。この現象を**クロマ固着**という。ウォード（Ward, 1954）は，**調整法**[3]を用いてオクターブのマッチング実験を行った。その結果，基準音がほぼ 2.7 kHz を超えた場合（比較音が 5.4 kHz を超えた場合），調整の一貫性がなくなった。ウォードは，バッチェムの結果と関連づけながら，約 5.5 kHz 以上で音楽的ピッチ（トーン・クロマ）が消失してしまうとした。

5 絶対音感とトーン・クロマ

羽藤と大串（1991）は，5000 Hz を超えてもトーン・クロマを保つことのできる被験者がいるのかどうかを，音名の絶対判断の実験によって調べた。

実験には，18〜30 歳の音大生 63 名が参加した。刺激は，継続時間 1 秒の純音（立ち上がり時間，減衰時間各 5 ミリ秒）を用いた。音の高さは，C_6（1047 Hz）〜B_9（15804 Hz）までの 12 音音階の各音，計 48 音を選択した。これらの音をランダムに並べ変え，ラウドスピーカを通じて提示した。刺激間間隔は 5 秒とした。

その結果（図 3-5），正答率は $C^{\#}_8$（ピアノの最高音の半音上）までは高いが（B_7 を除いて 50 % 以上），それを超えると 50 % 以下となる。また，5000 Hz 以上では C と B の判断のみが多くなりクロマ固着が見られた。$C^{\#}$ 以上の音域の平均正答率は，14.1 % であった。ランダムに被験者が反応したと仮定した場合，予測される正答率は 8.3 % となるから，この値は高いといえる。平均正答率が高くなる原因として，5000 Hz を超える高い音域でも，正しい音名がある程度判断可能な被験者が存在していることによる可能性があった。

$C^{\#}_8$ 以上の音域で正答率が 2 標準偏差以上高かった被験者に対して，ほぼ同じ手続きで刺激の順序を変えて 3 回提示し，音名判断実験を行った。結果を図 3-6 に示す。$C^{\#}_8$ 以上の音域における正答率は 44.9 % であった。この結果は，被験者の判断が安定していることを示している。

音楽的ピッチの一般的な上限は，先にも述べたように 4000〜5000 Hz 付近である。一方，聴神経の発火パルスと音刺激波形の同期が失われるのは，一般的には約 5000 Hz である。生理データと心理データを対応づけ，音調性は基本的

---

[3] 調整法とは，この場合は被験者が刺激音の高さを変化させ，刺激の変化を観察しながら判断などを行う方法のこと。

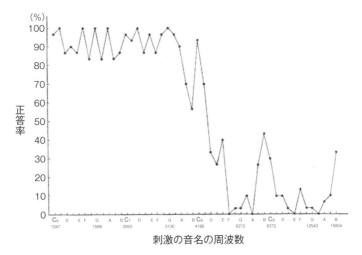

図 3-5　音の高さと正答率の関係（羽藤・大串，1991，p.94）

には聴覚系を伝送されるパルスの時間間隔によって生ずるという仮説がある（Ohgushi, 1983）。羽藤と大串（1991）の実験結果も，一般的にはこの仮説によって説明できる。この実験の結果によれば，$C^{\#}_8$ 以上の音域においても，正答率の高い被験者が少数ではあるが存在した。

　ローズら（Rose et al., 1967）はリスザルを用いた実験において，12 kHz 付近までの音に対して，音刺激波形と神経の発火を同期させることのできる聴神経が存在することを示している。5000 Hz を超える音域において，音楽的ピッチを知覚することが可能であった被験者は，この例外的な聴神経を利用していることも考えられる。

第 3 節　音色

1　音色の定義

　音楽の大きな魅力のひとつは，楽器や声における**音色**（timbre）の違いではないだろうか。音色について，難波（1993, pp.1-9）は次の二つの側面から定

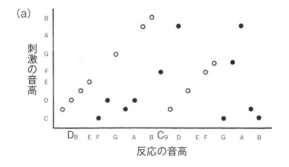

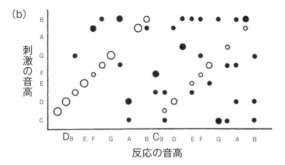

横軸は音名（周波数），縦軸はその音ごとの被験者の判断を示す。○は正答，●は誤答である。(a) は実験条件による結果，(b) は追加実験による結果である。丸の大きさは正答と誤答の数を示す。

図 3-6　一人の被験者による結果（羽藤・大串，1991, p.94）

義した。

(1) 音源が何であるか認知（識別）するための手がかりとなる特性。
(2) 音を聞いた主体が音から受ける印象の諸側面（多次元的属性）の総称で感情的色彩を帯びる。この音色的印象は種々の音色表現語で記述しうる。

(1) は (2) の前提となるため，(2) は (1) の影響を受けていると思われる。北村ら (1985) は，「**音質**とは，発音源とか伝送系といった何らかの（たとえば社会的，経済的）価値に対して音色を評価し，それが品質につながる場

合に用いる用語である」と定義した。難波（1993）はこれをふまえ，音響機器のみならず，楽器やコンサートホールの音色について「価値判断している場合」には，音質という用語を適用しうることを述べ，音質と音色を区別する場合に，音質には価値的判断が含まれることを指摘した（pp. 76-78）。

2　楽器の音色

　大串（1980）は，さまざまな楽器の演奏音を単独で聴いたときに，それらの音から楽器をどの程度同定することができるのか，また，各楽器間の音色の違いの程度を心理的に表現すると，それらの相互関係はどのようになるのかなどを検討した。各楽器で同じメロディーをゆっくり演奏した音に関して，心理実験と多次元尺度構成法による分析を行った。その結果，図3-7のように並び，Ⅰ軸（横軸）は弦，木管，金管と並び，楽器の種別に対応していることを示している。Ⅱ軸（縦軸）は，下方に配置された楽器が比較的クリアーな（高次倍音の強い）音色をもち，上方の楽器はやわらかい（高次倍音の低い）音色をもっているようであるが，心理・物理的分析を行っていないのであまり明確なことはいえないとした。

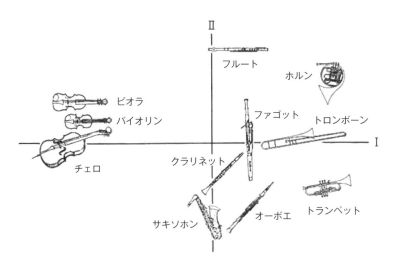

図3-7　各楽器でハ長調ドレミファソ（ド音：262Hz）を演奏した場合の音色の相互関係（大串，1980，p.15）

3 セマンティック・ディファレンシャル法（SD法）

音楽演奏を聞くとき，聴取者は音楽からさまざまな音響情報を取り入れ，強さ，ピッチ，音色を，それぞれ大きさ，かん高さ，「大きさや高さ以外の要因」としても感じ取っている。さらに，これらの情報を統合してさまざまな印象が生まれ，感情が生起する。しかしながら，音楽や楽音に対する印象は直接測定できるものではなく，言語による表現を介在させざるをえない。

音色は多次元的属性をもつ。このため，SD（Semantic Differential）法を用いて測定されることが多い。SD法は，オズグッドら（Osgood et al., 1957）が提案した方法で，ある対象に対する印象を，5段階あるいは7段階で，多くのカテゴリーに関して評定するものである。その結果，さまざまな対象物の印象の評価が測定によって得られること，また，多変量解析の導入によって，対象間の関係をユークリッド空間上に多次元的に布置することができることが示された。SD法を用いた研究は，人間の知識や意味の構造に関して大きく寄与した（第7章も参照）。音色についてのSD法の研究の結果，「迫力因子」「金属性因子」「美的因子」が見いだされている。これはそれぞれ，意味空間の「力量」「活動」「評価」と対応している。SD法は音色の研究においても，北村ら（1962），北村ら（Kitamura et al., 1968）などの研究を端緒として，広く用いられている（難波・桑野，1998）。

単一音の楽音ではなく，旋律についてのSD法研究を紹介しよう。浅田と大串（Asada & Ohgushi, 1991）は，ラベルのボレロのAとBの二つの旋律からなる（A/長調，B/半音の下降旋律が多用された民族的旋律）18のフレーズを対象に，SD法を用いて印象を測定した。各フレーズのユークリッド空間上の距離を非類似度としたうえで，多次元尺度構成法を用いて分析し，結果を2次元空間上に布置した。その結果，図の横軸上にAの旋律，Bの旋律が分かれた。また，下から上に出現順に各フレーズは並び，**迫力感**と対応していた。浅田と大串は，この旋律の布置とオーケストレーションの対応について，詳細に考察している。

また，末岡ら（1996）は，同じ方法を用いて，ピアノ演奏の聴取印象と演奏の物理的特徴の関連について考察し，聴取印象に最も大きな影響を及ぼす要因は，テンポおよびアゴーギク（テンポやリズムの意図的変化）であることを示

した。

小川ら（2002）は，電車の発車サイン音楽の音楽要素に関する研究を行った。実験では被験者に，首都圏における発車サイン音楽，および関西圏における接近音楽（電車の接近を予告する音楽）を，SD 法によって評価させた。その結果，「音楽」のカテゴリーに属する発車サイン音楽は，聞き手に金属感や迫力感をもたらし，音数が少なく機能感の優先する「サウンドロゴ」よりも，不快な印象を与えていることが示された。また，「電車のサイン音（合図）」として聞くか，「音楽」として聞くかという文脈情報を与えた場合，「音楽」より「合図」として判断するときに，不快な印象を与えることが示された。

第 4 節　音楽の印象判断

1　音源記述選択法

難波ら（Namba et al., 1991）は，多彩な情緒的印象を与える音楽を用い，

コラム　サウンドスケープ

「サウンドスケープ（soundscape）」ということばは，「サウンド」と，「〜の眺め/景」を意味する接尾語「スケープ（-scape）」とを複合させたもので，カナダの現代音楽作曲家・音楽教育家シェーファー（Schafer, R. M.）により 1960 年代末に提唱された考え方である。日本語では「音の風景」といわれ，音の環境を，自然科学・社会科学・人文科学のあらゆる側面にわたって総合的にとらえる方法である。具体的には，自然や文化的背景をもつ環境の中に存在する音の世界のことを指すほか，音楽的作品として環境を一つのまとまりとしてとらえる場合も，サウンドスケープと呼んでいる。私たちは音と密接な関わり合いをもちながら暮らしている。時代的背景や地域的背景によって象徴する音が変わり，サウンドスケープが変化する。そうしながらサウンドスケープを重んじ，必要な音は保存し，いらない音は減らしていく。いわゆる騒音制御としての考え方のみならず，サウンドスケープの考え方によって環境を見直すことができる。実際のフィールドへ出て，私たちがどのような音に囲まれているか，音の採集を行い，サウンドマップにまとめる作業が全国各地で行われている。

SD 法とは異なった方法によってその印象を判断した。すなわち，多彩な情緒的印象を与える音楽を用い，それを形容する語の頻度分布から，音源の印象を評価する手法を提案した。すべての実験において，被験者はムソルグスキー作曲の「展覧会の絵」のプロムナードの次の音源を聴いた。

- ピアノ（アシュケナージ）（ポリドール F35L-21011）[4]
- アシュケナージ指揮フィルハーモニア管弦楽団（ポリドール F35L-21011）[4]
- トスカニーニ指揮 NBC シンフォニー管弦楽団（RCA RCCD-1009）
- カラヤン指揮ベルリンフィルハーモニー管弦楽団（Polydor International GmbH, Hamburg）

それぞれの音源を聴いた後，被験者は曲全体の印象を形容詞にて自由に回答し，そこから 60 個の形容詞を選定した。

次に，音源記述選択法による演奏の評価を行った。この方法は，音源の印象にふさわしい形容詞を，リストの中から被験者に選択させる方法である。被験者は 60 個の形容詞に対して，当てはまると思った形容詞にも順位をつけて選択した。

まず，形容詞別の頻度による分析を行った。曲の冒頭のプロムナードの例を挙げると，アシュケナージによるピアノは「優雅な」，アシュケナージ指揮によるオーケストラは「雄大な」，という印象が卓越していた。演奏された版は，アシュケナージ自らが編曲したものであった。ラベル編曲のものと比較して，曲の前半に金管楽器が多用され，曲の中盤では木管楽器が弦楽器とともに提示され，曲の後半ではティンパニも強調される。このため，オーケストラ独特のさまざまな成分が，「雄大な」印象を喚起したと思われる。

トスカニーニ指揮，およびカラヤン指揮のオーケストラは，ラベル編曲版である。トスカニーニ指揮のオーケストラは，「雄大な」に加え，「意気揚々とした」という形容詞の選択が一番多い。これは，さまざまな楽器が，「輝かしく」「華やか」という固有の印象を励起したのであろう。カラヤン指揮のオーケス

---
[4] アシュケナージのピアノ，アシュケナージ指揮のオーケストラの各演奏は，同一の CD に録音されていた。

トラは,「雄大な」に加え,「のびやかな」「ゆったりとした」「優雅な」「落ち着いた」という印象であった。時間を計測すると, 1分42秒3と四つの刺激の中で最も長い(他の刺激は,アシュケナージ:ピアノ:1分21秒7,アシュケナージ:オーケストラ:1分25秒5,トスカニーニ:オーケストラ:1分33秒7)。よって,テンポの遅さから生じた印象であろう。

難波ら (Namba et al., 1991) は,さらに「60の形容詞」の関係をそれぞれ計算し, ϕ係数を算出し[5],因子分析によって分析したところ,「大きさ」の因子,「静けさ」の因子,「悲しさ」の因子が見いだされた。これは,オズグッドらがSD法によって見いだした「力量」「活動」「評価」という属性と対応する。音源記述選択法は,刺激の印象を強制的に判断させるというSD法とは違った方法であったが,因子の不変性は維持された。よって,得られた因子は妥当だと思われる。

2 連続記述選択法~時間判断の分析

難波ら (1982) は,時々刻々移り変わる音の大きさを,カテゴリー連続判断法を用いて測定した。その結果,音楽を含めさまざまな環境騒音に広く応用でき,また,心理的現在が約2.5秒であると考えられる(Kuwano & Namba, 1985) ことなどを示した。

加えて先述の難波ら (Namba et al., 1991) は,音源記述選択法をもとに,時々刻々の印象を形容詞を選択する方法で連続的に評価する,連続記述選択法を開発した。具体的には,コンピュータのキーボード(その上には形容詞の頭文字が記してある)を押すことにより,その刻々の連続的印象をとらえようとするものである。もし二つ以上の印象があるときには,コンピュータのキーボードを交互に押すようにさせた。

結果の一例を図3-8に示す。これは,アシュケナージ編曲による前出「プロ

---

[5] ここで, X, Y2つの形容詞があるとする。ここで, a は X, Y 両方とも選択された数, b, c は X, Y のどちらか一方のみが選択された数, d は X, Y どちらも選択されなかった数である。ϕ係数による行列を計算することによって因子分析を,たとえば 1−ϕ によって非類似度行列を計算することによって多次元尺度構成を用いうる。ϕ係数は次式で定義される。

$$\phi = \frac{ad - bc}{\sqrt{(a+b)(c+d)(a+c)(b+d)}}$$

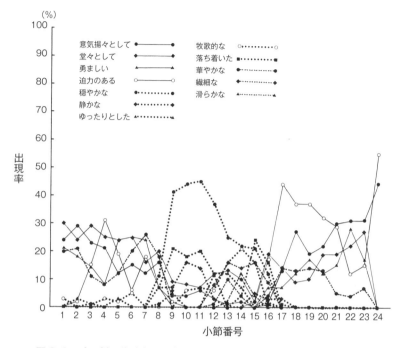

図 3-8　時々刻々移り変わる音楽と印象の関係　(Namba et al., 1991, p.263)

ムナード」のオーケストラ演奏である。時々刻々移り変わる印象に対して，非常によく対応していることがわかる。また，曲が終わるごとに全体の印象判断を行わせ，その反応の意味を考察した（図 3-9）。図 3-8 のときの連続判断では，出現頻度が小さかった"華やかな"印象が全体判断では多く見られるなど，異なった傾向も認められた。

　刻々と移り変わる音楽印象の評価から，人間の時間情報処理において，残存する情報と消失する情報がどのような要因によって決まるのか，またその統合過程について検討することが，今後の重要な課題となるであろう。

3　今後の課題

　本章では楽音の知覚について，とくに音色の印象を，楽器の編成に伴う周波数スペクトラムを中心に考察してきた。これ以外にも，他の特徴（たとえば，音の立ち上がりや減衰の仕方，総体的音量など）が，音色に影響を及ぼすと思

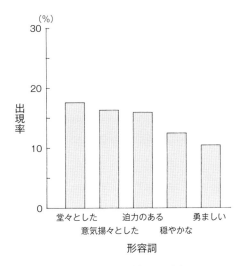

図 3-9　全体判断の一例
(Namba et al., 1991, p. 270 を著者一部改変)

われる。人は音色に魅せられるからこそ，高価なストラディバリウスを購入するヴァイオリニストもいるのであろう。今後，音色に影響を与える個々の要因のほかに，これらが組み合わさった音色の良さ，音質の高さについての研究がなされることが望まれる。

【引用文献】
ANSI S3.4 (2007). *Procedure for the computation of loudness of steady sounds.*
Asada, M. & Ohgushi, K. (1991). Perceptual analysis of Ravel's Bolero. *Music Perception*, **8**, 241-250.
Bachem, A. (1948). Chroma fixation at the ends of the musical frequency scale. *Journal of the Acoustical Society of America*, **20**, 704-705.
Bachem, A. (1950). Tone height and tone chroma as two different pitch qualities. *Acta Psychologica*, **7**, 80-88.
Bismarck, G. von. (1974). Sharpness as an attribute of the timbre of steady sound. *Acustica*, **30**, 159-172.
羽藤　律・大串　健吾 (1991)．高い音域における音楽的ピッチの知覚　日本音響学会誌，**47**，92-95.
Hellman, R. P. & Zwislocki, F. (1961). Some factors affecting the estimation of loudness. *Journal of the Acoustical Society of America*, **33**, 687-694.

ISO 226（2003）. Acoustics-Normal equal-loudness level contours.
ISO 532B（1975）. Acoustics-Method for calculating loudness level.
JIS Z8106（1988）. 音響用語（一般）1050.
Kitamura, O., Namba, S., & Matsumoto, R.（1968）. Factor analytical research of tone colour. *Proceedings of the 6th International Congress on Acoustics*, A-5-11.
北村 音壱・難波 精一郎・三戸 左内（1962）. 再生音の心理的評価について　電気通信学会電気音響研究専門委員会資料
北村 音壱・梅本 堯夫・大串 健吾・小谷津 孝明・難波 精一郎・平賀 穣・上田 和夫（1985）. 音の評価システムに関する調査研究報告書　第2報　サウンド技術振興財団
Kuwano, S., Hatoh, T., Katoh, M., & Namba, S.（2011）. Application of loudness level to temporally varying sounds: In the case of sounds of musical performance. *Acoustical Science and Technology*, **32**, 43-46.
Kuwano, S. & Namba, S.（1985）. Continuous judgment of level-fluctuating sounds and the relationship between overall loudness and instantaneous loudness. *Psychological Research*, **47**, 27-37.
Moore, B. C., Glasberg, E. R., & Baer, T.（1997）. A model for the prediction of thresholds, loudness and partial loudness. *Journal of the Audio Engineering Society*, **45**, 224-240.
難波 精一郎（1993）. 音色の測定・評価法とその適用例——環境研究上極めて重要なテーマを科学的に解説した　応用技術出版
難波 精一郎・桑野 園子（1998）. 音の評価のための心理学的測定法　コロナ社
Namba, S., Kuwano, S., Hatoh, T., & Kato, M.（1991）. Assessment of musical performance by using the method of continuous judgment by selected description. *Music Perception*, **8**, 251-276.
難波 精一郎・桑野 園子・二階堂 誠也（1982）. カテゴリー連続判断法による音質評価　日本音響学会誌. **38**, 199-210.
小川 容子・水浪 田鶴・山崎 晃男・桑野 園子（2002）. 発車サイン音楽の音楽要素に関する心理学的研究　日本音楽知覚認知研究, **8**, 65-79.
大串 健吾（1980）. 楽器を聴きわける　サイコロジー, **9**, 10-15.
Ohgushi, K.（1983）. The origin of tonality and a possible explanation of the octave enlargement phenomenon. *Journal of the Acoustical Society of America*, **73**, 1694-1700.
Osgood, C. E., Suci, J. G., & Tannenbaum, P. H.（1957）. *The measurement of meaning*. University of Illinois Press.
Rose, J. E., Brugge, J. F., Anderson, D. J., & Hind, J. E.（1967）. Phase-locked response to low-frequency tones in signal auditory nerves fibers of the squirrel monkey. *Journal of Neurophysiology*, **30**, 769-793.
Shepard, R. N.（1982）. Structural representation of musical pitch. In D. Deutsch（Ed.）, *The psychology of music*. Academic Press.（ドイチュ, D.（編著）寺西 立年, 大

串 健吾，宮崎 謙一（監訳）（1987）．音楽の心理学 下 音楽における音の高さの構造．西村書店，pp. 420-475.）

Shepard, R. N. (1965). *Approximation to uniform gradients of generalization by monotone transformations of scale, stimulus generalization.* Stanford University Press. pp. 94-110.

Stevens, S. S. (1975). *Psychophysics: Introduction to its perceptual, neural, and social prospects.* John Wiley.

末岡 智子・大串 健吾・田口 友康（1996）．ピアノ演奏の聴取印象と演奏の物理的特徴の関連性 日本音響学会誌．**52**．333-340.

Ward, W. D. (1954). Subjective musical pitch. *Journal of the Acoustical Society of America*, **26**, 369-380.

Zwicker, E., (1960). Ein Verfahren zur Berechnung der Lautstärke. *Acoustica*, **10**, 304.

Zwicker, E. & Fastl, H. (1990). *Psychoacoustics: Fact and models.* Springer-Verlag.

Zwicker, E., Fastle, H., Widman, U., Kurakata, K., Kuwano, S., & Namba, S. (1991). Program for Calualating loudness according to PIN 45631 (ISO 532B), *Journal of the Acoustical Society of Japan* (*E*), **12**, 39-42.

参考図書

ツヴィッカー，E. 山田 由紀子（訳）（1992）．心理音響学 西村書店
ムーア，B. C. J. 大串 健吾（監訳）（1994）．聴覚心理学概論 誠信書房

第4章 音楽の認知

吉野　巌

第1節　メロディの認知

1　音楽認知の多様性

　音楽を聴くとき，私たちは明確な対象や意味を認知するのではなく，音楽を構成するさまざまな音響的要素（高さ，大きさ，音色，長さ）や，その要素から構成されるパターンや構造（リズム，メロディ，和声，調性，主題），それらによって表現される様式や曲想・感情など，多様で多層的な属性を認知する。一方，音楽を演奏するとき，私たちは適切な音楽的知識を用いながら，それぞれの音を演奏するタイミング，音量，ニュアンス，表現などをプランニングするとともに，自らの演奏をモニタリングし，意図したとおりの演奏ができていない場合は演奏の修正を行う（詳しくは第10章を参照）。音楽認知とは，このように，音楽聴取だけではなく，音楽演奏の制御・調整や作曲をも含む，音楽的活動に関わる認知処理であるといえるが，本章では聴取面での音楽認知のみを扱う。

2　メロディの知覚的体制化

　私たちの知覚認知は，環境からのさまざまな刺激を，カメラやマイクのようにそのまま受け取るのではなく，情報を取捨選択したり積極的に意味づけを行うなど，刺激を能動的に解釈しようとする特徴がある。音楽についていうと，最も基本的かつ重要な側面である，**周期性**（一定の時間間隔での繰り返し）と

メロディ（melody）を見いだそうとしていると考えられる。音楽的な刺激が与えられたとき，聞き手は聴覚野において，ピッチ（トーン・ハイト）の次元やトーン・クロマ（音調性）の次元などの分析処理（第2，3章参照）を行い，個々の**楽音**を知覚していく。しかし，それぞれの楽音がばらばらに知覚されるだけでは，無意味な音の羅列にしか聞こえない。オーケストラのようにさまざまな楽器の音が鳴り響く状況では，単なる騒音にしか聞こえないかもしれない。それらをグループ化（群化）・パターン化すること，すなわち知覚的に体制化することにより，意味のあるまとまり（**ゲシュタルト**：Gestalt）であるメロディなどをとらえて，対象（**図**：figure）として知覚すると同時に，それ以外の背景的な部分（**地**：ground）と区別している（**図と地の分離**）のである。

このようなメロディの**知覚的体制化**の過程について，阿部（1995）は以下のような例を用いて説明している。図4-1の(a)～(d)は，あるメロディをチェロで演奏したときの音の流れを，四つのレベルの表現で示したものである。(a)は物理的な音の流れを音波として表現したもの，(b)はピッチ感覚の次元で知覚される基本周波数で示したもの（(a)の音波を周波数分析することによって得られる），(c)は音調性感覚の次元のクロマ（オクターブ内12種の半音の音名カテゴリー）と音の長さを，離散的な記号である音符として示したもの，(d)は(c)の音符表現を西洋音楽の調性構造とリズム（拍節）構造の枠組みのもとで解釈したうえで，楽譜として表現したものである。知覚的体制化は，(b)～(c)の段階，(c)～(d)の段階で行われ，その結果この刺激は，「6/8拍子という拍節構造」かつ「ト長調という調性構造」の中に，構造化されてメロディとして認知されることになる。このように，メロディとは，複数の音高がさまざまな音の長短の組み合せでまとまりとなったものであり，リズムの認知や**拍節的体制化**（拍節認知）などの時系列的方向での体制化処理と，**旋律線**の認知や**調性的体制化**（調性認知）などの音高次元の体制化処理を経て認知されるのである。

メロディの知覚的体制化には，表面的な知覚的特徴に基づいてパターンを認知していく群化の側面と，構造的枠組み（スキーマ）に当てはめてメロディを組織化・構造化するという側面（拍節的体制化や調性的体制化）がある。以下では，それらについて順に説明していきたい。

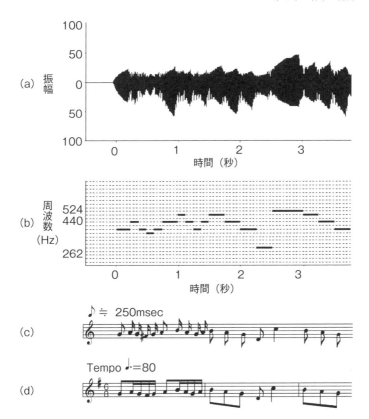

チェロで演奏した音の流れを，(a) 音波として表現したもの，(b) 基本周波数で表現したもの，(c) 音符の系列として表現したもの，(d) 西洋音楽の調性構造とリズム構造の枠組みのもとで解釈したもの，を楽譜として表現したものである。

図 4-1　ある音響刺激に対するさまざまな表現（阿部，1995 を著者一部改変）

第2節　楽音の群化とパターンの認知

1　ゲシュタルト原理に基づく群化

音楽を聴くとき，私たちは音楽を構成する個々の楽音を知覚し，それらをより大きな単位のパターンへと群化する。視覚においては，**近接の要因**（距離的

に近いもの同士がまとまりになりやすい), **類同の要因**（性質が類似するもの同士), **よい連続の要因**（なめらかな連続性をもつもの）など, **ゲシュタルト原理**（もしくは「群化の法則」）に基づいた空間配置上での群化が知られている. 楽音の場合も, 時系列的な方向に関する群化と, 垂直（音の高さ）方向に関する群化, もしくは空間配置に基づくものなど, さまざまな群化が認められる（詳しくは Deutsch, 1982 を参照のこと）.

2 時系列方向での楽音の群化

人の話を聞くとき, 私たちは音響刺激に対して時系列的な方向で群化を行うことにより, 音声の系列を単語というまとまりに区切って知覚し, 意味を理解している. 同様に, メロディを聞くときは, 単語ほど明確なまとまりではないものの, 数音単位の短いグループに区切りながら聞いていると考えられている. 図 4-2 に時系列方向の群化の例を示した.

(a) **時間的近接性に基づく群化**は, 時間的に連続した音やタイミングの近い音同士がグループとして知覚されるというものであり, スラーなどで音が切れ目なく続く場合, 音列の中に時間的な空白（休符）がある場合, などがある.

(b) **類同性に基づく群化**は, 音の質・量の変化（音高の跳躍, 音長の変化）があると, その場所が知覚的境界となり, その前後が別々のグループを形成す

(a) 時間的近接性：時間的に連続した音, タイミングの近い音どうしがグループを形成する

(b) 類同性：音の特徴が類似しているものどうしがグループを形成する

点線は知覚されるグループを表す.

図 4-2　時系列方向の楽音の群化

るというものである。音域・音高の類同（近接），音の長さの類同，ニュアンスの類同，音の大きさの類同，音色の類同などが挙げられる。これらの近接性や類同性の要因以外にも，アクセントがついた音はグループの開始として知覚されやすい，ある音形が何度も繰り返されるとそれが一つのグループとなる（経験の要因）など，さまざまな群化の要因を挙げることができる。

　こうして形成されるグループは，**チャンク**（chunk）という認知処理・記憶の単位となる。チャンクがさらにいくつか集まってより大きなグループとなったものが，いわゆるフレーズやメロディであるといえるであろう。一般に，フレーズ間の境界は，個々のグループ境界よりも明確に知覚されやすい。しかし，演奏家は**フレーズのまとまり**をより明確にするため，フレーズの最初の音をはっきりと大きな音で長めに弾いたり，フレーズの途中の音はできるだけスラーで弾くなどの工夫を行うのである。

3　垂直方向での楽音の群化

　複数の楽器が演奏するとき（アンサンブルなど），音波としては多重で複雑な複合音が耳に到達するが，聴き手はさまざまな群化の手がかりを用いて，それらを「メロディと伴奏」などというように，別々の音のまとまりの流れ（**音脈**：stream）に分けて認知する。これを**音脈分凝**（stream segregation），もしくはストリーミングともいう。前節の時系列方向の群化に対して，こちらは主に音高の次元にしたがう群化であるが，これを便宜的に「**垂直方向の群化**」と呼ぶ場合がある。音脈を分離するための手がかりはさまざまである。たとえば，音色が異なっていれば（例：ヴァイオリンとトランペット），二つの音の流れを分離することはたやすい（音色の類同による群化）。音色がほぼ同じ場合（例：二人のヴァイオリン），音域が離れていれば両者を分離しやすくなるが，音域が同じだと難しくなる（Dowling, 1973）。同じ楽器が同じ音域で異なるメロディを演奏する場合でも，両者の音が部屋の反対側から聞こえてくるような場合は，空間的な近接性（space proximity）により（近接しないことにより），二つの別々のメロディの流れとして聞こえるかもしれない。このような音脈分凝の結果，私たちはオーケストラのようにさまざまな音が鳴っている中で主旋律となる音脈を聞き取ったり，合唱などでそれぞれの声部の音脈を聞き取ったりすることができるのである。

(a) 〈音脈 B1〉
(b) 〈音脈 B2〉

(a) のように，異なる音域にある音高が速いテンポで交互に現れると，たとえば (b) のように二つの音脈に分かれて聞こえる（筆者の経験では，この曲の楽譜を見るまでは，16分音符1個分ずれて音脈 B2 のほうが強拍であるように聞こえていた）。

図 4-3　"分裂"を引き起こす音楽の例（J. S. Bach 作曲　無伴奏ヴァイオリン・パルティータ第3番「前奏曲」の一部）

　一方，本来一つの音の流れなのに，音脈分凝が起きてしまうケースもある。図4-3の (a) のように，一つの楽器が二つの音を交互に演奏するとき，テンポが速いほど二つの音脈に分かれて聞こえる（たとえば，図4-3の (b) の，音脈 B1 と音脈 B2 のように）。この現象は心理学的には**分裂**（fission）と呼ばれており，一般に，二つの音高の間隔が3半音以上で生起し，その間隔が広いほど，また，テンポが速いほど生起しやすいことがわかっている（詳しくはDeutsch, 1982 を参照のこと）。しかし，2半音以下の場合はテンポをどんなに速くしても分裂は知覚されず，トリル（trill）という一つの音の流れとして聞こえる。作曲家はこの現象を何百年も前から擬似多声音楽（pseudopolyphony），または複合旋律として，楽曲の中で利用してきた。図4-3のバッハの無伴奏ヴァイオリン・パルティータ「前奏曲」は，まさしくその例である。

　実際の楽曲やその演奏では，音色，音域，空間的近接性など，さまざまな要因が複雑に絡みあい，互いに拮抗してしまうことも多い。**音階旋律の錯覚**（scale illusion）は，ストリーミングにおいて，良い連続，音高の近接性，空間的な近接性の要因の葛藤によって引き起こされる現象であるといえる（コラム①を参照のこと）。実際の演奏の中でそういった葛藤を避ける（たとえば，オーケストラで，メロディ楽器が同じ音域の他の楽器の音に埋もれないようにする）には，楽器（パート）間での音量バランスを調整したり，音色が他の楽器とは異なるようにしたり，わざと演奏のタイミングをずらしたり，などの工夫が必要となるのである。

コラム①　音階旋律の錯覚

　群化の要因が互いに拮抗すると，安定した群化が行われにくい。たとえば，○● ●○ ○●という視覚パターンは，近接の要因と類同の要因が拮抗し，2種類の群化パターンが交代して知覚される。音楽刺激に関しても群化の拮抗は起こる。ヘッドフォンで，右耳には図1の (a) の音列を，左耳には (b) の音列を同時に呈示する場合を考えてみよう（このように，左右の耳にヘッドフォンで別々な音響刺激を呈示することを，**両耳分離聴**〈dichotic listening〉という）。この例では，「空間的な近接性」によって音列を知覚するならば，右耳からは (a) の音列，左耳からは (b) の音列が"聞こえる"はずである。ところが実際は，ほとんどの場合，右耳からは (c) の音列が，左耳からは (d) の音列が鳴っているように聞こえる。この現象は「**音階旋律の錯覚**（scale illusion）」と呼ばれている。聞き手は，これらの音列を「空間的な近接性」ではなく「周波数の近接性」に基づいて，高音部 (c) と低音部 (d) の2種の音列として群化・知覚し，さらに，それぞれの音列を左右の耳から別々に聞こえてくるものと錯覚してとらえてしまうのである。この例では，空間的な近接性と周波数の近接性が拮抗し，後者のほうが優越したといえる。なお，この例では「良い連続」の要因も考慮する必要がある。仮に，良い連続の要因が強く働くなら，(e) や (f) のような音列が知覚されるはずだからである。しかし，そうした音列を知覚することはほとんどないという（Deutsch, 1982）。

図1　音階旋律の錯覚（Deutsch, 1982 を著者一部改変）

この音階旋律の錯覚が，実はクラシックの有名な楽曲の中で使われている。それは，チャイコフスキーの交響曲第6番（悲愴）第4楽章の冒頭主題（図2の(a)）である。ファースト・ヴァイオリンやセカンド・ヴァイオリンの楽譜を見ても，これが悲愴4楽章の冒頭であることに気づく人はほとんどいないだろう。そして，二つのヴァイオリンパートが同時にこの2小節を演奏するとき，各パート譜に記譜されているメロディが聞こえることもない。周波数の近接性によって群化され直した，(b)のような聞き覚えのあるメロディが聞こえるのである。

楽譜上は(a)がそれぞれファースト・ヴァイオリンとセカンド・ヴァイオリンにより演奏されるが，私たちの知覚としては，(b)のような二つの旋律の流れ（主題と随伴声部）が聞こえる。

図2　チャイコフスキーの交響曲第6番（悲愴）の第4楽章冒頭部

第3節　旋律パターン（旋律線）の認知

1　旋律線とは

上述のように，聞き手はいくつかの楽音を群化してまとめていくことにより（第4節の時間的な処理にも関わってくるが），「音高パターン」として，音楽でいう動機や主題・メロディを知覚する。このような音高パターンを知覚して心の中で保持・記憶するとき，聞き手は，それらを音響物理パターンや絶対的

(a) 標準(オリジナル)メロディ 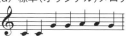　　(c) 不正確な移調メロディ(旋律線は同じ)

(b) 正確な移調メロディ 　　(d) 不正確な移調メロディ(旋律線も異なる)

(e) 旋律線のイメージ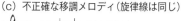

　(a) を標準メロディとして，(b) は別の調に正確に移調したもの，(c) と (d) は別の調に不正確に移調した変形メロディである。ただし (c) は標準メロディの旋律線の形が変わらないようにしたもの（旋律線同型），(d) は旋律線の形も変わるようにしたもの（旋律線異型）である。実験では，標準メロディを提示した後に，(b)〜(d) のいずれかを提示して，二つのメロディが同じか異なるかを答えてもらう。(b) に対しては「同じ」，(c) と (d) に対しては「異なる」と答えると正解である。

図4-4　移調再認実験などで典型的に用いられるメロディの例と旋律線のイメージ
　　((a〜d) は Dowling, 1982 を著者一部改変)

な音高情報（絶対音高）としてではなく，音の高さの変化のパターンとして心の中で表現している（表象），ということがわかっている。たとえば，図4-4の (a) のメロディを聞いたとき，(e) のようなピッチの上下動の「線」のパターン（ただし"視覚的に"ということではない）として，大雑把に把握しているということである。この「線」は，**旋律線**もしくは**旋律輪郭線**（melodic contour）と呼ばれている。旋律線は，メロディにおけるピッチの上下動のパターンのことであり，隣接する二つの音高の間のピッチ変化の系列として表現することができる。最も単純には，上昇（＋），同音（0），下降（－）の3種のみで符号化することも可能だが，これはあまりにも単純すぎるだろう。より緻密に符号化をする場合は，半音を基準にして，3半音上昇，同音（0），5半音下降，などと表現することもできるが，このように半音単位で正確にピッチ変化を認識できる聞き手は少なく，一般の聞き手はもう少し大雑把な認識の仕方をしていると考えられる（たとえば，＋＋，＋，0，－，－－）。

2 旋律線に基づくメロディの認知

　旋律線に基づくメロディの認識は，すでに乳児の段階で行われていることがわかっているが（Chang & Trehub, 1977），旋律線認知におけるピッチ変化の精度は，発達や音楽経験とともに細かくなると考えられている（Dowling, 1982）。たとえば，図4-4の（a）のメロディを聞いた後で，（b）その正確な移調メロディ，（c）旋律線は同じだが音程が一部異なる不正確な移調メロディ，（d）旋律線が異なる不正確な移調メロディ，を聞くと，ほとんどの聞き手は，「（b）は元のメロディと同じメロディだが（d）は異なる」と答えることができる。しかし，（c）については，音楽経験の豊富な聞き手は「異なる」と答えることができるが，より年少の音楽経験の少ない聞き手ほど，「同じ」と答えてしまうのである。ただし，同じメロディを何度も聞くと，徐々に細かい音程の幅も記憶されていくため（相対的な音程関係による符号化），（c）のメロディが（a）とは異なることが簡単にわかるようになる。また，音楽訓練を受けた人は，音高を**階名**や**絶対音名**として言語的にも符号化できるため，こうした記憶実験の成績は高くなる。

　正確な音高や音程ではなく，粗い情報である旋律線に基づいてメロディを把握（記憶）する利点としては，移調されても同じメロディだと簡単に認識できる，音程がやや狂っていても（歌い手の技量不足などで）同じメロディだと認識できる，ということがあるだろう。また，実際の楽曲の中では，特定の**動機**（motif）や**主題**（theme）が何度も繰り返されるが，まったく同じ音高（調）で繰り返されるだけではなく，移調されたり，音程間隔が変えられて出現する。それでも私たちは，それらを基本的には「同じ」パターンとして認知することができるのである。変奏曲の主題と変奏の関係の認知や，「この曲とあの曲は似ている」という類似性の認知も，ある部分は旋律線の同一性に基づくといえるだろう（第6節で述べる骨格構造・深層構造の抽出に基づくものもある）。

　旋律線に関する処理は，メロディの周期性・拍節の認知にも影響を及ぼす。特に，音列が同じ長さの音（たとえば八分音符だけなど）から構成されているとき，認知される拍節構造は旋律線の形によって決まるだろう。たとえば，「ドソミソレラファラドソミソレラファラ……」という音列を聞けば，4音ひ

とまとまりの旋律線パターンが繰り返していると認知されるので，聞き手はこの音列を，この4音パターンを基本単位とする拍節構造（たとえば，2拍子とか4拍子とか）で聞き取るであろう。

3　大脳における旋律線処理の局在化

　第3章第2節で述べられているように，音の高さにはピッチ（トーンハイト）の次元と，協和・クロマの次元（トーンクロマ）の二つがあるが，旋律線の処理はピッチの知覚に由来し，音調性（音程や調性）の処理は協和・クロマの次元に由来すると考えられている（阿部，1987）。これら，旋律線の処理と音調性の処理は，それぞれ脳の異なる部位で行われていることが，神経心理学的な研究からわかってきている。一般に，言語は左脳，音楽は右脳などといわれ，それを裏づける研究も多くあるが（Damasio & Damasio, 1977），実際はそう単純ではなく，音楽の諸側面の処理は大脳の左右のいくつかの部位で分散して行われ，音楽経験によっても異なることがわかっている（詳しくは第9章を参照）。

　ある認知機能が大脳の特定の部位に局在する（**機能局在**）かどうかは，脳梗塞や事故などで大脳に障害を受けた「脳損傷患者」を調べることで，ある程度わかる。ペレス（Peretz, 1990）は，大脳の右半球に損傷をもつ患者と，左半球に損傷をもつ患者に，図4-4のようなメロディ移調再認実験を行った。左半球損傷患者は，旋律線の異なるメロディ（aに対するd）は，"異なる"と判断することができたが（健常者と同様の正確な判断），右半球損傷患者は"同じ"と答えたり"異なる"と答えたりし，判断が不正確であった。右半球損傷患者は，旋律線の処理に障害を受けていることがわかる。このように，メロディの音高的側面の処理に障害をもつ症状を，**失旋律症**（amelodia）と呼んでいる。そのほかにも，両側に障害のある別の患者で，旋律線の処理はできるが音調性の処理（たとえば終止感の判断など）ができない症例（**失調性症**）も報告されている（Peretz, 1993）。これらから，旋律線の処理を行う部位は右半球にあること，旋律線の処理と音調性の処理は脳の異なる部位で行われていること，などが推測できるのである。

第4節 拍節・リズムの認知

1 周期性・基本拍の知覚

　音楽を音楽らしくさせている本質的な要素のひとつに，周期性がある。リズムの複雑な現代音楽や，テンポが極端に遅い民謡（例：江差追分）などを除き，普段よく耳にするような音楽であれば，私たちは曲に合わせて一定の時間間隔で手拍子を叩くことができる。これは私たちが音楽の周期性を知覚しているからであり，この一定の時間間隔のことを**基本拍**（ビート：beat）と呼んでいる。時計の秒針の動きや心臓の鼓動など，刺激が単調に反復する場合，ビートを知覚するのは非常に容易だが，さまざまな長さの音（例：二分音符，四分音符，付点四分音符，八分音符）の組み合わせであるメロディの場合でも，たいていはビートを知覚することができる。

　ビートの知覚は，「**自発的テンポ（心的テンポ）**」や「**好みのテンポ**」との関連が指摘されている。自発的テンポは，自然に行われた打拍（テーブルを自分の好きなテンポで叩く）の速さで測定され，種々の研究の平均はおおむね600 ms/音（100拍/分）程度であり，一方「好みのテンポ」は，最も自然に感じられる音の速さ（メトロノームの音を聞いて好きなテンポを選ぶ）で測定され，500〜600 ms/音であるという（Fraisse, 1982）。これらのテンポと，心拍（約830 ms），歩行（約550 ms）などの時間間隔がいずれも500〜800 msになることから，私たちは500〜800 msの時間単位を，時間の周期性を知覚したり生成したりするための基本的な枠組みとして用いている可能性もあるだろう。

2 拍子・拍節構造の認知——拍節的体制化

　ところで，私たちが知覚する周期性はビートだけではない。ビートの連続を2拍，3拍などの**拍子**（meter）としてグルーピングすることにより，より大きな時間単位（西洋音楽の場合，小節に相当する）の周期性も知覚する。グルーピングは単調なビートの繰り返しに対してさえも起こる。時計の秒針のように高さ・強さ・音色が同一の物理刺激音の繰り返しを聞くと，二つずつ，もしくは三つずつなどのまとまりをなしているように聞こえることがあり，これ

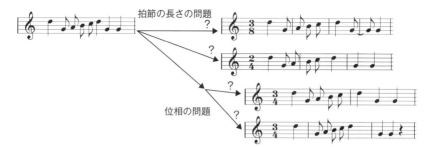

メロディを聞くとき，私たちは瞬時に，拍節の長さの問題（1拍の長さは八分音符か四分音符か，1小節の長さは何拍分か）と位相の問題（強拍はどの音の上にくるか）を知覚的に解決する。たとえば，左のメロディに対して可能な拍節構造はほぼ無限にあるが，音はできるだけ拍と同期する（シンコペーションが生じない），長い音はできるだけ強拍（拍子の1拍目）上にくる，1小節の拍数は2～4程度である，などのさまざまな条件を最もよく満たす拍節構造が知覚される。

図4-5 拍節的体制化

を**主観的リズム**（subjective rhythm）という。通常の音楽の場合は，拍ごとに音の高さや強さなどが異なってくるので，グルーピングが明確に行われやすい。たとえば，マーチは1，2，1，2，……，ワルツは1，2，3，1，2，3，……，などのように，二つもしくは三つのビートでまとまった単位の周期性を知覚することができる。また，さらにいくつかの小節をグルーピングして，より大きな時間単位の周期性を知覚する場合もある。以上，私たちはメロディを一定の時間間隔（ビート）の連続として認識する（周期性の知覚）とともに，拍の連続を拍子などのより大きな時間単位の中で，何重かに構造化して認識していると考えられる。

　このように，階層的な時間構造（**拍節構造**）に基づく周期性を知覚することを，**拍節的体制化**（metrical organization）という（岡田・阿部，1998；後藤，2000）。拍節的体制化は，拍節構造という時間格子の枠組みをスキーマ（拍節スキーマ）として用意し，聞こえてくるメロディをその枠組みの中にトップダウン的に当てはめて，理解しようとする処理プロセスといえるだろう。私たちは音楽の開始後すぐに適切な拍節構造を知覚するが，図4-5に示すように，拍節の長さや位相の選択肢は際限なくあり，その中の一つを手続き的に決めるのは実は難しい問題である。そのような拍節的体制化・拍節認知の過程のモデルとしては，ロンゲット-ヒギンズとリーのモデル（Longuet-Higgins

& Lee, 1982), ポベルとエッセンスのモデル (Povel & Essens, 1985) などが知られている (詳しくは, 後藤, 2000 を参照のこと)。

3　リズムパターンの認知

　リズム (rhythm) の定義はさまざまにあるが, 本質的には, 「音の長短 (音長) 関係に基づくグルーピング」(村尾, 2002b), もしくはその時間的パターンであるといえる。一般的には, 「2拍子のリズム」「3拍子のリズム」といった使い方をする場合もあるが, これは正確には「リズム」というよりも「拍節」というべきであろう。リズムとは, たとえば同じ3拍子であっても, 「付点四分音符, 八分音符, 四分音符」のリズムと, 「四分音符, 八分音符, 八分音符, 四分音符」のリズムは異なる, というように特定のパターンを示すものである。

　私たちはさまざまなリズムパターンを認識・区別し, 記憶・再生することができる。単純なリズムパターンであれば, 1歳前の乳児でもリズムの違いに気づくことができる。たとえば, トリハブとソープ (Trehub & Thorpe, 1989) の研究では, 7〜9カ月の乳児が, 3音条件では「×× ×」と「× ××」の違いを, 4音条件では「×× ××」と「××× ×」の違いを聞き分けることができた。さらに, 子どもは成長するにしたがって複雑なリズムを覚えて, そのリズムを叩いたり (再生), 聞こえてくるリズムに合わせて一緒にリズムを叩くこともできるようになる (**同期**)。また, 楽譜を書けない子どもでも, リズムパターンを図に表現させると, 近接の要因に基づく音のまとまりをそのまま描いたり (**図形的タイプ**), 休符も考慮に入れて拍や拍子の長さを表して描いたり (**メトリック〈拍節的〉タイプ**) することができる (Bamberger, 1994, 詳しくは第8章参照)。

　リズムパターンを認知・記憶するとき, その易しさ・難しさは何で決まるのだろうか。ポベルとエッセンス (Povel & Essens, 1985) によると, それはリズムパターンが内的クロック (internal clock) にどれだけよく適合するかだという。**内的クロック**とは, 「聞き手がリズムパターンに自由に合わせることができる, 周期的な一定間隔の時間単位」(訳は, 後藤, 2000 による) であるが, 要は上述した, 階層的な時間格子の枠組み (拍節スキーマ＝階層的な拍節構造に関する知識) のようなものである。具体的には, 階層的に重要な拍節位置 (小節の1拍目や, 基本拍の位置) に音があり, かつ相対的に重要ではない

図 4-6 （a）拍節スキーマに一致しやすい（認知・記憶しやすい）リズムと，（b）拍節スキーマに一致しにくい（認知・記憶しにくい）リズムの例（松山・吉野，2013 を元に著者作成）

位置（弱拍や，基本拍ではない位置）に音がない音列は，拍節スキーマによく一致し，リズムの認知や記憶が相対的に簡単である。逆に，階層的に重要な拍節位置に音がなく，重要ではない位置に音があるような音列（シンコペーション的なリズムになっている場合が多い）は，拍節スキーマへの当てはまりが悪く，なかなかリズムが把握できないのである（図4-6参照）。

第5節 調性の認知

1 調性とは──調性的体制化

　音の高さの次元についても，拍節的体制化と同様に，メロディを調性という構造に当てはめて理解しようとする構造化の処理があり，**調性的体制化**（tonal organization）という（阿部，1987；吉野・阿部，1998）。あるメロディが長調か短調かを区別できたり，聞いたことのない「島唄」を聞いて沖縄音階に基づく音楽だとわかったり，日本人が『君が代』を聞き終わったときに**終止感**（終わった感じ）を感じることができる（日本音楽に親しみのない外国人は，終止感をあまり感じない）のは，この調性的体制化によるものである。
　そもそも**調性**（tonality）とは，音の高さに関するまとまりの感覚であり，楽曲の音高構造に，一つの特定音高（**中心音**：central tone）による支配性（星野・阿部，1984）が認められる心理現象のことである。その意味で，西洋音楽に限らず，世界のほぼすべての地域の音楽に当てはまる。中心音とは，メロディの各音に統一的まとまりをもたらす重要なものとして知覚される音高で，他の音高を安定して知覚するための知覚的な基準点（**参照点**：reference point）となるとともに，メロディをまとまりよく終わらせる終止音としての役割ももっている。

(a)は調性感の高い音列，(b)は調性感の低い音列である。被験者は，目の前に用意されているキーボードを弾いて実際に音を確かめながら，呈示されたメロディを"まとまり良く終わらせうる"と思われる音高を選んだ。

図4-7　星野・阿部（1984）の終止音導出実験で使用された音列と，それに対する被験者の反応の例

　西洋音楽の場合，中心音は**主音**（tonic）にあたる。たとえば，図4-7のような音列について，中心音（終止音）を見いだすことができるか考えてみよう。**終止音導出法**（提示された音列をまとまりよく終わらせる，と思われる音高を選び出す）による実験を行ってみると，調性感の高い(a)のメロディは終止音を簡単に定めることができる（多くの人はCを選ぶ）が，調性感の低い(b)はなかなか定めることができない（音列の最終音や，その周辺の音高を選ぶなど，一貫した反応が得られない）。これらのメロディの違いは，(a)は西洋音楽の音高構造（長音階）に一致するが，(b)は既知のどんな音高構造にも一致しないということである。

　調性的体制化とは，メロディの各構成音を，中心音を基準とする音高組織（音階・調性）の中に組織化・体制化していくことであるが，その音高組織に関する知識のことを，**調性スキーマ**（tonal schema）という。調性スキーマは，誕生後からさまざまな楽曲を聞き，それらに共通する音高構造を抽出することによって心の中に形成される暗黙的知識であり，その音楽文化の特定の音高組織（音階）を反映したものになる。現代日本人の場合は，図4-8に示すように，西洋音楽の長調・短調，日本音楽の律音階・都節音階，ヨナ抜き音階[1]など，複数の音階組織に対応する調性スキーマをもち，メロディをそのいずれかの音階の枠組みに当てはめて体制化しようとすると考えられる。たとえば，図4-7の(a)のメロディは，聞き手の調性スキーマの中の「西洋長音階」の枠組みによく適合する（枠組みの「do」を実音「C」に合わせたとき，「C-A-

---

1) 7音音階の4番目の音（fa）と7番目の音（si）がない5音音階のこと。

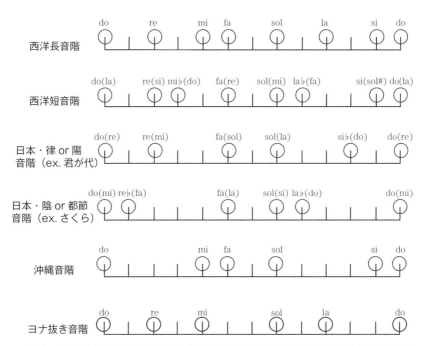

図 4-8 現代日本人がもつ調性スキーマ（音階組織の枠組み）

G-E-D-E」が「do-la-sol-mi-re-mi」に当てはまる）。この場合，このメロディは，中心音を「C」とする長調の音階構造（＝ハ長調）で調性的体制化がなされたということになる。

このように，調性的体制化とは，楽曲を調性スキーマに同化（assimilation）することであり，その結果，調性が認知されることになる。調性スキーマにうまく当てはめて理解する（同化）ことができた音列（図 4-7 の（a）のような音列）は，調性感が高くメロディらしく聞こえ，うまく当てはまらない音列はまとまりがなく，ランダムな印象に聞こえる（調性感が低い）ということである。ところで，冒頭で「日本音楽に親しみのない外国人は，『君が代』に対して終止感をあまり感じない」と書いたが，彼らは『君が代』を自身の調性スキーマにうまく同化できない状態であるといえる。しかし，そのような人で

も，さまざまな日本音楽を聞く経験をもつことができれば，日本音楽の音階組織を受け入れられるように調性スキーマを修正（**調節**：accommodation）し，徐々に日本音楽に対しても終止感を感じるようになるはずである。

2　調性階層性と調の認知

　上で述べたように，調性的なメロディを聞くとき，心内では中心音が最も重要かつ安定的な音高として認知される。これに対して，中心音以外の調の構成音は，その性質が均一であるわけではなく，安定性・重要性に違いが認められる。このように，調性を構成する音高がもつ階層的な性質を，**調性階層性**（tonal hierarchy）と呼ぶ。西洋調性音楽に関しては，クラムハンスルら（Krumhansl, 1979, 1990；Krumhansl & Kessler, 1982）のプローブ音法（probe tone method）実験（図4-9参照）よって，心理的な安定性・重要性は，長調の場合でも短調の場合でも，主音を筆頭に，主音以外の主和音構成音（属音や3度音）が高く，その他の音階音（長調ではre, fa, la, si）が中程度であり，それ以外の非音階音は低いことが確認された。

　ところで，西洋音楽の長音階と短音階の構造の知識に基づくと，図4-7（a）の音列は，ハ長調，ヘ長調，ト長調の三つの可能性があることがわかる。しかし，調を答えてもらう実験を行うと，多くの被験者がハ長調と答える。なぜ聞き手の感じる調は一つに決まるのであろうか。実は，調性的体制化では，調性階層性を反映させた，できるだけ安定した解釈を作り上げようとすると考えられている（Yoshino & Abe, 2004；Matsunaga & Abe, 2012）。この音列の場合は，ハ長調の解釈「do-la-sol-mi-re-mi」が，第4音目の段階で主和音を構成するすべての音（do・mi・sol）が揃うことになり，調性階層的に安定した解釈なのである。聞き手は，メロディの構成音の中に主和音構成音が多く含まれ，逆に非音階音ができるだけ含まれないような調の解釈を好むわけである。なお，主音は他の音高を解釈する基準音となるため，聞き手は主音が音列のできるだけ冒頭部で出現するような調の解釈も好む（たとえば，第1音目が主音となるような調）。

3　調性に基づくメロディの認知

　上述のように，調性的体制化の処理によって，聞き手の心内では中心音が定

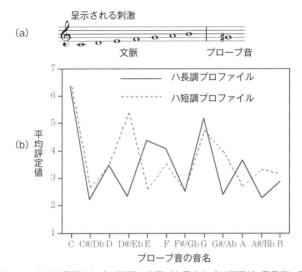

実験では，文脈（長調もしくは短調の音階〈上昇もしくは下降〉）呈示後に引き続き，プローブ音が呈示される。プローブ音は，オクターブ内12半音のうちのいずれかの音高が，ランダムに出現する。被験者の課題は，このプローブ音が文脈をどの程度よく終わらせるか（もしくは文脈にどの程度適合するか）を，7段階で評定することである。楽譜の下のグラフは，文脈が C major の音階と C minor の音階であるときの，オクターブ内各12音に対する被験者の平均評定値を示したものである。

図 4-9　プローブ音評定実験における刺激呈示例（a）と Krumhansl & Kessler（1982）におけるプローブ音評定プロファイル（b）
（Krumhansl & Kessler, 1982 を著者一部改変）

位され，音階構造が同定される。つまり，聞き手は暗黙的・無意識的には調を特定し，調を認知しているはずである。しかし，メロディの調名（ハ長調，イ短調など）を答えることができる人は，ある程度の音楽訓練を受け，しかも絶対音感をもつ聞き手に限られている。一方，特別な音楽訓練を受けていない聞き手は調名を答えることはできないが，メロディらしい音列とメロディらしくない音列とを区別することができ，メロディの終止音（中心音）を選び出すことができる（星野・阿部，1984）といった事実は，彼らが無意識的なレベルでは調を認知している明確な証拠といえる。

このほか，調性的なメロディは非調性的なメロディよりも記憶しやすいこと（Dowling, 1982, 1994），調性的なメロディの中の1音だけを別の音高に変え

る場合，非音階音だと簡単に気づく一方で，同じ調の別の音階音に変えた場合は気づきにくいこと（Trainor & Trehub, 1992），移調されたメロディを再認するときに，5度円（5度圏：circle of fifth）[2]の遠い調への移調では原曲と異なるメロディに聞こえ，近い調への移調では同じメロディに聞こえる傾向があること（調の距離の効果：Bartlett & Dowling, 1980）なども，非熟達者が調性に基づいてメロディを認知している証拠といえる。

第6節　旋律の分析と期待

1　生成的音楽理論

　音楽と言語との間にはさまざまな類似点が指摘されるが，そのなかのひとつに，どちらも何らかの文法に基づいており，その文法を習得することによって理解したり，新たに生成したりすることができる，ということがある（音楽の場合はかなり曖昧であるが）。言語学の分野では，**チョムスキー**（Chomsky, N.）によって**生成文法理論**（generative grammar）が提唱され，音楽認知研究にも大きな影響を与えている。チョムスキーの初期の理論では，文（発話）の表面的な形や構造（**表層構造**：surface structure）の背後に，より基本的な構造（**深層構造**：deep structure）があると仮定し，深層構造を作り出す句構造規則（phrase structure rule），それに操作を加えて表層構造へと導く**変形規則**（transformational rule）が提案された（中島，2013）。これらの規則を学習することによって，私たちは新たに耳にする（目にする）文であってもそれを規則にしたがって分析し，意味を理解することができ，その一方で，発話したい内容を深層構造，表層構造へと変換して，実際に発話する文を生成することができるというのである。

　音楽学の分野でも，この表層構造と深層構造に似た考え方が，シェンカー

---

[2]　西洋音楽の1オクターブ内12のクロマを，完全5度（7半音）間隔で円上に並べたもの。Cを起点として円上に完全5度高いクロマを順に並べていくと，12音目で一巡してCに戻る。5度円上で隣り合うクロマを主音とする二つの調は，主調-属調（もしくは下属調）の関係にある近親調であり，7個の音階音中，六つまでを共有する。

コラム② 和音プライミング

人間の認知について調べることは，知識のありようを解き明かすことでもある。1970年代の**意味プライミング**研究（例：Meyer & Schvaneveldt, 1971）では，人間の知識・意味記憶の構造が明らかになった。意味プライミングとは，先行して提示された単語（プライム刺激：たとえば「医者」）と，意味的に関連のある単語（ターゲット語：たとえば「看護師」）に対する認知反応が，非関連語（たとえば「音楽」）よりも速くなるという現象である。この研究から，私たちの記憶は，お互い意味的に関連する語がリンクで結ばれるようなネットワーク構造（たとえば**活性化拡散モデル**）になっていると考えられている。

音楽では，和音同士のプライミングが，バルーチャら（Bharucha & Stoeckig, 1986）によって調べられている。この研究では，プライム刺激として三和音（例：C-major：C/E/G）を提示した後，別のターゲット和音への反応（音程が正確かどうかの判断）を求めるが，プライム和音と関連のある和音（例：G-major：G/B/D）への反応が，関連のない和音（例：F#-major：F#/A#/C#）よりも速くなることが示された。この結果より，バルーチャ（Bharucha, 1987）は，

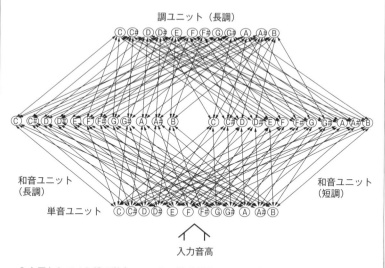

入力層として12種の単音ユニット，第2層として12種の長和音ユニットと12種の短和音ユニット，第3層として12種の調ユニット（長調）を仮定している。音ユニットと和音ユニットは構成音の関係のもの同士がリンクされ，和音ユニットと調ユニットは，調の主和音，属和音，下属和音，2度和音，3度和音，6度和音の関係のもの同士がリンクされる。

図3　バルーチャ のネットワークモデル（Bharucha, 1987を著者一部改変）

> 単音ユニット（オクターブ内12種のクロマ）-和音ユニット（長和音12種と短和音12種）-調ユニット（長調12種）の，3層からなるネットワークモデルを提案した（図3）。このモデルでは，上記のプライミング実験の例について，「C-major 和音ユニット」の活性が上位の階層の「C-major 調ユニット」を活性化させ，その活性が「G-major 和音ユニット」を活性化させた，などと説明できるのである。
> 　最近の研究では，和音進行（Bigand et al., 1999）や単旋律（井口・吉野, 2011）など，ある程度の長さのプライム刺激に対する和音プライミングについても研究されている。どの研究でも，一般的には，プライムの和音進行やメロディで喚起された調から期待される和音（主和音や属和音）への反応が速い，というような結果が得られている。

(Schenker, H.) により提唱された。これは，旋律の中の装飾的・経過的な音を取り除いていき，旋律の骨格を形作る原構造（Ursatz）を抽出する理論である（詳しくは，村尾，1987を参照）。このシェンカー理論に，チョムスキーの生成文法理論や心理学の理論を取り入れてさらに発展させたのが，**ラダールとジャッケンドフ**（Lerdahl & Jackendoff, 1983）の**生成的音楽理論**（Generative Theory of Tonal Music：**GTTM**)[3] である。

　この理論は，音楽の表層構造をフレーズや拍節に分節化したうえで，それらを階層的に結合して，樹構造（tree structure）として統合された深層構造を導き出していくものである（図4-10参照）。まず音楽の表層構造に対して，群化の規則に基づく**グルーピング構造**の分析と，拍節的な規則に基づく**拍節構造**の分析を行い，メロディの分節化・階層化を行う。次に，グルーピング構造と拍節構造のまとまりを基準として，2種類の**簡約**（reduction，「還元」ともいう）の分析を行う。簡約とは，下位のまとまりの中から相対的に重要な音（代表音）を選ぶことであり，「階層を上がるにつれて代表音が絞られていくことで，曲が「簡約」されていく」（平賀，2012）。第一の**タイムスパン簡約**（time-span reduction）では，「楽曲を階層的な時間間隔（タイムスパン）に分割し，各タイムスパンを構造的に重要な音に簡約化」していく（竹内，1998）。さらに，第二の**延長的簡約**（prolongational reduction）では，聞き手が和声進行などに基づく「緊張-弛緩関係」を認知・分析しているという考え

---

3) GTTMについては定訳がまだない。「調性音楽の生成理論」と訳されることも多いが，ここでは村尾（2002）や竹内（1998）にならって，「生成的音楽理論」とした。

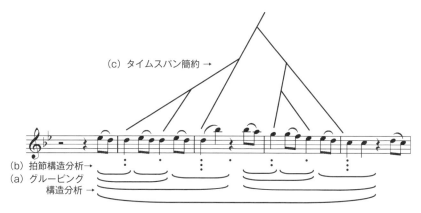

(a) グルーピング構造の分析では，種々の群化の規則（図 4-2 のような）に基づいて最下層のグルーピングを行い，それらのグループをまとめてより高次のグループを作っていく（グループはスラーで示す）。

(b) 拍節構造の分析では，それぞれの拍節レベルで強拍と弱拍を決め（強拍となるほうは・で示す），これをより上位の階層でも繰り返していく。

(c) タイムスパン簡約では，グルーピング構造と拍節構造で分析した時間単位ごとに「ヘッド」（構造的に重要な音）を決定し，これを上位の階層でも繰り返す（相対的に重要でない単位が重要な単位に従属する）ことで，メロディ全体を階層的に簡約していく（樹構造で示される）。

図 4-10　ラダールとジャッケンドフの生成文法理論による構造分析の例
（Lerdahl & Jackendoff, 1983 を著者一部改変）

に基づき，構造的に重要な音が，グループやタイムスパンの境界を越えて引き伸ばされるような簡約分析を行う。この理論は，グルーピングや簡約の規則を多岐にわたって詳細に定式化した点で画期的であるといえるが，私たちが，本当に音楽に関する文法的知識（各種規則群）をもち，表層構造から深層構造を導き出す構造的な分析を行っているのかなど，その実験的な検証は今後の課題として残されている。

2　暗意-実現モデル

一方，音楽の意味の本質は「期待」であるという基本的考えのもと，旋律の構造を分析する**暗意-実現モデル**（implication-realization theory）を提案したのが，**マイヤー**（Meyer, L）とその弟子の**ナームア**（Narmour, E.）である。マイヤー（Meyer, 1956/1994；1998）によると，音楽は言語のように「指示的（designative）意味」をもつのではなく，刺激自体と同種の出来事や結果を示

したり暗示したりするような，「具現的（embodied）意味」をもつという。つまり，音楽の意味の本質は，「次にどのような音や音楽的パターンが続くかについての期待（expectancy）もしくは暗示（implication）」だというわけである。このモデルによると，ある音や音楽的パターンは，何らかの後続の音への期待を喚起（暗意）する。それが期待どおりに実現されれば「解決」の状態になるが，多くの場合，期待は別の音高の出現によってはぐらかされたり（逸脱），先延ばしされたり（遅延）する。このようなとき，心的な緊張状態が引き起こされるが，最終的にはそれらの期待は解決され，心的・情動的に満足されるのである。

　後続に対する暗意は，二通りのやり方で喚起される。一つは，ゲシュタルト的認知原則に基づく（特定の音楽文化に限定されない）もので，たとえば，「ドレミ」という音列に対して，音階の続きである「ファソ」が暗意される場合（良い連続の要因）などである。もう一つは，聞き手の知識やスキーマに基づく（特定の音楽文化に限定される）もので，たとえば「Ｉの和音（ミソド）→Ｖの和音（レソシ）」という和声進行に対して，「Ｉの和音」が暗意される場合である。後者の暗意を喚起する知識・スキーマは無数にあると考えられるが，マイヤーはその中でも，ある音楽文化で用いられる単純で典型的なパターンのことを**原型**（archtype）と呼んで重視し，たとえば，冒頭で音程が跳躍し，続いて飛び越えられた部分の音を順に出していくことによって埋めていくような**跳躍-充填型旋律**（gap-fill melody）や，パターンの構造音が「主音-導音-2度音-主音」（ドシレドorドレシド；I-V-V-Iの和声づけがされる）となっている**推移型旋律**（changing-note melody）などを挙げている（Rosner & Meyer, 1982）。

　西洋調性音楽の場合，調性や和声が，期待の形成やその作用に大きな役割を果たしていると考えられる。たとえば，調性的・和声的に不安定な音高は心的な緊張を引き起こし，より安定した音高へ解決する期待を引き起こすだろう。また，典型的な和音進行を聞いていて主和音の出現を期待した場面で，それを逸脱する別の和音が出現したとき，「驚き」や「意外性」といった感覚が引き起こされるとともに，主和音への期待感がより強まるかもしれない。このような期待・暗意の具体的な生成メカニズムについては，ナームア（Narmour, 1990）や村尾（1987）が理論化・定式化を試みており，今後の実験的な検証や

計算機上への実装などの応用が,待たれるところである.

【引用文献】

阿部 純一（1987）.旋律はいかに処理されるか 波多野 誼余夫（編）音楽と認知 東京大学出版会 pp. 41-68.

阿部 純一（1995）.メロディの知覚的体制化の過程 日本認知科学会第12回大会論文集,16-19.

Bamberger, J. (1994). Coming to hear in a new way. In R. Aiello (Ed.), *Musical perceptions*. Oxford University Press. pp. 131-151.（バンバーガー,J.谷口 高士（訳）(1998). 新しい聴き方をするようになること アイエロ,R.（編）大串 健吾（監訳）音楽の認知心理学 誠信書房 pp. 154-179.）

Bartlett, J. C. & Dowling, W. J. (1980). The recognition of transposed melodies: A key-distance effect in developmental perspective. *Journal of Experimental Psychology: Human Perception & Performance*, **6**, 501-515.

Bharucha, J. J. (1987). Music cognition and perceptual facilitation: A connectionist framework. *Music Perception*, **5**, 1-30.

Bharucha, J. J. & Stoeckig, K. (1986). Reaction time and musical expectancy: Priming of chords. *Journal of Experimental Psychology: Human Perception and Performance*, **12**, 403-410.

Bigand, E., Madurell, F., Tillmann, B., & Pineau, M. (1999). Effects of global structure and temporal organization on chord processing. *Journal of Experimental Psychology: Human Perception and Performance*, **25**, 184-197.

Chang, H. W. & Trehub, S. (1977). Auditory processing of relational information by young infants. *Journal of Experimental Child Psychology*, **24**, 324-331.

Damasio, A. R. & Damasio, H. (1977). Musical faculty and cerebral dominance. In M. Critchley & R. A. Henson (Eds.), *Music and the brain*. William Heinemann Medical Books. pp. 141-155.（ダマージオ,A. R.・ダマージオ,H. 大岸 通彦（訳）(1983). 音楽能力と大脳半球優位性 クリッチュリー,M.・ヘンソン,R. A.（編）柏植 秀臣・梅本 堯夫・桜林 仁（監訳）音楽と脳Ⅰ サイエンス社 pp. 186-205.）

Deutsch, D. (1982). Grouping mechanisms in music. In D. Deutsch (Ed.), *The psychology of music*. Academic Press. pp. 99-134.（ドイチュ,D. 宮崎 謙一（訳）(1987). 音楽における群化のしくみ ドイチュ,D.（編著）寺西 立年・大串 健吾・宮崎 謙一（監訳）音楽の心理学 上 西村書店 pp. 119-162.）

Dowling, W. J. (1973). The perception of interleaved melodies. *Cognitive Psychology*, **5**, 322-337.

Dowling, W. J. (1982). Melodic information processing and its development. In D. Deutsch (Ed.), *The psychology of music*. Academic Press. pp. 413-429.（ダウリング,W. J. 津崎 実（訳）(1987). メロディー情報処理とその発達 ドイチュ,D.（編著）寺西 立年・大串 健吾・宮崎 謙一（監訳）音楽の心理学 下 西村書店 pp.

505-528.）

Dowling, W. J. (1994). Melodic contour in hearing and remembering melodies. In R. Aiello (Ed.), *Musical perceptions*. Oxford University Press. pp. 173-190.（ダウリング，J. 下迫 晴加（訳）(1998). 旋律の輪郭と旋律の記憶 アイエロ，R.（編）大串 健吾（監訳）音楽の認知心理学 誠信書房 pp. 203-221.）

Fraisse, P. (1982). Rhythm and tempo. In D. Deutsch (Ed.), *The psychology of music*. Academic Press. pp. 149-180.（フレス，P. 津崎 実（訳）(1987). リズムとテンポ ドイチュ，D.（編著）寺西 立年・大串 健吾・宮崎 謙一（監訳）音楽の心理学 上 西村書店 pp. 181-220.）

後藤 靖宏（2000）．リズム（旋律の時間的側面） 谷口 髙士（編著）音は心の中で音楽になる――音楽心理学への招待 北大路書房 pp. 53-79.

平賀 譲（2012）．認知的音楽理論 電子情報通信学会（編）知識ベース 知識の森 2群 9編1章 http://ieice-hbkb.org/portal/doc_557.html（2014年5月1日確認）

星野 悦子・阿部 純一（1984）．メロディ認知における"調性感"と終止音導出 心理学研究，**54**, 344-350.

井口 宗亮・吉野 巖（2011）．単旋律における調性的期待――和音プライミングを用いた検討 日本音楽知覚認知学会平成23年度春季研究発表会資料，67-72.

Krumhansl, C. L. (1979). The psychological representation of musical pitch in a tonal context. *Cognitive Psychology*, **11**, 346-374.

Krumhansl, C. L. (1990). *Cognitive foundations of musical pitch*. Oxford University Press.

Krumhansl, C. L. & Kessler, E. J. (1982). Tracing the dynamic changes in perceived tonal organization in a spatial representation of musical keys. *Psychological Review*, **89**, 334-368.

Lerdahl, F. & Jackendoff, R. (1983). *A generative theory of tonal music*. MIT Press.

Longuet-Higgins, H. C. & Lee, C. S. (1982). The perception of musical rhythms. *Perception*, **11**, 115-128.

Matsunaga, R. & Abe, J. (2012). Dynamic cues in key perception. *International Journal of Psychological Studies*, **4**, 3-21.

松山 勇介・吉野 巖（2013）．リズムの印象に影響を与える要因の検討――階層的な拍節構造との一致度について 日本音楽知覚認知学会平成25年度春季研究発表会資料，47-52.

Meyer, D. E. & Schvaneveldt, R. W. (1971). Facilitation in recognizing pairs of words: Evidence of a dependence between retrieval operations. *Journal of Experimental Psychology*, **90**, 227-234.

Meyer, L. B. (1956/1994). *Emotion and meaning in music*. University of Chicago Press.（マイヤー，L. B. 上田 和夫（訳）(1998). 音楽における情動と意味 アイエロ，R.（編）大串 健吾（監訳）音楽の認知心理学 誠信書房 pp. 3-45.）

村尾 忠廣（1987）．楽曲分析における認知 波多野 誼余夫（編）音楽と認知 東京大学

出版会　pp. 1-40.
村尾 忠廣（2002a）．生成的音楽理論　日本認知科学会（編）認知科学辞典　共立出版　p. 458.
村尾 忠廣（2002b）．リズム　日本認知科学会（編）認知科学辞典　共立出版　p. 841.
中島 平三（2013）．文法論　藤永 保（監修）最新　心理学事典　平凡社　p. 686.
Narmour, E. (1990). *The analysis and cognition of basic melodic structure: The implication-realization model.* University of Chicago Press.
岡田 顕宏・阿部 純一（1998）．メロディの認識――拍節解釈と調性解釈を結合した計算モデル　長嶋 洋一・橋本 周司・平賀 譲・平田 圭二（編）コンピュータと音楽の世界――基礎からフロンティアまで　共立出版　pp. 199-214.
Peretz, I. (1990). Processing of local and global musical information by unilateral brain-damaged patients. *Brain*, **113**, 1185-1205.
Peretz, I. (1993). Auditory atonalia for melodies. *Cognitive Neuropsychology*, **10**, 21-56.
Povel, D. J. & Essens, P. (1985). Perception of temporal patterns. *Music Perception*, **2**, 411-440.
Rosner, B. S. & Meyer, L. B. (1982). Melodic processes and the perception of music. In D. Deutsch (Ed.), *The psychology of music.* Academic Press. pp. 317-341.（ドイチュ，D. 大浦 容子（訳）(1987). 旋律進行と音楽の知覚　ドイチュ，D.（編著）寺西 立年・大串 健吾・宮崎 謙一（監訳）音楽の心理学　下　西村書店　pp. 389-418.）
竹内 好宏（1998）．音楽の構造解析とその応用　長嶋 洋一・橋本 周司・平賀 譲・平田 圭二（編）コンピュータと音楽の世界――基礎からフロンティアまで　共立出版　pp. 224-240.
Trainor, L. J. & Trehub, S. E. (1992). A comparison of infants' and adults' sensitivity to Western musical structure. *Journal of Experimental Psychology: Human Perception & Performance*, **18**, 394-402.
Trehub, S. E. & Thorpe, L. A. (1989). Infants' perception of rhythm: Categorization of auditory sequences by temporal structure. *Canadian Journal of Psychology*, **43**, 217-229.
吉野 巌・阿部 純一（1998）．調性認識――メロディの調を解釈する計算モデル　長嶋 洋一・橋本 周司・平賀 譲・平田 圭二（編）コンピュータと音楽の世界――基礎からフロンティアまで　共立出版　pp. 117-131.
Yoshino, I. & Abe, J. (2004). Cognitive modeling of key interpretation in melody perception. *Japanese Psychological Research*, **46**, 283-297.

参考図書

アイエロ，R.（編）大串 健吾（監訳）(1998)．音楽の認知心理学　誠信書房
ドイチュ，D.（編著）寺西 立年・大串 健吾・宮崎 謙一（監訳）(1987)．音楽の心理学　上・下　西村書店
波多野 誼余夫（編）(1987)．音楽と認知　東京大学出版会

第5章 音楽の記憶

生駒　忍

　合唱コンクールで歌う作品を，あるいはカラオケで新曲を歌おうとして，がんばって歌詞やメロディを覚えたことはないだろうか。ずいぶん前に聴いた曲が，ふと頭の中に流れ出したことはないだろうか。耳に入った曲から，なつかしい思い出が浮かんだ経験はないだろうか。音でできている音楽は，一瞬で消えてしまう性質をもつ，典型的な時間芸術である。一方で，人間はその瞬間をなめらかにつないで，記憶としてつなぎとめることができる。音楽の記憶は，あるときは意識に上り，またあるときは無意識的に働き，日常や人生を豊かにするうえで役立っている。本章では，記憶の心理学的研究の基本的な考え方を述べたうえで，音楽の記憶がどのような性質をもち，どのように働くのかについて概観する。

第1節　記憶の心理学

1　記憶のとらえ方

　音楽と同様に，記憶も，心理学の古くからの研究対象である。19世紀末のエビングハウス（Ebbinghaus, H.）による記憶実験に始まり，20世紀中頃からは，認知心理学の成立や発展に関与しながら，幅広い研究が展開されている。

　記憶は，3段階に分けてとらえられる。**符号化**，**貯蔵**，**検索**である。符号化は，記憶に入れる段階である。見たり聞いたりしたものを，頭に入る形に変え

る。そして，それをきちんと保っておくのが，貯蔵の段階である。符号化ができればそれでおしまいではなく，符号化されたものが無事に記憶に残っていなければいけない。そして，必要なときに思い出すのが，検索である。後述する長期記憶には，それまでの人生で得てきた莫大な量の記憶が貯蔵されているが，そこから目当ての記憶が取り出せないことには，その記憶はないのと同じになってしまう。そこで，典型的な記憶実験は，記憶すべき材料を提示し，覚えるように教示する符号化の課題と，その記憶を試す回答を求める検索の課題とからなる。検索には，学習時にあったものかどうかを判断させる再認や，学習内容を筆記や口頭で出力させる再生の手続きが，よく用いられる。また，長期記憶の研究では，実験よりも前からすでに覚えている，ないしは知っている記憶を扱う，検索の課題のみの実験を行うこともある。検索に成功し，意識に取り出された状態が，想起である。

2　記憶のメカニズム

記憶がどのような構造をもち，どのように働いているのかは，認知心理学における中心的な関心のひとつであり，多くの研究が行われてきた。そのひとつの到達点として，直列的に働く複数の「記憶」からなることから**多重貯蔵モデル**，あるいはアトキンソンとシフリン（Atkinson & Shiffrin, 1968, 1971）が体系化したことから，アトキンソン-シフリン・モデルと呼ばれる記憶モデルがある。図5-1に，その概略を示した。

外界からの入力は，まず**感覚記憶**に，そのままに近い形で入る。ただし，こ

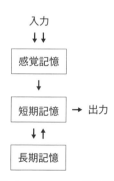

図5-1　多重貯蔵モデルの概略

```
IDDKOMOCODTTN
```

```
NTTDOCOMOKDDI
```

図 5-2　短期記憶に入れにくい文字列と入れやすい文字列（生駒, 2011 を元に著者作成）

こには視覚情報で1秒程度，聴覚ではもう少々長いとされるが，情報はごくわずかな間しかとどまらない。その中で，情報を取捨選択する**注意**の働きによって絞られた内容が，次の段階である**短期記憶**に入る。短期記憶の特徴は，保持時間は数十秒に伸びるが，容量に厳しい制限があることである。しばしば，ミラー（Miller, 1956）がその容量を7±2だと言ったといわれるが，その論文は短期記憶の容量を断定するものではなく，また，後の研究では実際の容量はこれよりずっと小さいとされ，コーワン（Cowan, 2001）によれば4程度だという。

　ただし，その単位は**チャンク**である。チャンクとは，短期記憶に符号化する際の「情報のまとまり」である。言語情報でいえば，文字数やモーラ数が多くても，チャンクとしてうまくまとめられるのであれば，短期記憶に容易に入ることになる。図5-2を見てほしい。上のほうの文字列をひと目見て頭に入れ，手元のノートなどに書き出そうと思っても，相当に難しいだろう。ところが，下のほうの文字列であれば，ずっと簡単なはずである。上と同じ13文字の，左右の並びを反転させただけだが，携帯電話のキャリアの名前に気づけば，わずかに2チャンクに抑えられるのである。

　短期記憶の先には**長期記憶**がある。長期記憶は，容量，保持期間とも，決まった限界はないとされる。ここにうまく符号化されることになると，場合によっては数十年，長生きすれば百年以上も残る記憶となりうる。ここから必要に応じて検索されたものは，短期記憶を経由して出力されることになる。

第2節　音楽の短期記憶

　音楽の場合，時間特性を考えれば，先ほどの多重貯蔵モデルのうち，感覚記

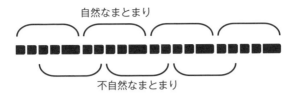

図 5-3　ダウリングの学習材料のリズム構造（Dowling, 1973 を元に著者作成）

憶の出番はあまりない。そのため，次の段階である短期記憶から考えることになる。

　音楽の短期記憶の研究では，ある刺激を聴き，それからまたもう一つの刺激を聴いて両者が同じであるかどうかを判断する**再認**という課題が多く用いられる。ここに刺激の変形や，他の刺激や課題による妨害を加えることで，音楽情報がどのような形で短期記憶に保持されるのかが検討される。短期記憶での保持に重要な特性が妨害の対象になるほど，再認成績は落ちることから，音楽の短期記憶の特性を明らかにできる。三雲（1990）はこの手法で，調性が明確なメロディはそうでないものよりも覚えやすいことのほか，音楽経験の多い実験参加者は，調性の明確なものを階名に符号化していること，メロディ全体を移調したものとの弁別が正確で，絶対的な音高がとらえられていることなどを明らかにした。

　チャンク化のされ方に焦点を当てた研究もある。ダウリング（Dowling, 1973）は，短・短・短・短・長の5音からなるフレーズを4種類つなげたリズム群を提示し，直後に提示する5音のフレーズがその中に含まれるものかどうかを判断させた。知覚の**ゲシュタルト法則**より，20音は図5-3のように，立ち上がりが近接する音どうしで，「タタタタター」のまとまりが4グループであるように知覚されやすいと考えられる。実験の結果は，このまとまりに沿った5音のフレーズに対して，「タタターータ」となるような不自然なフレーズよりも高い再認成績を示した。これは，チャンク化が，ゲシュタルト法則に沿って行われることを示唆する。また，この実験では，20音のうちより後ろのほうに含まれたフレーズほど再認成績が高いという結果となり，これは前のものほど，それより後ろのものからの妨害を受けやすいためと考えられる。

　チャンク化は，音楽の構造を適切にとらえ，効率的に理解し，長期記憶に定

図 5-4　大浦と波多野が用いた和風のメロディ（Oura & Hatano, 2004, p.311）

着させていくためにも重要である。大浦と波多野（Oura & Hatano, 2004）は，メロディを確実に区切っていけることが，その記憶を促進することを示した。図 5-4 のような和風のメロディでは，西洋式の楽譜に書くことはこのとおり問題ない構造であっても，フレーズの区切りを安定して検出することは容易ではなく，日本の音楽大学の学生であっても混乱が見られたという。先ほどの図 5-2 のように，既有知識をうまく使えるかどうかが，チャンク化とそれによる認知処理の促進を支えるのである。ルシュヴァリエ（Lechevalier, 2003）は，少年時代のモーツァルト（Mozart, W. A.）が，門外不出とされていたアレグリ（Allegri, G.）による『ミゼレーレ』を一度聴いただけでほぼ覚え，楽譜に書いてしまった有名なエピソードについて，このような働きが生かされていたと指摘している。

　また，音楽のチャンク化は，初見演奏にも活用される。楽譜にある音をばらばらに拾っていくのではなく，音階や和声の知識を用いて「単位」に区切ってとらえ，効率的な読み取りを行うことが重要なのである。大浦（1987）によれば，それは「どれほど多くの有効な単位を知っているか」と，「楽譜に記された音高・音価をそれらの単位に的確に読み替える方略をもっているか」とにかかっている。

第 3 節　音楽の長期記憶

1　音楽の想起の諸相

　長期記憶は，文字どおり長期にわたる記憶で，数十年を経てなお残るものも少なくない。音楽の記憶でも同様である。たとえば，自分が通った小学校の校

歌は，卒業後にはもう歌うことも聴くこともまずなくなるが，どこかで歌われているのを耳にする機会があれば，すぐあの校歌だとわかるだろう。

　一般に，長期記憶においては，聴いたことがあるかどうかだけでなく，いつ頃聴いたものかの判断も可能である。しかし，日記やカレンダーに書き込むような固定的な記憶ではなく，あいまいな認知的感覚に頼ったものでもある。マコーリーら（McAuley et al., 2004）は，いつ聴いたかの判断と聴取回数の判断との間で，混乱が起こることを明らかにした。何度も聴くと記憶表象が強まり，これが最近聴いたような感じ方をもたらし，またその逆も起こるのである。ただし，よく知ったメロディでは，そういった誤判断は生じにくいという結果でもあった。

　一方で，音の高さは，かなり正確に記憶されているようである。絶対音感があれば当然のことだが，興味深いことに，絶対音感をまったくもっていない人でも，音楽の長期記憶はある程度絶対的な音高に基づいて符号化されている。レヴィティン（Levitin, 1994）は，よく知った曲を頭の中でイメージさせてからそれを表出させると，オクターブ単位での移動はあるものの，原曲のクロマ的な音高におおむね対応する高さとなることを示した。歌いやすいように，原曲よりやや下げてあることが多いカラオケでときおり受ける違和感も，このような現象による部分があるだろう。

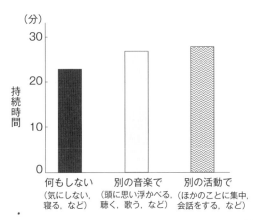

図5-5　イヤーワームへの対処法と持続時間との関係
（Beaman & Williams, 2010 を元に著者作成）

意図的に思い出すのではなく，ふと頭に浮かぶ自発的想起もある。歌詞の一部や曲名を目にしただけでも，あるいは特に何の手がかりもなく唐突に，頭の中に流れ出すことがある。それが自分の意思とは無関係に回り続けて離れなくなる，いわゆる**イヤーワーム**（耳の虫）となると，不快感にもつながる。ビーマンとウィリアムズ（Beaman & Williams, 2010）は，質問紙調査から，9割近い人が1時間以上続くイヤーワームの体験があると報告した。また，日誌法による調査では，図5-5に示したように，これを止めようとする工夫がむしろ逆効果になる可能性が示唆された。「虫」だけに，無視するに限るようである。

2 歌詞の記憶

　言語認知と音楽認知との関係には，近年では認知神経科学（第9章参照）や進化心理学の視点からのアプローチが進んでいる。とくに，歌の歌詞の記憶は興味深い。話しことばを発することが困難な運動性失語でありながら，歌詞のある歌が歌える症例は珍しくないなど，単なることばの記憶とは異なる性質があることが知られている。

　歌のメロディと歌詞とには，ある程度統合された記憶表象となり，一方からもう一方が思い出せるという関係がある。中田と阿部（2007）は，メロディがもつ音高のパターンとリズムパターンとがそれぞれ，歌の記憶の促進に寄与することを明らかにした。

　そこで，言語情報を覚える際に，それを歌詞のようにして音楽に乗せれば，ことばだけで覚えようとするよりも効果的な記憶方略となりうる。替え歌で，中国歴代王朝や聖書の書名を順序どおり覚えるやり方は，よく知られている。あるいは，ポケットモンスター151匹（当時）を，ラップ調の『ポケモン言えるかな？』で頭に入れた人も多いだろう。また，リュトケら（Ludke et al., 2014）は，ハンガリー語を学習する際に，歌にすることで学習効果が高くなることを示しており，外国語学習にも有用である可能性がうかがえる。

3 音楽の「知っている感じ」

　自分の認知の特性や状態を正しくとらえ，認知過程の調整，制御につなげる働きを，メタ認知という。そのうち，とくに記憶に関する側面を**メタ記憶**と呼ぶ。

カラオケで曲を選ぶとき，あるいはマイクを回されたとき，上手い下手は別として，きちんと覚えていて歌えそうかどうかを判断することがあるだろう。また，曲名を見てどんな曲かが思い出せなくても，聴けば判るかどうかは，だいたいわかる感じがする。このような「知っている感じ」の認知的感覚はメタ記憶の一種であり，FOK（feeling of knowing）と呼ばれて研究対象となっている。ペイニーショグルら（Peynircioǧlu et al., 1998），ラビノヴィッチとペイニーショグル（Rabinovitz & Peynircioǧlu, 2011）の実験では，曲の一部かタイトルかのどちらかを提示され，もう一方を再生するよう求められた。しばらく待ってそれでも無理だった場合には，知ってはいそうな程度であるFOK評定を求めた。その結果，器楽曲では曲名のほうでより高いFOKが，歌詞のある曲では逆に曲の一部からのほうが高いFOKが得られるという，非対称性が明らかになった。

有名な曲だとはっきりわかっても，その曲名が出てこないことは十分ありうる。顔から，どこで見かけるどんな人物かまでは思い出せても，名前が出てこないことを，パン屋のベイカーさんの名前が思い出せないというジョークからBaker/bakerパラドックスと呼ぶが，それに類似した現象であると考えること

コラム① トスカニーニの暗譜

　ある楽曲を，楽譜を見ずに記憶だけで通して演奏できるようにするのが，**暗譜**である。特に，指揮者がオーケストラのスコアを暗譜することは，本質的な価値があるかどうかに議論があるものの，大変な記憶力を要する「名人芸」である。

　暗譜に徹した指揮者として，トスカニーニ（Toscanini, A.）がいる。ワーグナー（Wagner, R.）の作品に衝撃を受けて作曲の道を断念し，チェロ奏者へ転じたが，在籍していたオーケストラで不和のあった指揮者に代わり，スコアを暗譜していたトスカニーニが直前で振るように求められたのが，指揮者としてのキャリアの始まりであった。実際には，近視で演奏中に楽譜を読むことが難しいため暗譜せざるを得なかったのだが，終始目を閉じて指揮するようになったカラヤン（Karajan, H. v.）など，後進にも大きな影響を与えたとされる。

　トスカニーニは，当時としては特徴的な，楽譜どおりにインテンポで振る指揮で長く活躍し，驚異的な暗譜力は晩年まで保たれた。しかし，1954年，すでに引退を決意していた87歳のとき，演奏の最中に先が思い出せなくなり，指揮が止まってしまう事故を起こし，これが最後の表舞台となった。ワーグナー作品のプログラムでのことであった。

もできる。名前は，曲そのものがもつ特性とは必然的な関係をもちにくく，世の中で皆そう呼ぶからという社会的構築物であるためである。また，歌詞からも，曲名がすぐに検索できるとは限らない。「春のうららの隅田川」で始まるのは何という歌だろうか。「海は荒海　向こうは佐渡よ」や「とんでとんで……」はわかるだろうか。

4　マルチモーダルな記憶

　音楽学者スモール（Small, 1998）は，音楽を音として聴かれるものではなく主体の行為としてとらえる，「ミュージッキング」の概念を提出した。また，今日のメディア環境では，音楽は映像や身体的パフォーマンスと結びついた形で提示，消費されることも多い。これらは，音楽が聴覚モダリティにとどまらない，**マルチモーダル**（複合感覚的）な存在であることをうかがわせる。

　音楽の記憶に関しても，マルチモーダルな側面に注目した検討がある。ボルツ（Boltz, 2004）は，映像と音楽とを組み合わせた刺激を提示し，映像の内容と鳴っていた音楽との記憶を検討した。映像と音楽との両方に注意を向けさせると，両者が調和している場合には，映像内容の再生でも，音楽の再認でも高い記憶成績が得られるが，不調和な場合はどちらの記憶成績も低くなった。両者をよく統合できることが，どちらの符号化にも役立つのだと考えられる。

　マルチモーダルな記憶が検索され働く場としては，記憶に基づいての音楽演奏（暗譜演奏）がある。チャフィンら（Chaffin et al., 2009）は，聴覚的記憶はもちろんのこと，しばしば「手が覚えている」と表現される運動的記憶，楽譜のような視覚的記憶，音楽的表現に結びついた情動的記憶，全体のストーリー展開としての構造的記憶，ことばで意識しておく言語的記憶といった，さまざまなシステムの関与を指摘している。

第4節　音楽の潜在記憶

　記憶の中には，思い出していることに自分では気がつかないものがある。これは，思い出しているという意識が存在する記憶である顕在記憶に対するかたちで，**潜在記憶**と呼ばれる。潜在記憶は，記憶とは一見無関係な課題で，過去

に経験したものの影響が表れることによって，存在が浮かび上がるものである。

1　プライミング効果

　潜在記憶を反映する典型的な課題として，さまざまなプライミング課題がある。これは，簡単な判断を求める課題で，以前に経験したことによる促進的な効果が得られるようなものを指す。得られる効果を**プライミング効果**と呼び，潜在記憶の指標とされる。潜在記憶が本人の気づかないところで働いて，認知処理を促進しているのである。

　音が次にどうつながり，音楽としてどう流れていくかという音楽的な予期ないしは期待は，音楽認知において重要な働きをもつ。ここには，第4章のコラム②で扱った和音のプライミング効果のような無意識的で自動的な認知過程が関わり，潜在記憶の関与も認められている。トンプソンら（Thompson et al., 2000）は，メロディの最後の音が，予測にどのくらい沿ったものに感じられるかの評定を求めたところ，その評定課題の前に別の実験という形で提示されていたメロディでは，より予測どおりだと感じられることを明らかにした。実験参加者に，過去の記憶を思い出して予測に使ったという意識はなかったことから，これは顕在記憶ではなく，潜在記憶の働きによることがわかる。

　認知処理の促進により，音がより大きく感じられることも起こる。後藤（Goto, 2001）は，簡単なリズムパターンを対にして提示し，どちらの音がより大きく聞こえるかを選ばせた。一方は前に提示されていたリズムパターンで，もう一方はそうでないものであった。その結果，前に提示されたほうが大きいと判断される傾向が見いだされた。潜在記憶が気づかないところで働き，処理を促進したために，より聞こえやすく感じ，音が大きいという評価につながったものと考えられる。

2　繰り返し聴取の効果

　同じ曲を何度も聴く，ないしは耳にすることは，音楽メディアが発達した今日ではごく普通のこととなった。このような場合，2回目以降には，前に聴いたことによる潜在記憶からの影響が及ぶ。

　一般に，接触する回数が増えるほど，その対象に対する印象や評価が良くな

る傾向があり，**単純接触効果**と呼ばれている。ザイアンス（Zajonc, 1968）が顔写真，トルコ語単語，漢字（欧米人から見れば無意味な視覚パターン）で報告して知られるようになったが，音楽でも起こる（生駒，2008参照）。これは，再度聴いたときには，潜在記憶によって認知処理がより容易になっていることが，快さを感じさせる，あるいは対象が良いものであると判断させることで起こるとされている。

潜在記憶であることから，記憶の影響であることに自分で気づくことはできないが，たった一度だけの聴取でも，一度も聴いていない場合との差が現れることが知られている。同じCDで，1回目の再生よりも2回目の再生のほうが音質が良くなるという「二度がけ」の都市伝説は，工学的には噴飯ものであるが，本人が気づかない記憶の影響であるという認知心理学的な要因で，説明できるかもしれない。

もちろん，何度も聴けば際限なく向上するわけではなく，聴き飽きることも起こる。同じ曲ばかりを何度も聴かせる実験では，特に単純な曲で，次第に印象が良くない方向へ傾いていきやすい。一方で，「名曲はどんなに聴こうとも飽きることはない」と言う人もいるだろう。マイヤー（Meyer, 1961）は，何度も聴いても音楽的情動が失われないことについて考察し，十分に知ってしまっていても知らないかのように信じ込んで享受することができることを，可能性のひとつに挙げている。

3　無意識的剽窃

音楽をつくる，すなわち作曲の認知過程については，聴取に比べて研究が進んでいないことは本書の構成からもわかるだろう。楽想がふと頭に浮かぶとき，どこからどのようにして意識に浮かび上がってくるのかはよくわかっていないし，作曲者本人に聞いてもよくわからない。しかし，ここで浮かび上がってきたのが，以前に聴いた誰かの作品の潜在記憶だったらどうなるだろうか。潜在記憶には，記憶から思い出しているという意識がないので，自分で新たに思いついたように感じることになる。しかし，自作として世に送れば，盗作と見なされかねない。このような，思いついたと思ったものが記憶からの想起であると気づかないことによって起こる，悪意のない「盗作」を，**無意識的剽窃**と呼ぶ。

ビートルズ (The Beatles) の『イエスタデイ (*Yesterday*)』は，作曲者のクレジットはレノン&マッカートニー名義であるが，実際にはマッカートニーひとりで書かれた。クロス (Cross, 2005) によると，夢の中に流れたこのメロディを急いで書き取ったものの，どこかで聴いた曲のような気がして，1カ月ほども会う人ごとに尋ねて，ようやく自分のものだと思えたのだという。そして，それから半世紀たつ今も，ビートルズの代表曲として親しまれている。

一方で，そのビートルズのメンバーであったジョージ・ハリスン (Harrison, G.) が発表した『マイ・スウィート・ロード (*My Sweet Road*)』は，おそらくは無意識的剽窃であったのだろうが，あるアイドルグループの曲に似ていたことで問題になった。ハリスンは，自分が盗作などするはずがないと抗弁したが，訴訟でその主張は通らず，多額の賠償金を科せられた。

さまざまな作品に触れて勉強しているほど，その潜在記憶が気づかないところで現れてくるおそれもある。作曲に限らず創作活動を行う際には，無意識的剽窃にも十分に警戒するべきであろう。マッカートニーがしたような，ほかの人に聞く「人力検索」も有効であるし，作曲家の中田ヤスタカは，頭に浮かんだものを，鼻歌で曲を検索できるコンピュータソフトウェアに入力して確認しているという。

コラム② 大音量の音楽が記憶力を伸ばす？

サニャルら (Sanyal et al., 2013) は，孵化する前に 110 dB もの大音量でシタール音楽，またはノイズを聞かせたヒヨコに現れる影響を調べた。T字型の迷路を用いて空間的学習能力を測定したところ，音楽を聞かされた群では，特に何も鳴らされなかった統制群を上回り，一方でノイズ群は，統制群を下回る成績となった。また，記憶に重要な役割を果たす脳部位である海馬のシナプス機能を反映するたんぱく質の量にも，統制群を挟んで対称的な差が現れていた。これは，単なる音ではない音楽の機能をうかがわせる，興味深い結果である。また，空間的能力と音楽という対応関係は，次章で述べるモーツァルト効果を連想させるものでもある。

一方，人間の世界では，「胎教」の効果について今でも議論があるが，同じことが人間でも期待できるかどうかは慎重に判断したいところである。人間は卵生ではなく胎生なので，聴取に巻き込まれる母体の負担も考えなければならないだろう。110 dB という音量がいったいどのくらいか，第2章を思い出してほしい。

第5節　音楽・記憶・ライフサイクル

　音楽教育や音響機器，音楽産業がいきわたり，誰にとっても音楽が身近になった今日では，人生のすみずみまで音楽が届き，日々の暮らしを彩り，場合によっては生き方をつくる。本節では，ライフサイクルの視点から見た，音楽と記憶に関する話題を取り上げる。

1　乳児の記憶

　乳幼児であっても，音楽に対する記憶が認められることが，心理学的な実験からわかっている。ただし，乳児に思い出すよう教示するわけにはいかないので，**選好注視法**を応用した実験手続きがよく用いられる。2台のスピーカーを左右に離して置き，人形を載せるなど子どもの関心をひくようにしたうえで，あるスピーカーのほうを向いたらある音楽を，別のスピーカーのほうを向いたら別の音楽を流すようにする。注意を向ける方向がどちらかに偏ったら，その2種類の音楽が弁別されていることがわかる。このやり方で，事前によく聞いている曲と，おそらく未知の曲とを扱うことで，記憶の有無を検証することができる。すると乳児には，何度も聞いた曲ではなく，未知のほうが好まれる。聞き飽きているのだろうか。これは，先ほど触れた単純接触効果とは逆の傾向なのだが，単純接触効果は子どもには起こりにくいことが知られている。幼いうちは，むしろ新奇なものにどんどん興味をもつほうが，学習が促進されて適応的であるためだと考えられている。

　ただし，生まれてすぐから，大人と同じように音楽を「聴いている」のかどうかはわからない。顔がわかる働きは生得的だと考えられがちで，目が二つ，口が一つあるように見える配置の図形を注視しやすいことが，生得性の根拠とされることも多い。しかし，これは図5-6に示したような，上側に部品の多い「トップ・ヘヴィ」なものへの選好であって，顔として見ている保証はない。音楽にも同じようなことがいえるだろう。たとえば，トレイナーら（Trainor et al., 2004）は，まったく同じメロディでも，音色やテンポをやや変えるだけで「聴き飽きる」効果が消えることを示した。音楽的な同一性はとらえられておらず，音響的，表面的な特徴で覚えているようである。また，トリハブら

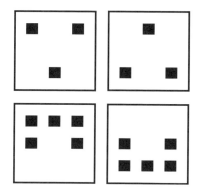

図 5-6　乳児は左側の「トップ・ヘヴィ」図形をより好んで見る

(Trehub et al., 1986) によれば，乳児はまだ音階ないしは調性に対応するスキーマをもたない。これから学習していくことによって，音楽を音楽として聴くことができるようになるのである。

2　文化資本とキャリア発達

　多くの国で，小学校に入ると，科目名としての「音楽」が必修となっている。しかし，それより前からも，あるいは家庭や習い事，地域の音楽コミュニティなどの学校外の場でも，さまざまな音楽を知る機会は多い。そして，これが後のキャリア発達にも関連していく。

　社会学者のブルデュー (Bourdieu, 1979) は，人々が文化に関して所有し再生産していく資本として，**文化資本**の概念を提出した。音楽に関しても，社会的に価値が高いとされるものを知る機会が多いほど，文化資本の蓄積が起こる。すると，クラシック音楽を典型とするような，そういった音楽に恵まれた家庭環境であるほど子どもは文化資本を早く，多く手にし，他者に対する卓越化（ディスタンクシオン）が可能になる。学校の科目としての「音楽」は，ヒットチャートや歌番組，街なかにあふれていて誰もが自然に覚える**サブカルチャー**としての音楽を等閑視し，正統文化に属する芸術音楽に重きを置くので，知る機会のある家庭の子どもとそうでない子どもとでは差が開き，成績評価が開き，自己評価が開く。音楽家としてのキャリアはもちろんだが，クラシック音楽をよく知り，語れるだけの文化資本を手にしていれば，そういう階

層の人々と関わることができ，高いキャリアへの道が開かれやすくなる。いずれ子どもをもつことになれば，子どもに社会的に価値が高いとされる音楽を知る機会をつくれるので，文化資本は承継され，階層が再生産されることになる。

3　音楽と自伝的記憶

　加齢とともに，聴力も衰えていく。特に高音域の聴力低下が進むほか，大きな音と小さな音との聞こえの落差が広がる，リクルートメント現象も起こる。竹内（2010）によれば，絶対音感もだんだんと「薄らぐ」のだという。しかし，ラウッカ（Laukka, 2007）などの調査からは，多くの高齢者がさまざまな形で，積極的に音楽聴取を楽しんでいることがわかっている。そのうえ，音楽は心の中，記憶の中に生き続け，また，なつかしい記憶を呼び起こす手がかりとしても働き続ける。

　あなたの人生で大事な思い出として頭に思い浮かぶのは，いつ頃の出来事だろうか。一般に，青年期に体験したことは，その後長い年月がたってからでもよく思い出されるものであり，音楽についても同様である。図5-7は，高齢者が自分の過去を振り返ったときに見られる，時期の偏りである。全体的に，時間がたつほど記憶が薄れていく傾向の中で，青年期に大きな山があり，これはレミニッセンス・バンプと呼ばれている。シュルキントら（Schulkind et al., 1999）の実験では，高齢者が自身の若かりし頃の流行歌をよく覚えていて，それに対する感情的反応も強いことが明らかになっている。この性質は，高齢者を対象とした音楽療法（第12章）にも活用されている。

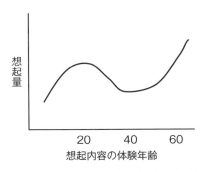

図5-7　レミニッセンス・バンプの典型的パターン

【引用文献】

Atkinson, R. C. & Shiffrin, R. M. (1968). Human memory: A proposed system and its control processes. K. W. Spence & J. T. Spence (Eds.), *The psychology of learning and motivation. Vol. 2.* Academic Press. pp. 89-195.

Atkinson, R. C. & Shiffrin, R. M. (1971). The control of short term memory. *Scientific American*, **225**, 82-90.

Beaman, C. P. & Williams, T. I. (2010). Earworms ("stuck song syndrome"): Towards a natural history of intrusive thoughts. *British Journal of Psychology*, **101**, 637-653.

Boltz, M. G. (2004). The cognitive processing of film and musical soundtracks. *Memory & Cognition*, **32**, 1194-1205.

Bourdieu, P. (1979). *La Distinction: Critique sociale du jugement.* Éditions de Minuit.（ブルデュー, P. 石井 洋二郎（訳）(1990). ディスタンクシオン——社会的判断力批判　Ⅰ・Ⅱ　藤原書店）

Chaffin, R., Logan, T. R., & Begosh, K. T. (2009). Performing from memory. In S. Hallam, I. Cross & M. Thaut (Eds.), *The Oxford handbook of music psychology.* Oxford University Press. pp. 352-363.

Cowan, N. (2001). The magical number 4 in short-term memory: A reconsideration of mental storage capacity. *Behavioral and Brain Sciences*, **24**, 87-114.

Cross, C. (2005). *The Beatles: Day-by-day, song-by-song, record-by-record.* iUniverse.

Dowling, W. J. (1973). Rhythmic groups and subjective chunks in memory for melodies. *Perception & Psychophysics*, **14**, 37-40.

Goto, Y. (2001). Implicit memory for rhythmic tone sequence: A pilot study on perceptual priming for short temporal pattern. *Acoustical Science and Technology*, **22**, 219-226.

生駒　忍 (2008). 音楽心理学と単純接触効果　宮本聡介・太田信夫（編）単純接触効果研究の最前線　北大路書房　pp. 94-101.

生駒　忍 (2011). 解説——"天才"を通して脳のはたらきを知る　ルシュヴァリエ, B. 藤野　邦夫（訳）モーツァルトの脳　作品社　pp. 353-365.

Laukka, P. (2007). Uses of music and psychological well-being among the elderly. *Journal of Happiness Studies*, **8**, 215-241.

Lechevalier, B. (2003). *Le cerveau de Mozart.* Odile Jacob.（ルシュヴァリエ, B. 藤野　邦夫（訳）(2011). モーツァルトの脳　作品社）

Levitin, D. (1994). Absolute memory for musical pitch: Evidence from the production of learned melodies. *Perception & Psychophysics*, **56**, 414-423.

Ludke, K. M., Ferreira, F., & Overy, K. (2014). Singing can facilitate foreign language learning. *Memory & Cognition*, **42**, 41-52.

McAuley, J. D., Stevens, C., & Humphreys, M. S. (2004). Play it again: Did this melody occur more frequently or was it heard more recently? The role of stimulus familiarity

in episodic recognition of music. *Acta Psychologica*, **116**, 93-108.
Meyer, L. B. (1961). On rehearing music. *Journal of American Musicological Society*, **14**, 257-267.
三雲 真理子 (1990). メロディの符号化と再認　心理学研究, **61**, 291-298.
Miller, G. A. (1956). The magical number seven, plus or minus two: Some limits on our capacity for processing information. *Psychological Review*, **63**, 81-97.（ミラー, G. A. 高田 洋一郎（訳）(1972). 不思議な数"7", プラス・マイナス2――人間の情報処理容量のある種の限界　心理学への情報科学的アプローチ　培風館　pp. 13-44.）
中田 智子・阿部 純一 (2007). 歌の記憶における詞と旋律との間の非対称な相互作用――リズムパターンとピッチパターンの寄与　基礎心理学研究, **26**, 70-80.
大浦 容子 (1987). 演奏に含まれる認知過程――ピアノの場合　波多野 誼余夫（編）音楽と認知　新装版　東京大学出版会　pp. 69-95.
Oura, Y. & Hatano, G. (2004). Parsing and memorizing tonal and modal melodies. *Japanese Psychological Research*, **46**, 308-321.
Peynircioğlu, Z. F., Tekcan, A. I., Wagner, J. L., Baxter, T. L., & Shaffer, S. D. (1998). Name or hum that tune: Feeling of knowing for music. *Memory & Cognition*, **26**, 1131-1137.
Rabinovitz, B. E. & Peynircioğlu, Z. F. (2011). Feeling of knowing for songs and instrumental music. *Acta Psychologica*, **138**, 74-84.
Sanyal, T., Kumar, V., Tapas, C. N., Jain, S., Sreenivas, V., & Wadhwa, S. (2013). Prenatal loud music and noise: Differential impact on physiological arousal, hippocampal synaptogenesis and spatial behavior in one day-old chicks. *PLoS ONE*, **8**(7): e67347.
Schulkind, M. D., Hennis, L. K., & Rubin, D. C. (1999). Music, emotion, and autobiographical memory: They're playing your song. *Memory & Cognition*, **27**, 948-955.
Small, C. (1998). *Musicking: The meanings of performing and listening*. University Press of New England.（スモール, C. 野澤 豊一・西島 千尋（訳）(2011). ミュージッキング――音楽は〈行為〉である　水声社）
竹内 貞一 (2010). 絶対音感保持者の共感覚的体験――インタビューを通して　音楽文化の創造, **58**, 11-14.
Thompson, W. F., Balkwill, L. -L., & Vernescu, R. (2000). Expectancies generated by recent exposure to melodic sequences. *Memory & Cognition*, **28**, 547-555.
Trainor, L. J., Wu, L., & Tsang, C. D. (2004). Long-term memory for music: Infants remember tempo and timbre. *Developmental Science*, **7**, 289-296.
Trehub, S. E., Cohen, A. J., Thorpe, L. A., & Morrongiello, B. A. (1986). Development of the perception of musical relations: Semitone and diatonic structure. *Journal of Experimental Psychology: Human Perception and Performance*, **12**, 295-301.
Zajonc, R. B. (1968). Attitudinal effects of mere exposure. *Journal of Personality and Social Psychology*, **9**(2, Pt. 2), 1-27.

参考図書

波多野 誼余夫（編）(2007). 音楽と認知 新装版 東京大学出版会
ルシュヴァリエ, B. (2011). モーツァルトの脳 作品社
宮本 聡介・太田 信夫（編）(2008). 単純接触効果研究の最前線 北大路書房

第6章 音楽と他の認知能力

星野　悦子

　「クラシック音楽を聴くと知能が向上する」「モーツァルトの音楽が良いらしい」などと，どこかで耳にしたことはないだろうか。これはいったい本当なのか。音楽の聴取や演奏は，私たちの知能や一般的な認知面に，何らかの影響を与えるのだろうか。あるいは，子ども時代から青年期にかけて，器楽や声楽の練習（訓練・レッスン）を積むことで獲得される音楽的な諸能力は，音楽以外の認知能力との間に何らかの関係をもったり，影響を与えたりするのだろうか。

　こうした問題は，音楽教育が子どもに及ぼす広範な機能の影響への関心も伴い，欧米各国で盛んに研究されている。本章では，はじめに音楽を「聞く（聴く）ことと認知能力」の関係についての議論を紹介し，その後に「音楽学習（訓練・レッスン）と認知能力」のつながりについても考えてみたい。

第1節　音楽の聴取と認知能力

　音楽を聴くことは多くの人がごく普通に行っているものであるが，それが音楽以外の認知的能力に影響を及ぼすのかどうかについて，近年たくさんの研究が行われている。その発端は，音楽聴取の直後に空間的知能課題の得点が一時的な上昇を示したというローシャーらの報告（Rauscher et al., 1993）であり，これは後に「モーツァルト効果」と呼ばれた。

1　音楽的知能と「モーツァルト効果」

　ここでは最初に，音楽とその他の認知能力には関係がなく，ほぼ独立だとする考えを紹介する。それは，発達心理学者ガードナー（Gardner, 1983）の唱えた**多重知能理論**（multiple intelligence theory：MI理論）である。ガードナーは，**知能**[1]とは，いわゆる一般知能（general intelligence：g）のようにすべての知的な課題に影響する一次元的性質の能力ではないとして，さまざまな異なる領域における「互いに比較的独立な神経的な潜在能力」（Gardner, 1999）を「知能」と考えた。それには，言語的知能，論理数学的知能，空間的知能，身体運動的知能，対人的知能，個人内知能（内省的知能），そして**音楽的知能**，の7種類があるとした。ガードナーの理論が実証性を伴っていないとする批判は多い（たとえば，Waterhouse, 2006；村上，2007，pp. 78-82）。しかし，音楽心理学にとっての関心事は，この「音楽的パターンの演奏や，作曲，鑑賞のスキルを伴う」（ガードナー，1999/2001，p. 59）という「音楽的知能」が，どのように固有に発達し，それ以外の知能や認知能力との間に本当に関連性が見られないのかということである。

　こうした問題に考察のきっかけを与えたのが，音楽聴取と空間的知能の間に関連性があることを示唆する，いわゆる「モーツァルト効果」であった。実は「モーツァルト効果」と称される現象には，三つの事柄が混同して含まれている。一つ目は，短時間の音楽聴取の直後に，大学生の空間的知能が一時的に向上したとする現象を指す。二つ目は，クラス授業の中でモーツァルト音楽を背景音楽として呈示したところ，情緒行動障害児たちの不適応行動が減少したという，背景音楽としての効果である。三つ目は，モーツァルトに限らずクラシック音楽の正式な訓練が，子どもの一般知能を向上させるとの報告を指す場合である。第三のものは「聴取」に関連するのではなく，長期間の「音楽教育/訓練」に関する別の問題を扱っているので，第3節で述べる。なお，これからは第一のものを本来の「モーツァルト効果」と呼ぶ。第二の現象は，「広義のモーツァルト効果」と呼べるかもしれないが，背景音楽が認知能力に与える影響のことと同義である。第三の現象は，「音楽訓練・レッスン効果」というべ

---

[1]　知能の定義は山ほどあるが，ここでは「知的行動の基礎にある能力を指す」（金城ら，2004）とする。

きものであろう。

2　短時間の音楽聴取後の認知能力

(1) 「モーツァルト効果」とは

　最初に本来の「モーツァルト効果」であるが，それはローシャーら（Rauscher et al., 1993）によってイギリスの科学雑誌 *Nature* に発表された短い報告から始まった。モーツァルトの『2台のピアノのためのソナタ　ニ長調』（K.448）の第一楽章（Allegro con spirito）を，10分間聴取した直後の大学生36人の空間的知能を測定する**空間的推論課題**[2]の得点が，リラクゼーション・テープを聴く条件や，無音状態で10分間待つ条件のいずれよりも，IQで8〜9ポイントの有意な上昇を示したというものであった。その効果は，音楽聴取後の15分間程度で消失する一時的なものと明記されていたにもかかわらず，この報告は一般ジャーナリズムによって，「モーツァルト音楽を聞くと知能が向上する」といった過剰な拡大解釈がなされて広まった（宮崎・仁平，2007）。その後，ローシャーたちは，妊娠中と分娩後にモーツァルトのソナタ（K.448）に60日以上曝露したネズミの迷路学習は，ミニマルミュージックや騒音を提示されたネズミや，音楽なしで育ったネズミよりも成績が良い，という追試報告を行い（Rauscher et al., 1998）。このことから，モーツァルトの音楽聴取によって引き起こされた特定皮質上の神経発火パターンが，空間課題テストの際に活性化する神経活動パターンと同じ性質をもち，右脳部位も同じであるので，空間的思考に良い効果を与えるとする「トライオンモデル（trion model）」を唱えた[3]。

　ローシャーらの報告以降，膨大な数の追試が行われた。とりわけ徹底した追実験を重ねたのが，カナダのシュレンバーグ（Schellenberg, E. G.）らである。たとえば，モーツァルトの音楽に限らず，『シューベルトの四手のための

---

[2]　スタンフォード・ビネ知能検査から取られた3種類の空間的推論課題。その中でも，「裁断折り紙テスト（the Paper-Folding-and-Cutting test）」だけに効果が認められることが後日判明した（Rauscher, 1999；Schellenberg, 2006b；Schellenberg & Weiss, 2013）。

[3]　その後，ローシャーは考えを改め，「モーツァルト音楽自体というよりも，覚醒と気分によるものらしい」と記した（Rauscher, 2009, p. 245）。

ピアノ曲（幻想曲ヘ短調）』の聴取後や，物語の朗読を聴いた後にも同様の効果が見られ（Nantais & Schellenberg, 1999），10～11歳の児童を対象にポピュラー音楽を聴取させた後にも，同様な空間知能得点の上昇が認められた（Schellenberg & Hallam, 2005）。しかし，アルビノーニ作曲の『アダージオ』の聴取後には，得点上昇は認められなかった。つまり，発端のモーツァルトの『ピアノソナタ（K.448）』を含めて，これらの実験で効果の見られた曲に共通したのは，テンポが速く（アレグロ），主に長調の曲であった。モーツァルトのピアノソナタにアレンジを加えて，テンポを遅めたり短調に改編したりした曲で実験した場合には，テンポの遅い曲で空間課題の得点上昇は少なく，特に短調の遅い曲では，ほとんど効果が出なかった（Husain et al., 2002）。

このことからシュレンバーグらは，「モーツァルト効果」とは，モーツァルトの曲に限らず，アップテンポの明快な感情的性格をもつ曲を聴取することによって起こった，**覚醒**（主に速いテンポによる覚醒度の上昇）と**快気分**（長調によるポジティブ感情の生起）が，空間課題だけでなく，認知的な諸課題の処理に関して好影響を与えたと主張した[4]。それを，「**覚醒-気分仮説**（the arousal and mood hypothesis）」と名づけた（Thompson et al., 2001）。ポジティブな感情はドーパミン水準を上げ，そのことが認知的柔軟性を高めるから（Ashby et al., 1999），とシュレンバーグらは考えている。

だがその一方で，快気分がモーツァルトのソナタよりもさらに高いとされたブラームスのピアノ曲『ハンガリアン舞曲第5番』の聴取後には，空間課題の成績がモーツァルトよりも低く，またその際のモーツァルト音楽の聴取後の覚醒度は，脳波から解釈して決して高いものではなかった。このことから，この効果は音楽一般の覚醒と気分というよりは，モーツァルトの作品に特化するかもしれないと考える研究者もいる（Jaušovec et al., 2006）。

(2) メタ分析研究

ところで，狭義の「モーツァルト効果」の研究に関して，これまで大規模なメタ分析研究[5]が三つ行われている。一つは，シャブリス（Chabris, 1999）

---

[4] 幼児のお絵かき作品が，好きな音楽を聴いた後や歌唱した後に創造性を増したとの報告もある（Schellenberg et al., 2007）。
[5] メタ分析とは，類似した多数の効果研究の結果を一つに集約する統計的手法をいう。

による16の研究の分析で，被験者総数は714名であった。各研究はすべて，モーツァルトの聴取条件，無音条件，リラクゼーションの教示条件の前後に，空間的能力を測るものとローシャーが考えた「裁断折り紙テスト」[6]の得点を比較したものである。メタ分析の結果，モーツァルト条件と無音条件の間では，成績に差は示されなかった。しかし，モーツァルト条件とリラクゼーション条件では，前者のほうに有意な上昇があった。シャブリスはこの理由について，リラクゼーション教示では覚醒が下がること，そしてモーツァルト聴取でのより良い成績は，音楽聴取後に覚醒が上がることによるのではないかと推測した。

　二つ目は，ヘトランド（Hetland, 2000）による36件の分析で，被験者の総数は約2,400名である。そこでは，「モーツァルト効果は存在する。しかし，それは心的回転を要する特定タイプの空間的課題に限られる」（p. 136）との結論が出された。

　三つ目のメタ分析は，ウィーン大学の心理学者たちによるものである。彼らは信頼のおける39の研究（延べ3,000人以上の被験者）を厳選して，メタ分析した（Pietschnig et al., 2010）。結果は以下のようになった。

(1) モーツァルト（K.448）の聴取と音楽なしの条件の比較では，大きくはないがモーツァルト条件で成績は有意に勝った。
(2) モーツァルト以外の音楽聴取条件と音楽なし条件の間では，音楽聴取条件のほうが大きくはないが有意に勝った。
(3) モーツァルト（K.448）の聴取とそれ以外の音楽聴取条件の比較では，前者のほうが大きくはないが有意に勝った。

　ピーチュニヒ（Pietschnig, J.）らは，モーツァルトを含めそれ以外の音楽聴取においても，覚醒レベルの上昇が空間知能課題の成績上昇につながったのであり，モーツァルト以外の音楽使用の中には覚醒を下げる方向の曲も含まれていたので，両者の間に差が生じたのだと結論づけた。

　これまで見てきたように，短時間の音楽聴取の後の「モーツァルト効果」（つまり，モーツァルトの作品に特化した効果）は存在しない，との結論が優

---

[6] 四角い紙を折りたたんで角を裁断したものを元のように開いた場合，どのような形になっているかを問う課題。

勢を占めている。しかしながら，ある種の特徴をもつ音楽の短い聴取が，私たちの認知能力，すなわち空間的処理や認知処理スピードに関するものに対して促進的な影響をもつこと（逆に効果をもたない種類の音楽もある）を，「モーツァルト効果」研究の成果は否定しない。音楽聴取の認知処理への影響を，改めて認識させた功績があったと思われる。最近，脳において音楽的処理と空間的処理の**神経基盤**が重複するという研究も現れた（Koelsch et al., 2004）。今後，「覚醒-気分効果」を起こす曲とはどのような特徴をもち，どの程度の覚醒レベルと，どのような気分の喚起が，認知課題処理に適切かを調べる必要があろう。また，認知課題であっても，促進効果が生じやすいものとそうでないものがある（たとえば，ワーキングメモリでは効果がない）。その理由とメカニズムを探る必要もある。

コラム　音楽は聴覚のチーズケーキ？

　ハーバード大学のスティーブン・ピンカー（Pinker, S.；認知心理学・言語学）は，その著書『心の仕組み』のなかで，音楽とは，言語や他の認知能力，情動，運動能力などが進化の過程で適応的に獲得してきたものから生じた「副産物」であり，「聴覚のチーズケーキ」であると書いた（Pinker, 1997，邦訳 p.424）。「チーズケーキ」は，アメリカ英語の俗語で女性のセミヌード写真を指すともいい，この上品とはいえぬ喩えは当然ながら音楽心理学や音楽学者から多くの反論と批判を招いた。そして，それがかえって，音楽が人類の進化において適応的な兆候をいかにたくさん有しているかという議論に発展したのは皮肉である。

　最も敏感かつ雄弁な反論者の一人が，ケンブリッジ大学のイアン・クロス（Cross, I；音楽心理学・進化心理学）である。彼は，音楽は進化的適応性を持ち，言語に劣らず人類の生態に深く根ざしているもので，言語には見られない柔軟なその性質が，ヒトの認知面や社会性における柔軟性獲得にとって重要な機能を果たしたと主張する。特に，音楽というコミュニケーション媒体の持つ「意味の曖昧性」が，大切な特徴と彼は考える。言語は意味を狭める機能を持つので，意味同士がぶつかることもある。その点，音楽は意味的には曖昧で（ぶつかり合うリスクは低い），にもかかわらず「**流動的意図性**（floating intentionality）」を持つ。つまり比喩的な抽象レベルでは，共通した意図的な「何か」を伝えることができる。それは気分や雰囲気や「思い」などかもしれないが，言語では意見がぶつかりかねない集団のなかにあって，音楽はこの性質によって認知的なしなやかさを生みだすと同時に，社会的交感機能を持ちうるのである。音楽は人々の間に一体感や「絆」を結び，社会を維持存続させるのに大きな役割を果たしているのである（Cross, 2003；2005）。

3　背景音楽が認知処理に与える効果

(1) モーツァルトの背景音楽と鎮静効果

「演奏または鑑賞以外の目的で流される音楽」(苧阪, 1992, p. 75) を, 背景音楽という。背景音楽が流れている間に, 聞き手の認知は影響されるのだろうか。ここでは広義の「モーツァルト効果」ともいわれるセイヴァン (Savan, 1999) の研究から紹介しよう。

その効果とは背景音楽, とりわけモーツァルト音楽による鎮静効果である。セイヴァンは, 予備的研究でいろいろな作曲家の管弦楽曲を情緒障害児 (11～12歳) の理科の授業時間に背景音楽として提示し, モーツァルトの作品だけが障害児たちの行動を鎮静させることを見いだした。そこで彼女は, 再度モーツァルトの曲だけを対象にして, その音響特性をさまざまに変化させ, 授業の間じゅう提示した。同時に, 児童の生理的指標 (血圧, 体温, 心拍) の測定と行動観察とを行い, 専門家たちが検討した。その結果, テンポの遅速変化や旋律を逆提示した場合には, 原曲と同じ鎮静効果が示された。しかし, 作品の周波数特性を変化させる (高周波帯域あるいは低周波帯域のカット, 2オクターブ高域での演奏) と, 鎮静効果は消失した。セイヴァンは, モーツァルト作品中の「周波数に関わる特質」[7] が情緒障害児の脳と身体代謝に作用して, 血圧, 体温, 心拍を安定させ, そのことが筋肉運動の協応を進めてフラストレーションを緩和したので, 障害児の行動を落ち着かせたと推測している。

次に, モーツァルト以外の音楽を含めた背景音楽が, 認知課題へ与える影響を見ていこう。

(2) 算数問題と背景音楽の効果

ハラムとプライス (Hallam & Price, 1998) は, 同じく情緒行動に障害をも

---

7) モーツァルト作品で用いられる音高 (周波数) は, 他の作曲家の作品よりも高い傾向があると指摘する研究者がいる。たとえば, トマティス (Tomatis, 1991) はスペクトル分析から, 他の古典派の作曲家に比べてモーツァルトの曲には, 一貫したリズムと豊富な高周波音を含むと主張した。ジョソベックとハーベ (Jaušovec & Habe, 2003) は, 高周波音は母親の歌声の特徴に結びつき, 乳児の注意・覚醒や気分を安定的に調整することから, その心理的な重要性を述べている。

つ9～10歳の児童10名に対して，算数の問題を解かせるクラスで背景音楽を提示する条件と提示なし条件とを比較した。その際の音楽とは「気分を鎮める音楽」(Giles, 1991) であった。結果は，音楽のある条件のほうで不適応行動が減少し，算数の成績がより上昇した。ほかにも，精神的な問題を抱える子どもたちのクラスでの背景音楽の効果は，いくつかの研究で認められている (Hallam et al., 2002 に詳しい)。これらの研究は，健常児ではなく情緒障害や多動をもつ子どもが対象ではあるが，モーツァルトやその他の**鎮静的音楽**が背景音楽として長時間提示されると，情動障害児の高覚醒から生じる**過剰行動**に対して，「覚醒」ではなく逆に「鎮静」させる効果が示されたことになる。

　イワノフとグリーク (Ivanov & Greake, 2003) は健常な小学生 (10～12歳) に対して，モーツァルトの前出したピアノソナタ (K.448) とバッハのピアノ曲 (トッカータ・ト長調) を背景音楽として授業中30分間提示し，空間認知課題を行わせた。その結果，音楽聴取条件の上記2群は何も聴取しない群に比べて，2曲ともに空間課題得点が上昇した。ある種のクラシック音楽を背景音楽として提示することが，健常児にとっても，空間認知課題の処理にポジティブな効果をもつ可能性があるとした。

　背景音楽があると，健常児の算数問題の解答スピードがより速くなったとの報告がある (Hallam & Price, 1997)。ただし，正答率に関しては，音楽あり，音楽なしの2条件間で有意差がなかった。その場合に，個人差の違いを表す標準偏差には違いが認められ，背景音楽条件下での正答率には個人差がより大きかった。普段の学習時に音楽を聴取する**習慣**のある子どもとない子どもの違い，あるいはパーソナリティ[8]の違いが反映されたのではないかと推測された。

　ハラムら (Hallam et al., 2002) は，10～11歳6カ月の健常児31人に対して，鎮静的な音楽呈示条件と音楽呈示なし条件の2群に分けて，計算問題を解かせた。その結果，静かな背景音楽は算数の作業速度をアップさせたが，答えの正確さには影響しなかった。普段から成績が良く集中できる子どもは，音楽

---

[8] 一般に内向性の人は背景音楽があると認知が阻害されやすく，外向性の人はあまり妨害されないとする研究が複数ある (たとえば，Chamorro-Premuzic et al., 2009 ; 本項(4)参照)。また，星野 (2014) は特性5因子 (ビッグファイブ) の「開放性」と学習時の背景音楽の聴取習慣との間に関連性を見いだした。

があるときにはさらに成績が良くなっていた。さらに，同じ年齢の児童30人を，「鎮静的で愉快な音楽」の呈示群と，「刺激的で攻撃的な音楽」の呈示群，音楽呈示なし群の3群に分け，単語の記憶課題と愛他性テストを測定し比較した。その結果，鎮静・愉快な背景音楽群では，背景音楽なし条件群および刺激・攻撃的背景音楽群よりも，記憶成績が向上した。音楽なし条件のほうが，刺激・攻撃的な音楽条件よりも記憶成績が高かった。

　こうした結果から，鎮静的音楽は，過剰な覚醒をさせないことで子どもの集中力を高める可能性があるとされた。また，生き生きした愉快な音楽であることで，子どもの眠気を覚ます効果が期待されるという。算数の問題解決に音楽が直接何かの機能を果たしたというよりも，クラス全体の雰囲気を落ち着かせて，課題に集中できる状況にしたことが好成績につながったと見るほうが，現時点では妥当なのではないだろうか。

(3) 読解力と背景音楽の効果

　あらゆる学習・勉強には「読むこと」が含まれると考えられるので，読解力への背景音楽効果を研究することの意味は大きい。トンプソンら（Thompson et al., 2011）は，音楽のどのような特徴が読解力の背景音楽として有効なのかを，実験的に調べた。対象となった特徴はテンポと音量である。モーツァルトのピアノソナタ（K.448）の第一楽章の断片が，テンポと音量を変化させた次に示す四つのバージョン（各4分間）に編曲された。

　(1) テンポは遅い・音量は弱い（110 bpm，60 dB）
　(2) テンポは遅い・音量は強い（110 bpm，72.4 dB）
　(3) テンポは速い・音量は弱い（150 bpm，60 dB）
　(4) テンポは速い・音量は強い（150 bpm，72.4 dB）

　25名の参加者たちは，各自ランダムな順序でこれらの断片を背景音楽として聞きながら，500語程度の文章の理解，分析，応用の力を調べるテスト（The Graduate Management Admission Test：GMAT）を受けた。その結果，「テンポが速くて音量が大きい」バージョンでは，読解力の成績は他の三つのバージョンよりも有意に低くなった。音量が大きくとも「テンポの遅い」バー

ジョンの場合は，成績の低下は見られなかった。

トンプソンらは，この結果をカーネマンの提唱した**認知容量モデル**（the cognitive capacity model）[9]（Kahneman, 1973）から，次のように解釈した。テンポが速く音量の強い音楽では，無視しきれない力で，音楽という聴覚事象（速い曲なので多くの音符が含まれる）が聞き手の**注意資源**をかなり消費するであろう。そのため，読解力への注意資源が減って遂行が困難となり，成績が落ちる。しかし，テンポの遅い音楽では，音量が大きくても連続的・同時的に注意資源の回復が可能となり，同じ資源を奪い合わずに読解処理が進むのではないかという。

ちなみに，この実験で最も高い成績を残した背景音楽は，「テンポが速くて音量が弱い」バージョンであった（しかし，他の2バージョンよりも有意な高い成績までは示さなかった）。テンポが速くとも音量が弱ければ認知処理への配分が残り，同時に「アレグロ」のテンポは適度な覚醒を生み出しやすいこと（作業の**覚醒最適喚起レベルへ導くだろう**）から，読解力の背景音楽には有効な性質であることを示唆するかもしれない。カフェテリアにおいて，速いテンポのクラシックが背景音楽のときには，大学生たちは音楽のないときや遅いテンポの音楽のときよりも，速く正確に記憶しながら読むことを見いだした研究もある（Kallinen, 2002）。

よほど簡単な読み物でない限り，文章の読解課題は複雑な認知処理を要する。文字を知覚し，意味を推測しながらの内容理解を，同時発生的かつ自動的に行う過程である。コネチニら（Konečni & Sargent-Pollock, 1976）によれば，単純作業を遂行するときには，集中力を喚起し維持するためにより高めの覚醒を要し，複雑な課題のときにはむしろ，より低い覚醒水準を要する。前者の場合は複雑な音楽で，後者の場合は単純な音楽で調整をすることが役に立つという。トンプソンら（Thompson et al., 2011）の実験で，音楽なしの条件と音楽ありの条件との間に有意差までは示されなかったのは，もしかすると，複雑な読解問題に取り組んでいる被験者（大学生）の多くにとって，モーツァルトのピアノソナタが「単純な音楽」ではなかった可能性がある。聞く人にとってなじみが薄く（予測しにくく），好ましくない（快気分にはならない）音楽

---

[9] 心的作業を行うために必要な人間の注意資源の容量（capacity）には，一定の限界があるという考え。

は，それ自体の認知処理に時間と注意配分を多く取られてしまい，文の読解が進まないと推測される。

(4) 個人差と背景音楽の効果——ハラムとグッドウィンのモデル

聞く人の個人差によっても背景音楽の効果は影響される。特に重要な要因は**パーソナリティ**である。ファーナム（Furnham, A.）らの一連の研究によると，内向性の聴取者は外向性の人よりも，背景音楽によって認知的課題の遂行がネガティブな影響を受けやすいとされる（Furnham & Strbac, 2002；Chamorro-Premuzic et al., 2009）。その理由は，内向性の人は外向性の人に比べて，普段から高い覚醒水準をもっていることに関係する（Eysenck, 1967）。音楽は多少なりとも覚醒度を上げる。そのことが，外向性の人にはより適正な喚起レベルであったとしても，内向性の人にとっては覚醒レベルを過剰に上げてしまい，課題遂行を阻害することになる。

聴き手にとって好みの音楽，なじみのある音楽についてはどうだろう。一般に好みの音楽は効率よく処理され，認知課題への干渉量が減って学習効果の向上に寄与すると考えられる。だが，こうした好みの個人差の問題は，音楽自体のもつ覚醒・気分の一般的傾向に関して複雑な様相を示している。たとえば，諸木と岩永（1996）では，個人の好む音楽は，その音楽の性質が刺激的か鎮静的かにかかわらず，主観的な緊張感を減じた。つまり，一般には「刺激的な」音楽（例：ロック）であっても，それを好む人には緊張感をあまり与えないのである。したがって，好きな音楽を"聞きながら"，それによって余計な緊張感を減じて，複雑困難な課題へ挑むことが可能となるのかもしれない。「ながら聞き」する好みの音楽は自然と耳に入ってくるものであり，その処理は素早くほとんど下意識的である。さらに，この場合の背景音楽はまさに**快刺激**である。あたかも幼児が養育者から受けるスキンシップのように[10]，学習者に対して最適な生理覚醒とポジティブな気分変化（主観的には，「リラックス」「意欲」「やる気」など）を引き起こすのではないだろうか。嫌いな勉強（-）であっても，大好きな音楽と一緒（++）なら何とかやれそう（+），という具

---

10) 聴覚は平衡感覚，振動感覚から進化したといわれ（中島ら，2014），無脊椎動物では「触覚」として音を受容しているらしい（岩堀，2011）。ヒトも，空気の振動である音楽を「身体や肌で感じる」レベルは，ありえないことではないだろう。

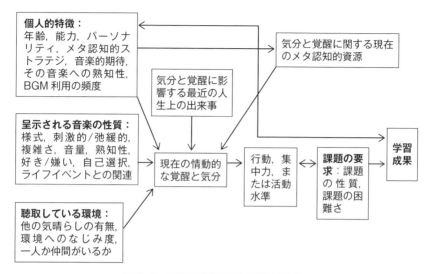

図 6-1 背景音楽の効果と学習のモデル
(Hallam & MacDonald, 2009, p. 477 を著者一部改変)

合である。よって，背景音楽は作業や学習の**動機**（motive）ともなりうるだろう。

　以上，見てきたような勉学・学習時の背景音楽の効果の有無について，ハラムとグッドウィン（Hallam & Goodwin, 2000）は以下の要因が相互作用しながら機能していると推測し，「背景音楽の効果と学習のモデル」（図 6-1）を提唱している（Hallam & MacDonald, 2009）。

- 音楽構造的な特徴（テンポ，旋法，ジャンル，器楽か声楽か，など）
- 音楽の文化的要因（調性感を含む音楽的連想は，文化的に形成・学習される）
- 課題の性質や困難さ（学習や課題の作業としての性質，その複雑さや困難さ）
- 個人差（パーソナリティ，その音楽への熟知性，BGM の習慣，個人的連想，など）
- 音楽の呈示環境（ひとり部屋か家族などほかの人のいる部屋か，静かな個室か騒音のある喫茶店か，など）

さらに、ハラム（Hallam, 2012）は、音楽は人の健康や幸福を強めるために用いられるが、個人がその音楽を制御しないときにはネガティブな影響が見いだされることも指摘している（p. 497）。

第2節　モーツァルト音楽への心理的反応

短時間であっても長時間の背景音楽であっても、音楽聴取が他の認知活動に対して直接的、あるいは間接的に影響を与えることが確かめられてきた。だが、膨大な数の研究の中で常に"通奏低音"のように鳴り続けている未解明のテーマがある。それは、認知能力や情動の鎮静化に作用する音楽現象において、対象となる音楽は、「モーツァルトの作品なのか否か」に対する答えである。結果の賛否は違っていても、多くの研究がモーツァルト作品を用いて音楽と認知に言及するのであるが、ここには何か客観的な理由が存在するのだろうか。それとも、それは研究者の単なる"思いつき"や人々の"言い伝え"[11]にすぎないのか。星野（2008）は、モーツァルトの作品自体の聴取が人に与える反応について直接の吟味が必要と考え、モーツァルト音楽への心理的反応を探る実験を行った。

1　モーツァルト音楽から知覚される感情的性格

この実験の目的は、ウィーン古典楽派[12]を代表する3人の作曲家、モーツァルト（Mozart, W. A., 1756-1791）、ベートーヴェン（Beethoven, L., 1770-1827）、シューベルト（Schubert, F., 1797-1828）によって作曲された複数の曲を聴取することで、聴取者に知覚された曲の**感情的性格**[13]を評定させ、作品から受ける心理的特徴を分析し比較することである。

まず、モーツァルト、ベートーヴェン、シューベルトの作曲した弦楽四重奏

---

11) バンガーテルとヒース（Bangertel & Heath, 2004）は、モーツァルト効果への過剰反応を「社会的伝説」と評した。
12) 18世紀中葉から後半ないし19世紀初頭にかけて、ウィーンを中心に活動を行った音楽家たちを指す。
13) 楽曲が表現していると聴取者に知覚させる情緒的性格。第7章に詳しい。

曲とピアノソナタから，長調であって Allegro または Allegretto のテンポ指定のある曲を各5曲ずつ，計30曲を選んだ．各曲の冒頭からフレーズの区切りまで23～40秒間を CD から MD（Mini Disc）にデジタル録音し，呈示刺激とした．

実験1では，音大生22名に弦楽四重奏曲を，実験2では別の音大生20名にピアノソナタを聴いてもらった．参加者は各曲を1回提示されて，第一印象を短い語で記すよう求められた．その後，「この曲の特徴・性格をことばで表現するとしたら，次の形容詞対それぞれにどの程度当てはまるでしょうか」という教示を与えられ，曲の感情的性格[14]について，18対の形容詞対尺度に対して7段階（7. 非常に感じる～1. まったく感じない）で評定した．

実験の結果は，以下のようになった．

(1) 二つの実験ともに因子分析を実施した．弦楽四重奏曲からは4因子が抽出され，因子ごとに被験者の因子得点を算出したところ，モーツァルトの曲は「力動性因子」（力強さ）では他の2名の作曲家の曲よりも低く，「軽明性因子」（軽く明るい）では高かった．ピアノソナタでは「軽明・優雅因子」（軽く明るく優雅），「美的自然さ因子」（自然な美しさ），「安定・リラックス因子」（安定感とリラックス感）で，モーツァルトの曲が他に勝っていた（図6-2参照）．つまり，どちらのジャンルでもモーツァルトの曲から，聴取者は力強さ・激しさには欠けるが，軽めで明るい性質を感じ取っていた．同時に，安定性やリラックス感も知覚された．

(2) 第一印象語についてコレスポンデンス分析したところ，図6-3のように，モーツァルト作品は，どちらのジャンルでも「子ども」「喜び・幸せ」「優美」「疾走感」「跳躍感」と関連性が高く，反対に「威厳・荘厳さ」「緊張・怖れ」「重さ」「厳格さ」からの関連性は低かった．つまり，モーツァルトの作品は他の2名のものと比べて，「激しさ・強さはなく，軽明・優雅でリラックス感をもち，動きを伴い，無垢なポジティブ感情

---

14) 従来の研究では，楽曲から受ける「印象」という言葉が使用されてきたが，この語は「見たり聞いたりしたときに，対象物が人の心に与える感じ」（『大辞林』）であり，聴取者自身の気分・感情の混入を容認しうるあいまいな表現である．それとは区別し，曲自体からより客観的に「知覚される感情的性格」を測定することを求めた．

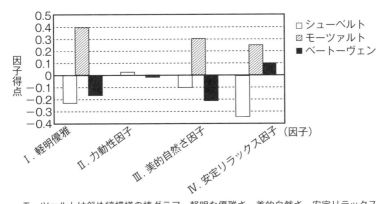

モーツァルトは斜め縞模様の棒グラフ。軽明な優雅さ，美的自然さ，安定リラックスの各因子得点は他の作曲家に比べて高かった。

図6-2　3人の作曲家の曲から得られた聴取者の因子得点（ピアノソナタ条件）
（星野，2008，p.10）

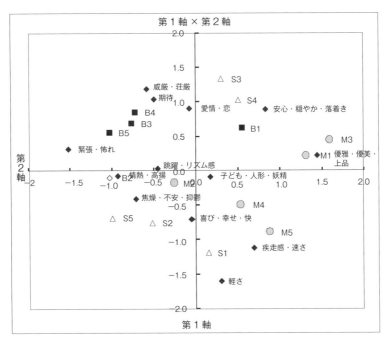

図6-3　弦楽四重奏の第一印象語と刺激曲の関連性の強さ（星野，2008，p.7）

と関連する」感情的性格をもっていた。

2　感情と認知と広義の「モーツァルト効果」

ところで，人間の**感情**が情報処理過程において重要な役割を担っているという事実は，心理学研究において周知のことである（たとえば，海保，1997）。一般に，快体験を伴う感情（喜び，興味，満足など）である**ポジティブ感情**は，人にヒューリスティック（発見的）で創造的な認知処理を促進する傾向を与え，柔軟な範疇化や，注意の範囲や思考-行動レパートリーを広めて，全体的な刺激布置に注意を向けた思考の拡張を示す（Fredrickson, 2001；鈴木, 2006；山崎，2006）。一方，不安や怒りなどの**ネガティブ感情**は，注意を狭めて局所的な認知や処理を高め，分析的な認知をもたらす傾向を与えるという（Forgas, 1995）。

音楽の聴取は人の感情に作用してその変容をもたらすので，聴く人にポジティブ感情またはネガティブ感情を生起する音楽が，ある種の認知課題に，促進的または妨害的影響を与える可能性は当然考えられよう。では，モーツァルトの音楽作品を聴取した場合には，どのような感情的影響が聴き手にもたらされるのだろうか。

ポジティブ感情を誘発する音楽が，ある種の認知を促進する可能性があると仮定したとして，どのような曲でもそうかというと，そうではあるまい。あまり強い覚醒を伴うポジティブ感情では，高揚しすぎて情報処理活動そのものを滞らせる可能性がある。快感情であっても覚醒水準を上げすぎない必要があるが，先の実験で示されたモーツァルト作品の「力動性の低さ」は，それを支持する。さらに，ポジティブ感情であるとしても，非扇情的な性格を有している必要があるだろう。二つのジャンルでの共通項として，第一印象語に「子ども・人形・小鳥」といった関連語が出現したことが示すように，モーツァルト作品は「無垢なポジティブ感情」を聴き手に感じさせていた。音楽の感情的性格を知覚することで聴き手自身の感情も影響を受け，かなりの程度まで同様の感情が誘発される（Gabrielsson, 2002；星野・松本，2007；Evans & Schubert, 2008）。とすると，モーツァルトの作品は，聴く者の気分・感情を上述のような水準に調整しやすい音楽と考えられよう。

以上から，広義の「モーツァルト効果」といわれる，背景音楽としてのモー

ツァルト作品の鎮静現象には，おそらく聴き手の感情を，覚醒水準では「激しくも強くもない」程度に保つと同時に，快・不快水準では「無垢なポジティブ気分」に整えるという，モーツァルト作品の感情的性格の特徴が関係しているものと推測される。

第3節　長期の音楽教育・訓練と一般認知能力

　子どもに対する長期にわたる音楽教育ないし音楽訓練[15]は，他の認知能力に影響を及ぼすのだろうか。影響を及ぼす場合，音楽は何かの能力を向上させるのか，または退化させることもあるのだろうか。こうした疑問に答えようとして，長期の音楽訓練と他の認知能力との関係についての研究が，近年盛んである。

　その背景には，主に二つの理由が考えられる。一つは，音楽学習が他の教科の学習にとっても有効性をもつことを証明したいという，音楽教育学者たちの研究動機である。西欧では古代ギリシャの昔から，音楽の学習は**人間性**の成長には欠かせない素養と考えられてきた[16]。しかし，昨今は欧米でも国家財政のひっ迫による教育予算の削減で，真っ先に縮小候補に挙がるのが芸術科目であり，音楽である。そこで，音楽教育が音楽以外の認知能力の向上に役立ち，他の教科にとっても肯定的な影響を与える重要教科であると証明したいとの動機が，教育関係者を中心に生じている。

　二つ目の理由は，専門的音楽家という存在である。彼ら/彼女らの多くは，幼少時から一日も欠かすことなく長時間の訓練を長年続けている，ある意味で特殊な人たちである。音楽家を調べることで，「音楽的知能」の実在を証明できるかもしれないと考える心理学者や，学習現象（特に**学習転移**[17]の有効例）について知見を得たい教育心理学者，学習経験の結果による知覚・演奏と脳の

---

15)　音楽訓練は，より集中的で徹底した音楽教育といえる。現在のところ，研究の多くは訓練と教育を峻別していないので，本節でも両方の研究を含めて紹介する。

16)　中世以降の大学において，音楽は数学的4学科の一つであり，文学的3学科と合わせて七つの自由学芸に含まれた。現在でも欧米の名高い大学では，音楽が学問として研究されている。

17)　転移（transfer）とは，あることの練習が別のことの練習にもなること。あるいは，記憶，学習，思考などで獲得したものを，他の心理的過程に転用すること。

形態・機能の変容についての関係を知りたい脳科学者たち（たとえば，Habib & Besson, 2009）が，音楽家と非音楽家とを比較することで，有益なデータが得られることを望んでいる。さらに，音楽心理学者は，音楽行動を下支えする認知の過程と他の認知過程との間に，どのような共通性と相違性があるのかを解明したいと考えている。

1 音楽訓練と言語的能力

　音楽の訓練（レッスン）を受けることと他の認知能力との関係は，実際どうなのであろうか。**相関的研究**においては，音楽レッスン経験をもつ生徒と，そのような経験をもたない生徒の間で，認知課題の成績が比較される[18]。音楽レッスンと算数のテストに関しては，正の相関を見いだした例と見いだしえなかった例が混在し，結論づけるのは難しい（Schellenberg & Weiss, 2013 にレヴューがある）。しかし，言語的な課題に関しては，レッスン経験と成績との間に正の相関があるとする研究が多い。たとえば，レッスンを 12 歳以前に始めた学生とレッスン経験のない学生とで，聴覚的に提示された**単語の記憶**を比較したところ，音楽レッスン群が有意に多くの単語を再生した（Chan et al., 1998）。言語的能力に関して，24 件の相関的研究と 6 件の実験的研究をメタ分析し，音楽の授業や楽器レッスンと文章の**読解力**の間に正の関係がある，と結論づけたもの（Butzlaff, 2000）がある。子ども時代の音楽訓練は，単語の識別・発音の能力，言語の記憶向上に結びつくとする研究もかなりある（Tsang & Conrad, 2011；Moreno et al., 2009；Moreno et al., 2011；Rickard et al., 2010）。

　その理由についてコリガルとトレイナー（Corrigall & Trainor, 2011）は，音楽レッスンが聴覚能力を高めることによる，近接的な学習転移ではないかと考えている。さらにコリガルらは，より高次の認知過程である文章読解力について，音楽訓練期間の長さの異なる 6〜9 歳までの子どもたち 46 名を対象に，単語識別能力と文章読解力の得点と訓練開始年齢，およびレッスン期間との相関を求めた。その結果，訓練の長さは単語識別力には無関係であったが，文章読解力においては関連性が示唆された。コリガルらは，音楽訓練は集中力を養い，自己鍛錬と注意スキルを教えることになるので，長いレッスン期間が子ど

---

[18] 相関的研究では，どちらが原因で生じる現象かについての因果関係は不明のままであるが，これは個人差をとらえるには不可欠の方法でもある。

もを有能な学習者にすると考え,このような遠隔的な学習転移を含むメカニズムでの説明を仮定している。彼らの仮説に加えていうならば,言語理解には文法の解読が必要なように,音楽理解にも同様に音を組織立てるルール(音楽語法)があり,その解読が必要である。私たちは高次レベルの認知において,「意味の理解」といった共通の機能を働かせている可能性は否定できないのではないかと思われる。

2　その他の認知課題と音楽訓練

実験的研究では,無作為割付けによって分けられた実験群(ある期間レッスンを受ける群)と,統制群(その期間レッスンを受けない群)との結果が比較される。たとえば,ローシャーらは幼児をランダムな2群に分け,1群には週2回の鍵盤楽器レッスンを8カ月間行い,もう1群はレッスンなしの条件としたところ,8カ月間の前と後の空間的知能は,レッスン群で有意な上昇を示した。その後にレッスンを止めた幼児は,1年後にはそうした傾向は消失したが,レッスンを続けた子は上昇し続けたという(Rauscher & Zupan, 2000)。また,コスタ-ジオミ(Costa-Giomi, 1999, 2000)は9歳児(117名)を,週1回30分のピアノ個人レッスンを3年間実施する群としない群とに分けて,認知能力発達テスト(Developing Cognitive Abilities Test)(言語得点・数量得点・空間得点,合計得点),微細運動テスト,カナダ学力テスト(英語,算数〈計算〉,フランス語)の成績,**自己効力感**などを追跡調査した。レッスン開始2年目に,言語,数量,空間の各得点に関してはレッスン群で有意に高い値が示されたが,3年目に両群の差は消滅した。その理由は,初期においては新しいストラテジー(個人指導で教師から受ける個人的な注目,練習による集中力,読譜で得るシンボル使用)の獲得に熱中して成績が向上していた実験群児童も,3年目にはピアノにやる気のある児童だけがストラテジーを維持したために,全体としての成績が伸びなかったのではないかとコスタ-ジオミ(Costa-Giomi, 1999, 2012)は考えている。レッスンではなく,授業中の音楽訓練を2年間行った研究(Rickard et al., 2010)でも,言語再生記憶を除いて,認知成績への効果は一時的であった。

シュレンバーグ(Schellenberg, 2004)も,かなり大規模な実験的研究を実施した。6歳児(144名)をランダムに4群に割り当て,そのうち3群には以

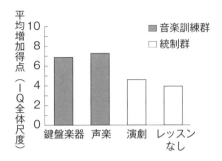

図6-4　6歳児の音楽レッスンとIQ (Schellenberg, 2004, p.513)

下の訓練（グループで実施）のいずれかを週1回，9カ月間行い，残り1群はレッスンを行わない統制群とした。4群とは，①鍵盤楽器レッスン群，②声楽レッスン群，③演劇レッスン群，④レッスンなし群，である。その結果，9カ月の前後では①と②の音楽訓練群が他の群よりも，大きな一般知能得点の上昇を示した（図6-4）。

大学生のIQと，彼らの子ども時代からの音楽レッスン期間（年数）との関係を調べた研究（Schellenberg, 2006a；2012）によると，IQとレッスン年数との間には有意な正の相関が認められた（$r=.21$, $p<0.05$）。もちろん，相関とは「両者の間に関係がある」というだけのことを意味しており，一方が他方の原因であるという因果関係を意味するものではない。だが，シュレンバーグ（Schellenberg, 2006b）は，音楽の長期的なレッスンが，IQや学業成績に学習転移に基づく良い影響を及ぼすことの説明として，以下の四つの可能性を提起している。

(1) 知能は就学だけでも上昇する。音楽レッスンも学校の延長に近い活動なので，知能に好影響を与える。
(2) 音楽レッスンでは，細かな運動スキル，読譜，暗譜，感情表現などを学ぶので，その**汎化**による恩恵である。
(3) 音楽の抽象的な性質を学ぶことが，一般的抽象推論能力に影響する可能性がある。
(4) 音楽レッスンは第二外国語を学ぶように，耳の訓練を兼ねる。言語の聞き取りや記憶，発話能力に効果があるのかもしれない。

その他，ドゥジェら（Degé et al., 2014）は，音楽レッスンによって培われた意欲や粘り強さが他の領域にまで影響する，という**意欲の転移**（conative transfer）を主張している。

ハノンとトレイナー（Hannon & Trainor, 2007 ; Trainor & Hannon, 2013）は別の解釈を行った。それは**実行機能**（executive functioning）の強化が関係するというものである。実行機能とは，目標志向的行動を制御するための高次な認知機能を意味し，選択的注意，抑制，プランニング，ワーキングメモリを含む情報の統合などが含まれる。音楽レッスンは，これら実行機能を強めることに貢献しているのではないかという。ほかにも，9～12歳児の音楽レッスンの長さ（週の数）と実行機能（選択的注意と抑制）との関連性を示す研究がある（Degé et al., 2011）。だが，シュレンバーグら（Schellenberg, 2005, 2011 ; Weiss & Schellenberg, 2011）は，学校外でレッスンを受けてきた子どもたちの実行機能は，レッスンを受けていない子どもたちと比べて，デジタルスパン・テスト[19]以外に有意な差は認められないとして，疑問視する。むしろ，音楽レッスンを受ける子どもたちは，おおむね一般知能（IQ）が高めであるとのデータを示しつつ，課外活動である音楽レッスンに参加することで，彼らの能力をさらに磨き拡張するのだと考えている。結論はもち越され，今後の研究が待たれるテーマである。

第4節　おわりにかえて

最後に音楽とその他の認知能力の関係について，「モーツァルト効果」のまとめを含めて考察したい。

第一に，「モーツァルトを聴くと知能が（長期的に）向上する」ということは確認できない。正しくは，短期的な音楽聴取の直後に，認知能力の一時的な向上がある程度認められたということである。その理由は，音楽による覚醒と快気分による気分調整が導いた，認知への影響と見られる。

第二に，背景音楽による情動や行動の鎮静効果については，とくにモーツァ

---

19) ワーキングメモリを測定するテスト。数字系列を覚え，反対側から再生する。

ルト作品の多くがもっている中庸・安定的でポジティブな感情的性格特徴が，聴き手の気分や過剰行動を適応的に調整し，落ち着かせた可能性はありうるだろう。こうした音楽は，古典派の音楽や「鎮静的音楽」に共通する性格として，モーツァルト以外にも存在する可能性が残されている。

　第三に，長期的な音楽学習や訓練（とくに個人レッスン）が認知能力へ与える影響については，空間課題，言語的能力（音素の識別，読解力）では肯定的な結果が認められる。算数との関連は確認されない。一般知能との関連では，少なくとも否定的結果は出されていない。それは，西欧ではもともと音楽の学習を選択する子ども達の知能が，高い傾向が見られることによるかもしれないと考える研究者もいる（Schellenberg, 2011）。

　最後に，仮に音楽学習と他の認知成績にはっきりした関連性があるとしても，音楽とは認知能力の向上に焦点づけられて学ばれるべきものなのだろうか。「芸術的能力は，"未発達な"科学のようなものではなく，それ自体の進化をともなう異なった思考のプロセスを含むものである」とガードナー（Gardner, 1982/1991, p. 274）は述べた。またローシャー（Rauscher, 2009）は，ウィーナーとヘトランド（Winner & Hetland, 2007）の次のようなことばを引用している。

　　　私たちは数学的・言語的スキルを向上させるために，学校への芸術を必要とはしていない。私たちに芸術が必要なのは，生徒たちに美的な鑑賞を手ほどきするのに加えて，芸術は私たちが大切だと思う別の思考様式を教えてくれるからだ。('Art for our sake'. *Boston Globe*, 2 September.）

音楽や芸術のもたらす「別の思考様式」についての検討も，今後の重要な課題といえる。

【引用文献】

Ashby, F. G., Isen, A. M., & Turken, A. U. (1999). A neuropsychological theory of positive affect and its influence on cognition. *Psychological Review*, **106**(3), 529-550.

Bangertel, A. & Heath, C. (2004). The Mozart effect: Tracking the evolution of a scientific legend. *British Journal of Social Psychology*, **43**, 605-623.

Butzlaff, R. (2000). Can music be used to teach reading? *Journal of Aesthetic Educa-

tion, **34**(3-4), 167-178.
Chabris, C. (1999). Prelude or requiem for the 'Mozart effect.'? *Nature*, **400**, 826-827.
Chamorro-Premuzic, T., Swami, V., Terrado, A., & Furnham, A. (2009). The effects pf background auditory interference and extraversion on creative and cognitive task performance. *International Journal of Psychological Studies*, **1**(2), 2-8.
Chan, A. S., Ho, Y. C., & Cheung, M. C. (1998). Music training improves verbal memory. *Nature*, **396**, 128.
Corrigall, K. & Trainor, L. (2011). Associations between length of music training and reading skills in children. *Music Perception*, **29**, 147-155.
Costa-Giomi, E. (1999). The effects of three years of piano instruction on children's cognitive development. *Journal of Research in Music Education*, **47**, 198-212.
Costa-Giomi, E. (2000). The nonmusical benefits of music instruction. *Proceedings of ICMPC 2000* (*Keynote*).
Costa-Giomi, E. (2012). Music instruction and children's intellectual development: The educational context of music participation. In R. MacDonald, G. Kreutz, & L. Mitchell (Eds.). *Music, health, & wellbeing*. Oxford University Press. pp. 339-355.
Cross, I. (2003). Music and biocultural evolution. In M. Clayton, T. Herbert, & R. Middleton (Eds.), *The cultural study of music: A critical introduction*. Routledge. pp. 19-30.（クロス, I. 若尾 裕（訳）(2011). 音楽と生物文化的進化 クレイトン, M.・ハーバート, T.・ミドルトン, R.（編）若尾 裕（監訳）音楽のカルチュラル・スタディーズ．（株）アルテスパブリッシング pp. 20-31.）
Cross, I. (2005). Music and meaning, ambiguity, and evolution. In D. Miell, R. MacDonald, & D. Hargreaves (Eds.), *Musical communication*. Oxford University Press. pp. 27-43.（クロス, I. 片平 建史（訳）(2012). 音楽と意味，多義性，そして進化 ミール, D.・マクドナルド, R.・ハーグリーヴス, D. J.（編）星野 悦子（監訳）音楽的コミュニケーション——心理・教育・文化・脳と臨床からのアプローチ 誠信書房 pp. 30-50.）
Deģe, F., Kubicek, C., & Schwarzer, G. (2011). Music lessons and intelligence: A relation mediated by executive functions. *Music Perception*, **29**, 195-201.
Deģe, F., Wehrym, S., Stark, R., & Achwarzer, G. (2014). Music lessons and academic self-concept in 12- to 14-year-old children. *Musicae Scientiae*, **18**, 203-215.
Evans, P. & Schubert, E. (2008). Relationship between expressed and felt emotions in music. *Musicae Scientiae*, **12**, 75-99.
Eysenck, H. (1967). *The biological basis of personality*. Thomas.
Forgas, J. P. (1995). Mood and judgment: The affect infusion model (AIM). *Psychological Bulletin*, **117**, 39-66.
Fredrickson, B. L. (2001). The role of positive emotions in positive psychology: The broaden-and-build theory of positive emotions. *American Psychologist*, **56**, 218-226.
Furnham, A. & Strabc, L. (2002). Music is as distracting as noise: The differential dis-

traction of background music and noise on the cognitive test performance of introverts and extraverts. *Ergonomics*, **45**, 203-217.

Gabrielsson, A. (2002). Emotion perceived and emotion felt: Same or different? *Musicae Scientiae*, Special Issue 2001-2002, 123-147.

Gardner, H. (1982). *Art, mind and brain: A cognitive approach to creativity*. Basic Books. (ガードナー，H. 仲瀬 律久・森嶋 慧（訳）(1991). 芸術，精神そして頭脳 黎明書房)

Gardner, H. (1983). *Frames of mind: The theory of multiple intelligence*. Basic Books.

Gardner, H. (1999). *Intelligence reframed: Multiple intelligens for the 21st century*. Basic Books. (ガードナー，H. 松村 暢隆（訳）(2001). MI――個性を生かす多重知能の理論　新曜社)

Giles, M. M. (1991). A little background music, please. *Principal*, **71**(2), 41-44.

Habib, M. & Besson, M. (2009). What do music training and musical experience teach us about brain plasticity? *Music Perception*, **26**, 279-283.

Hallam, S. (2012). The effects of background music on health and well-being. In R. MacDonald, G. Kreutz, & L. Mitchell (Eds.), *Music, health, & wellbeing*. Oxford University Press. pp. 491-501.

Hallam, S. & Goodwin, C. (2000). The effects of background music on primary school pupils' performance on a writing task. Parer presented at the annual conference of the British Educational Research Association, University of Wales, Cardiff, 7-9. September.

Hallam, S. & MacDonald, R. (2009). The effects of music in community and educational settings. In S. Hallam, I. Cross, & M. Thaut (Eds.), *The Oxford handbook of music psychology*. Oxford University Press. pp. 471-480.

Hallam, S. & Price, J. (1997). Can Listening to background music improve children's behavior and performance in mathematics? Paper presented at the British Educational Research Association Annual Conference (September 11-14 1987: University of York).

Hallam, S. & Price, J. (1998). Can the use of background music improve the behaviour and academic performance of children with emotional and behavioural difficulties? *British Journal of Special Education*, **25**, 88-91.

Hallam, S., Price, J., & Katsarou, G. (2002). The effects of background music on primary school pupils' task performance. *Educational Studies*, **28**(2), 111-122.

Hannon, E. E. & Trainor, L. J. (2007). Music acquisition: Effects of enculturation and formal training on development. *Trends in Cognitive Science*, **11**, 466-472.

Hetland, L. (2000). Learning to make music enhances spatial reasoning. *Journal of Aesthetic Education*, **34**(3-4), 179-238.

星野 悦子（2008）．モーツァルト作品の聴取から知覚される感情的性格の検討――ベートーヴェン，シューベルトの作品との比較　音楽知覚認知研究，**14**，1-15.

星野 悦子（2014）．音楽専攻大学生の日常的音楽聴取行動——背景音楽の利用，選好音楽ジャンルと性格次元との関連性　日本音楽知覚認知学会平成26年度秋季研究発表会論文集，15-20．

星野 悦子・松本 じゅん子（2007）．音楽聴取における意味空間構造の比較——曲の感情的性格の認知と聴き手自身の感情　日本音楽知覚認知学会平成19年度春季研究発表会論文集，47-52．

Husain, G., Thompson, W. F., & Schellenberg, E. G. (2002). Effects of musical tempo and mode on arousal, mood, and spatial abilities. *Music Perception*, **20**, 151-171.

岩堀 修明（2011）．図解・感覚器の進化——原始動物からヒトへ 水中から陸上へ　講談社ブルーバックス　p. 158.

Ivanov, V. K. & Greake, J. G. (2003). The Mozart effect and primary school children. *Psychology of Music*, **31**, 405-441.

Jaušovec, N. & Habe, K. (2003). The "Mozart Effect": An electroencephalographic analysis employing the methods of induced event-related desynchronization/synchronization and event-related coherence. *Brain Topography*, **16**, 73-84.

Jaušovec, N., Jaušovec, K., & Gerlic, I. (2006). The influence of Mozart's music on brain activity in the process of learning. *Clinical Neurophysiology*, **117**, 2703-2714.

Kahneman, D. (1973). *Attention and effort*. Englewood Prentice-Hall.

海保 博之（編）（1997）．温かい認知の心理学——認知と感情の融接現象の不思議　金子書房

Kallinen, K. (2002). Reading news form a pocket computer in a distracting environment: Effects of the tempo of background music. *Computers in Human Behavior*, **18**(5), 537-551.

金城 辰夫・丹野 義彦・鹿取 廣人（2004）．個人差　鹿取 廣人・杉本 敏夫（編）心理学　第2版　東京大学出版会　pp. 221-248.

Koelsch, S., Kasper, E., Sammler, D., Schulze, K., Gunter, T., & Friederici, A. T. (2004). Music, language and meaning: Brain signatures of semantic processing. *Nature Neuroscience*, **7**, 302-307.

Konečni, V. & Sargent-Pollock, D. (1976). Choice between melodies differing in complexity under divided-attention conditions. *Journal of Experimental Psychology: Human Perception and Performance*, **2**, 347-356.

宮崎 謙一・仁平 義明（2007）．モーツァルトは頭を良くするか——「モーツァルト効果」をめぐる科学とニセ科学　現代のエスプリ，**481**，113-127.

Moreno, S., Bialystok, E., Barac, R., Schellenberg, E. G., Cepeda, N. J., & Chau, T. (2011). Short-term music training enhances verbal intelligence and executive function. *Psychological Science*, **22**, 1425-1433.

Moreno, S., Marques, C., Santos, A., Santos, M., Castro, S. L., & Besson, M. (2009). Musical training influences linguistic abilities in 8-years-old children: More evidence for brain plasticity. *Cerebral Cortex*, **19**, 712-723.

諸木 陽子・岩永 誠（1996）．音楽の好みと曲想が情動反応に及ぼす影響 広島大学総合科学部紀要Ⅳ理系編，**22**，153-163．
村上 宣寛（2007）．IQってホントは何なんだ？──知能をめぐる神話と真実 日経BP社
中島 祥好・佐々木 隆之・上田 和夫・レメイン，G. B.（2014）．聴覚の文法 音響サイエンスシリーズ8 コロナ社 p. 1．
Nantais, K. M. & Schellenberg, E. G.（1999）. The Morzart effect: An artifact of preference. *Psychological Science*, **10**, 370-373.
芋阪 良二(編著)（1992）．新訂 環境音楽──快適な生活空間を創る 大日本図書
Pietschnig, J., Voracek, M., & Formann, A. K.（2010）. Mozart effect-Shmozart effect: A mata-analysis. *Intelligence*, **38**, 314-323.
Pinker, S.（1997）. *How the mind works*. W. W. Norton & Company.（ピンカー，S. 山下 篤子（訳）（2013）．心の仕組み（下）筑摩書房）
Rauscher, F. H.（1999）. Prelude or requiem for the 'Mozart effect'? Rauscher replies. *Nature*, **400**, 827-828.
Rauscher, F. H.（2009）. The impact of music instruction on other skills. In S. Hallam, I. Cross, & M. Thaut（Eds.）, *The Oxford handbook of music psychology*. Oxford University Press. pp. 244-252.
Rauscher, F. H., Robinson, K. D., & Jens, J. J.（1998）. Improved maze learning through early music exposure in rats. *Neurological Research*, **Jul**; **20**, 427-432.
Rauscher, F. H., Shaw, G. L., & Ky, K. N.（1993）. Music and spatial task performance. *Nature*, **365**, 611.
Rauscher, F. H. & Zupan, M.（2000）. Classroom keyboard instruction improves kindergarten Children's spatial-temporal performance: A field experience. *Early Childhood Research Quarterly*, **15**, 215-228.
Rickard, N. S., Vasquez, J. T., Murphy, F., Gill, A., & Toukhsati, S.（2010）. Benefits of classroom based instrumental music program on verbal memory of primary school children: a longitudinal study. *Australian Journal of Music Education*, **1**, 36-47.
Savan, A.（1999）. A study of the effect of background music on learning. *Psychology of Music*, **27**(2), 138-146.
Schellenberg, E. G.（2004）. Music lessons enhance IQ. *Psychological Science*, **15**, 511-514.
Schellenberg, E. G.（2005）. Music and cognitive abilities. *Current Directions in Psychological Science*, **14**, 317-320.
Schellenberg, E. G.（2006a）. Long-term positive associations between music lessons and IQ. *Journal of Educational Psychology*, **98**, 457-466.
Schellenberg, E. G.（2006b）. Exposure to music: The truth about the consequences. In G. E. McPherson（Ed.）, *The child as musician: A handbook of musical development*. Oxford University Press. pp. 111-134.

Schellenberg, E. G. (2011). Examining the association between music lessons and intelligence. *British Journal of Psychology*, **102**, 283-302.

Schellenberg, E. G. (2012). Cognitive performance after listening to music: A review of the Mozart effect. In R. MacDonald, G. Kreutz, & L. Mitchell (Eds.) *Music, health, & wellbeing*. Oxford University Press. pp. 324-338.

Schellenberg, E. G. & Hallam, S. (2005). Music listening and cognitive abilities in 10- and 11- year-olds: The Blur Effect. *Annals of the New York Academy of Sciences*, **1060**, 202-209.

Schellenberg, E. G., Nakata, T., Hunter, P. G., & Tamoto, S. (2007). Exposure to music and cognitive performance: tests of children and adults. *Psychology of Music*, **35**, 5-19.

Schellenberg, E. G. & Weiss, M. W. (2013). Music and cognitive abilities. In D. Deutsch (Ed.), *The psychology of music. Third edition*. Academic Press. pp. 499-550.

鈴木 直人(2006). ポジティブな感情と認知とその心理的・生理的影響　島井 哲志（編）ポジティブ心理学――21世紀の心理学の可能性　ナカニシヤ出版　pp. 66-82.

Thompson, W., Schellenberg, E. G., & Husain, G. (2001). Arousal, mood and the Mozart effect. *Psychological Science*, **12**, 248-251.

Thompson, W., Schellenberg, E. G., & Letnic, A. K. (2011). Fast and loud background music disrupts reading comprehension. *Psychology of Music*, **40**(6), 700-708.

Tomatis, A. (1991). *Pourquoi Mozart?*. Fixot.（トマティス，A. 窪川 英水（訳）(1994). モーツァルトを科学する――心とからだをいやす偉大な音楽の秘密に迫る　日本実業出版社）

Trainor, L. J. & Hannon, E. E. (2013). Musical development. In D. Deutsch (Ed.), *The psychology of music. Third edition*. Academic Press. pp. 423-497.

Tsang, C. D. & Conrad, N. J. (2011). Music training and reading readiness. *Music Perception*, **29**(2), 157-163.

Waterhouse, L. (2006). Multiple intelligence, the Mozart effect, and emotional intelligence: A critical review. *Educational Psychologist*, **41**, 207-225.

Weiss, M. W. & Schellenberg, E. G. (2011). Augmenting cognition with music. In *Augmenting Cognition*. EPFL Press. pp. 104-125.

Winner, E. & Hetland, L. (2007). Art for our sake. *Boston Globe*, **2** September.

山崎 勝之(2006). ポジティブ感情の役割――その現象と機序　パーソナリティ研究, **14**, 305-321.

参考図書

村上 宣寛（2007）. IQってホントは何なんだ？――知能をめぐる神話と真実　日経BP社

苧阪 良二（編著）(1992). 新訂　環境音楽――快適な生活空間を創る　大日本図書

第7章 音楽と感情

山崎　晃男

第1節　音楽と感情の関係

1　音楽と感情の研究

　音楽と感情が深く結びついているという考えは，洋の東西を問わず，古くからさまざまな形で表明されてきた。たとえば，ランガーは『シンボルの哲学』（Langer, 1957）の中で，音楽がさまざまな感情を引き起こしたり表現したりするという考えがギリシャ哲学にまでさかのぼり，プラトン以降，ルソーやキルケゴールといった哲学者，ベートーヴェンやシューマン，リスト，ワーグナーといった音楽家などにより支持されていると述べている。東洋においても，『論語』の中に，孔子が深く音楽に感動したという記述が見られる[1]。このように，音楽と感情が深く結びついているという主張は枚挙にいとまがない。

　一方，心理学において音楽と感情の結びつきを取り上げた先駆的な研究としては，ヘブナーやリッグが1930年代に行った一連の研究がある（Hevner, 1935a, 1935b, 1936, 1937；Rigg, 1937）。彼らの研究については後述するが，彼らの研究の後，音楽と感情についての心理学的研究はいったん下火となり，**音楽知覚・音楽認知**の研究が隆盛となる。その間，散発的に研究がなされるものの，音楽と感情の心理学的研究が再び本格的に盛んになるのは，1990年代

---

[1]　『論語』の述而篇に，「韶の音楽（中国古代の管弦楽）を3カ月間学んでいる間，その美しさに感動して肉を食べても味がわからなかった」という記述がある。

になってからである。

　音楽知覚・音楽認知の研究の蓄積によって，私たちは音楽をどのように知覚しているのか，私たちが音を音楽として認知するためには何が必要なのかといった，いわば「音楽とは何か」という問いに対する答えが明らかになってきた。そのことを受けて，「音楽はなぜ私たちにとって重要なのか」についての研究として，音楽と感情の関係が注目されるようになってきたといえるだろう。

2　感情とは何か

　音楽と感情の関係について考える前に，心理学では，感情をどのようなものとして考えているのかを見ていくことにする。ただし，感情の心理学は，それだけできわめて大きな心理学の一分野であり，この限られた紙幅で概観することはとてもできない。したがって，ここでは音楽と感情についての心理学的研究を見ていくために必要と思われる内容に絞って説明する。

　まず，感情という用語についてであるが，感情に近いことばとして，情動[2]，気分[3]がある。情動と気分は，感情心理学の用語として次のように区別される。情動は，それを引き起こす明確な対象をもち，短時間で生起・消失し，強度的に強い。一方，気分は，明確な対象なしで生じ，長時間継続し，強度的には弱い（濱・鈴木，2001；Scherer & Zentner, 2001）。たとえば，急いで車を走らせているときに，前をのろのろと走っているトラックが邪魔をし，追い抜くこともできないというとき，思わず「カッとする」。この「怒り」という情動は，トラックに対して急速に生じる強いものであるが，トラックが次の交差点で曲がって見えなくなれば，すぐに消失する。それに対して，最近「イライラ」した気分であるというとき，特にこれがその原因であるという対象があるわけでもないのに，何となく「イライラ」しており，「怒り」に比べてそれほど強烈なものではないが，何日にもわたって続くかもしれない持続的なものである。

　このように情動と気分が区別されるのに対し，感情という語は，それらおよびそれら以外の感情的状態（たとえば情操や情熱，快-不快など）を含む包括

---

[2]　英語では emotion。この語は情緒と訳されることもある。
[3]　英語では mood。情動よりも弱く，持続的とされる。

的な用語である。これから見ていくように，音楽に関わる感情が情動なのか気分なのか，あるいはそれ以外の何かなのかについては，さまざまな議論がある。また，音楽は情動，気分，さらにそれ以外にまでわたる広範囲な感情に関わると主張する研究者もいる（Bharucha & Curtis, 2008）。そこで，本章では包括的な語としての感情を用いることとする。

3　さまざまな感情理論

感情に関する研究にはさまざまな立場がある。ここではそのうち，音楽と感情の研究に深い関わりがあるものに限って簡単に紹介する。

(1) 基本感情理論

喜びや悲しみ，怒り，恐怖といった少数の特定の感情を，進化の過程で獲得され，それゆえ文化の差異を超えた普遍的なものであるとする考え方は，ダーウィン（Darwin, 1872）にまでさかのぼることができるが，現在，この立場に立つ研究者としては，エクマン（Ekman, P.）やイザード（Izard, C. E.）を挙げることができる。エクマンは，**基本感情**[4]として，喜び，嫌悪，驚き，怒り，恐怖，悲しみを挙げ，これらは人間の生存のために進化したものであり，各基本感情にはそれぞれ異なる適応的な活動パターンが結びついていると述べている（Ekman, 1984）。また，基本感情と他の類似した感情を区別する基準として，文化普遍的な独特の表出シグナルをもつこと，特異的な生理的反応パターンを有していること，生理的反応パターンや表出の反応パターンなどの反応システム間に一貫した連関関係があること，刺激に対してきわめて急激に生じ，通常，きわめて短時間に終結すること，自動化された無意識的な評価メカニズムに結びついて発動されることなどを挙げている（Ekman, 1992）。こうした主張は，表情による基本感情の表出，およびその認知が文化普遍的であるという実証研究（Ekman & Friesen, 1971；Ekman & Friesen, 1975；Ekman et al., 1987）に基づいている。

一方，イザード（Izard, 1977）は，基本感情はそれぞれが個別で固有の属性をもち，表情および感情表出のための特徴的な神経・筋肉パターンを伴い，他

---

[4]　英語では basic emotion。人間の生存に必要とされる少数の感情カテゴリーを，基本感情という。

と区別できる客観的あるいは現象学的な特徴を示すと述べ，そうした基準を満たすものとして，興味，喜び，驚き，苦悩，怒り，嫌悪，軽蔑，恐怖，恥，罪悪感の，10の感情を挙げている。また，プルチック（Plutchik, 1984）も，感情を進化の過程で獲得されたものと考える立場から，**心理進化説**を提唱した。そこでは，喜び，悲しみ，怒り，恐怖，驚き，期待，嫌悪，受容の，八つの感情を基本的なものとし，それらが混合することでさらに複雑な感情が生じるとしている。

（2）次元理論

個別的な少数の感情を想定する基本感情理論に対して，複数の次元からなる空間に配置されうるものとして，感情をとらえようとする考え方もある。シュロスバーグ（Schlosberg, 1954）は，快-不快，注目-拒否，緊張-眠気という三つの次元からなる空間に感情を配置する三次元説を提唱した。このうち，快-不快と注目-拒否の二次元では，それらの原点の周囲に円環状に感情が配置されるが，それらと直交する緊張-眠気の軸は，緊張が高まれば感情間の差異が現れるのに対し，緊張と反対の眠気の極ではすべての感情の差異が消失して一点に収斂する。その結果，全体として感情は円錐形に配置されることになる。一方，ラッセル（Russell, 1980）は，快-不快と覚醒-眠気の二次元平面上に円環状に感情が並んでいるとする**円環モデル**を提唱している（図7-1）。

このモデルは一種のベクトルモデルであり，感情の強さは2軸の交点からの距離として表される。感情の次元理論は，個々の感情を並列的な細分化されたカテゴリーに分類するのではなく，少数の次元に還元して空間配置することにより，感情の性質を，数量的にも直感的にも理解しやすくするという利点がある（谷口，2005）。

（3）認知評価理論

さまざまな感情を，感情を引き起こす出来事に対する**認知評価**[5]の性質の違いという観点からとらえようとするのが，認知評価理論である。そこでは，出来事が自分にとって有益か有害であるかが，引き起こされる感情の決定に重

5）　英語では cognitive appraisal。出来事や対象に対する価値的な判断。

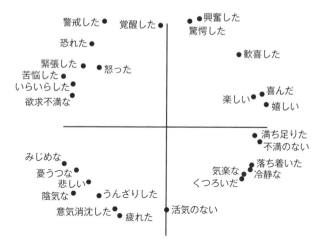

図7-1 ラッセルの円環モデル（Russell, 1980, fig. 3）

要であるとされる（唐沢，1996）。たとえば，シェーラー（Scherer, 1984）は，出来事が五つの評価基準にしたがって順次評価されることによって，特定の感情が生じるとする。評価基準には，出来事の目新しさをチェックする「新奇性チェック」や，出来事そのものの快−不快をチェックする「快適性チェック」，自分の目標と出来事との関わりの程度をチェックする「目標貢献性チェック」などがあり，それらのチェックを通じた出来事に対する適応の可否・仕方が，感情の質に大きく関わる。たとえば，机の上に何か目新しいものが載っているのを見たとき，新奇性チェックによって「驚き」が生まれ，それが大好きなケーキであることがわかると，快適性チェックによってその「驚き」は「嬉しい驚き」に変わる。しかし，現在，ダイエット中である場合，目標貢献性チェックによって，「嬉しい驚き」は「失望」あるいは「怒り」に変わる，というように評価基準が時系列的に適用されることによって，感情が分化したり変化したりするのである。

　同様に，ローズマン（Roseman, 1991）は，出来事の評価が五つの評価次元に沿って行われ，各次元での値の組み合せによって感情が決定されるとしている。五つの評価次元には，出来事が目標と一致しているかどうかに関わる「状況の状態」，出来事の結果がどの程度確定しているかという「確実性」，出来事の原因に関わる「主体」などがある。このように認知評価理論では，自分の目

標との関係を中心とした出来事に対する細かな認知評価の内容によって，さまざまな感情が決定されると考えるのである。

4 感情現象の多面性

これまで見てきたように，感情をどのようなものとしてとらえるのかについては，さまざまな立場がある。しかし，立場の異なる研究者の多くが，感情が多面的な現象であるという点で一致している。すなわち，感情は怒りや悲しみといった**主観的体験**をもたらすだけではなく，各感情に特有の**表情表出**や**生理反応**が伴い，その感情状態で生起しやすい**行動傾向**があり，その感情をもたらす対象や出来事に対する特有の**認知評価**を含んでいる（Cornelius, 1996；Sloboda & Juslin, 2001）。たとえば，「怒り」という感情が生起されたときには，「腹が立つ」という主観的体験に加え，「怒った顔」という表情表出や，心拍数が増えたりアドレナリンが分泌されたりという生理反応が自然と生じ，「怒り」を生起させた対象への「攻撃」という行動が生じがちであり，その対象に対する「怒り」特有の認知評価が伴っている。これらすべてが，「怒り」という感情の重要な側面であるという点で，多くの研究者が一致しているのである。

第2節　音楽が表す感情

1 音楽の感情的性格

先に述べたように，音楽と感情についての先駆的な心理学的研究は，1930年代にヘブナーやリッグによって行われた。それらの研究は，楽曲のもつ**感情的性格**と楽曲の特徴との関係について，検討しようとするものであった。ヘブナーは，楽曲のもつさまざまな要素を操作することで，感情的な印象がどのように変化するかを検討するという実験を提唱し（Hevner, 1935a），実際に長調と短調（Hevner, 1935b），上昇型旋律と下降型旋律，硬いリズムと流麗なリズム，和声の単純さと複雑さ（Hevner, 1936），音高，テンポ（Hevner, 1937）を操作した，一連の実験を行った。それらの実験の結果，長調と短調はおのおの，明るく楽しい印象と暗く悲しい印象をもたらすこと，複雑で不協和な和声

は興奮させたり動揺させたりするような印象を与え，単純で協和した和声は楽しく優雅な印象を与えること，ゆっくりしたテンポは静かで威厳のある印象を与え，速いテンポは楽しく興奮させるような印象を与えることなど，音楽的な特徴と感情的な印象とのさまざまな関連性が示された。現在行われている音楽と感情についての研究の，ひとつの典型的な枠組みがすでに示されているという意味で，彼女の研究は重要である。

また，彼女の1936年と1937年の研究（Hevner, 1936, 1937）では，評定のための形容詞が八つの群に分類され円環上に配置されているのであるが，形容詞の内容から，それらは肯定-否定という軸と覚醒-眠気という軸に基づいて配置されているように解釈される。感情を，こうした2軸が構成する平面の上で円環上に配置するというアイディアは，ラッセルの円環モデルに先んじているという意味でも重要である。

これら先駆的な研究の後，長らくの中断期間を経て，再び音楽の感情的性格について研究が行われるようになった。たとえば，既存の楽曲の旋律を用いて，長調と短調，リズム的と非リズム的，テンポなどの特徴を変化させたり（Scherer & Oshinsky, 1977），音高と音長のどちらか一方，または両方を一定にしてしまったり（Schellenberg et al., 2000）することが，楽曲の感情評定にどのように影響するかを調べた研究がある。それらでは，長調は快や楽しさを，短調は嫌悪や怒りをもたらすというヘブナーと同様の結果のほか，音高が一定であるほうが，音長が一定であるよりも感情評定に大きく影響することなどが示された。

以上のような，音楽の特徴と感情的性格との関係を明らかにしようとするものとは異なる研究として，リトッサとリカード（Ritossa & Rickard, 2004）は，ラッセルによる感情の円環モデルが，音楽の感情的性格を表すものとして適当なものであるのかを実験的に検討し，楽曲によって表されるさまざまな感情が，快-不快と覚醒-眠気という円環モデルの二つの軸によって，実際に位置づけられることを示した。

次元論的な立場をとりながらも，二次元ではなく第三の次元の必要性を指摘する研究もある。コリアー（Collier, 2007）は，快-不快と活動性の二つの次元によって楽曲の感情的性格を記述することの妥当性について検討し，大きく見たときには二つの次元によって楽曲の感情的性格がうまく分類されることを再

確認しつつも，この二つの次元による分類では同じようなところに布置される楽曲の感情的性格をさらに細かく記述するためには，付加的な次元が必要となることを示唆した。ウェディン（Wedin, 1969, 1972）は，楽曲の感情的性格として活動性・覚醒と快-不快の二次元に相当する次元に加えて，荘重（solemnity）という三つ目の次元を見いだし，この第三の次元が，音楽のジャンルや時代と強い関係をもっていることを指摘している。それに対してイリーとトンプソン（Ilie & Thompson, 2006）は，快-不快と活動性・覚醒の二次元だけでは悲しみと恐怖を十分に区別できないとして，覚醒次元を活動的覚醒（覚醒-疲労）と緊張的覚醒（緊張-リラックス）とに分けることで，快-不快と併せた三次元で音楽的感情をとらえようとしている。

さらに，音楽の感情的性格を詳細にとらえようとして，四次元以上の軸を見いだした研究もある。岩下（1972）は，**SD法**[6]による印象評価実験と，その結果に対する**因子分析**を行った結果，情緒的評価，緊張-弛緩，興奮-沈静，明-暗，一般的評価，という五つの次元を抽出した。また，谷口（1995）は，単極評定尺度をもとに印象評価実験および因子分析を行い，高揚-抑鬱，親和，強さ，軽さ，荘重の5因子を見いだしている。

他方，次元論的なアプローチではなく，基本感情的なアプローチをとっている研究もあり，西洋クラシックのさまざまな楽曲が，喜び，悲しみ，恐怖，怒り，驚き，嫌悪という六つの基本感情のいずれを表現しているのかについて，聴き手の間で判断がかなり一致することが示されている（Kallinen, 2005）。また，ヴィエイヤールら（Vieillard et al., 2008）の研究では，長調・短調，テンポ，コードの不協和さなどを操作することで，楽しい，悲しい，安らか，怖いといったカテゴリー的感情が，聴き手によく伝わることが示された。

楽曲の感情的性格の読み取りについては，子どもを対象とした発達研究も行われている。そこでは，楽しさや悲しみといった基本感情について，5歳前後の子どもでも大人と類似した判断を行うことが示されている。たとえば，大人が楽しさ，怒り，悲しみを表していると判断する既存の単旋律曲に対して，4歳児も同じ判断をすることが示されている（Dolgin & Adelson, 1990）。そのほか，既存のクラシック曲が表している感情に関して，4歳児が楽しさと怒り，

---

6) 英語では semantic differential technique。「明るい-暗い」「大きい-小さい」といった，対立する形容詞の対からなる尺度を用いて，対象の感情的な意味を測定する方法。

5歳児が楽しさ，怒り，悲しみ，6歳児が楽しさ，怒り，悲しみ，恐れについて，大人と同じ判断をしているという研究（Cunningham & Sterling, 1988）や，同じ四つの感情について，5歳児が大人と一致する判断をしていた（Terwogt & van Grinsven, 1991）とする研究などがある。

2　音楽による感情的コミュニケーション

1990年前後から，演奏者の意図に焦点を当てた，音楽演奏による感情の表現と伝達に関する研究が数多く行われるようになった。それらの研究では，プロもしくは音楽大学生のような高い音楽教育を受けている奏者に，既存の楽曲をいくつかの**感情的意図**によって演奏し分けるよう求め，その演奏を分析するとともに，その演奏を用いた聴取実験を行い，感情的意図がどの程度伝わるかを調べる，という研究枠組みを採用しているものが多い。また，意図する感情としては，「夢みるような」や「流行の」といった複雑な感情を取り扱った例（Senju & Ohgushi, 1987）もあるが，多くは喜び，悲しみ，怒り，恐怖といった基本感情を取り上げていることも，そうした研究の共通点である。以下に，そのような研究についてまとめて見ることとする。

これまでに，歌唱を取り上げた研究（Kotlyar & Morozov, 1976）のほか，シンセサイザー（Gabrielsson & Lindström, 1995），フルート，ヴァイオリン，歌唱，ギター（Gabrielsson & Juslin, 1996），ギター（Juslin, 1997, 2000），ピアノ（Juslin & Madison, 1999），ドラム（Laukka & Gabrielsson, 2000）といった，さまざまな楽器の演奏による感情的意図の伝達について，研究が行われている。これらの研究結果は完全に一致しているわけではないが，多くの研究で共通した知見が得られていることも事実である。たとえば，喜びもしくは楽しさは中程度以上の音量と速いテンポ，悲しみは弱い音量とゆっくりしたテンポ，怒りは強い音量と速いテンポ，音の速い立ち上がり，恐怖は弱い音量と中程度以上に速いテンポ，などで特徴づけられた。また，こうした基本感情に関しては，ほとんどの場合，偶然の割合を超える確率で聴取者に正しくその感情的意図が伝達された。既存楽曲の演奏ではなく，ヴァイオリン，トランペット，歌唱，ティンパニーの上級アマチュアレベルの演奏者による即興演奏によって，悲しみ，怒り，恐怖を伝えるという実験においても，全般的に感情的意図はよく伝わった（Behrens & Green, 1993）。

また，演奏者の意図ではなく，作曲者の意図を取り上げて，トンプソンとロビテイル（Thompson & Robitaille, 1992）は，高度の音楽教育を受けた5人の音楽家に，喜び，悲しみ，怒りなどの感情を意図した楽曲の作曲を依頼した。その結果，作られた曲には，たとえば，喜びを意図した曲は調性的枠組みを強く守ったリズミカルなものが多く，悲しみを意図した曲はゆっくりしたテンポで短調の和声のものが多く，怒りを意図した曲は複雑なリズムをもち，半音的和声または無調的なものが多い，というように作曲者間で共通性が見られた。これらの曲を用いた聴取実験で，意図された感情は，少なくとも他の感情よりも高い割合で選ばれた。

　感情的意図の伝達についても，発達的な研究が行われている。同一の楽曲を，楽しさ，悲しみ，怒りという三つの感情で演奏し分けたものを用いて，その演奏に込められた感情的意図を問うという実験を行った大浦と中西（2000）の研究では，4，5歳児の正答率は大人よりも低かったものの，回答の傾向は大人と同じであった。

　一方，音楽演奏による感情的意図の表現の発達に関しては，5歳前後の子どもが同じ歌を，楽しさと悲しみという異なる感情的意図のもとで歌うとき，楽しさを意図したときのほうが悲しみを意図したときよりも，速いテンポかつ大きな声で歌うといった違いがあることが示されている（Adachi & Trehub, 1998）。また，それらの歌を提示した場合，歌い手の感情的意図が，大人や子どもの聴き手に伝わることも示されている（Adachi & Trehub, 2000）。楽しい歌詞と悲しい歌詞を子どもに示して即興的に歌うよう求めた研究でも，小学校2年生が悲しい歌を，楽しい歌よりも遅いテンポ，低い音域で歌うといった事例が報告されている（梅本・岩吹，1990）。歌唱ではなく楽器演奏による感情伝達に関して，山崎（2006）の研究では，5，6歳児が，楽しさ，悲しみ，怒りという感情的意図によってタンバリンを叩き分け，しかもその演奏のパターンは，上述のプロもしくはセミプロの音楽家による演奏の場合と基本的に同じであることが示された。また，子どもたちの感情的意図は，偶然の割合を超えた確率で正しく大人に伝わった。

　また近年は，異文化間での音楽による感情伝達に関する研究が行われ始めている。これまで，イギリス人とインド人による西洋音楽とインド音楽の聴取（Gregory & Varney, 1996），カナダ人とインド人によるインド音楽の聴取

(Balkwill & Thompson, 1999），日本人による日本音楽，西洋音楽，インド音楽の聴取（Balkwill et al., 2004) を扱った研究が行われ，いずれの場合も，音楽で表現された基本感情の評定に関して，文化による違いはあまりないことが示されている。

より最近の研究として，ラウッカら（Laukka et al., 2013）は，スウェーデン，インド，日本の3カ国で，各文化の伝統的な擦弦楽器の演奏による感情的意図の表現が，同文化内および異文化間の聴き手にどのように伝わるかを検討した。その結果，同文化内のほうが異文化間よりも感情的意図は伝わりやすいが，少なくとも基本感情に関しては，異文化間でもかなり伝わることが示されている。

第3節　音楽による感情の喚起

1　音楽による主観的な感情状態への影響

私たちは日々の生活の中で，音楽によってさまざまな感情が実際に喚起されるという体験をしている。ガブリエルソン（Gabrielsson, 2011）は，900人を超える人々へのインタビューを通じて，音楽によって引き起こされるさまざまな**強烈な体験**を収集した。ここでの強烈な体験は，必ずしも感情に関わるものだけではないが，それでも70％以上の人々が，喜び，楽しさといった肯定的な感情を音楽によって喚起されたと報告している。一方，悲しみや抑うつといった否定的な感情を報告している人も20％強いた。日常生活において，音楽が楽しさや悲しみといった基本感情を含むさまざまな感情を引き起こしていることについては，ほかにも多くの研究が示している（Sloboda & O'Neill, 2001；Juslin & Laukka, 2004；Juslin et al., 2008）。

一方，音楽による感情喚起に関する実験心理学的な研究を概観して，ヴァストヒャール（Västfjäll, 2002）は，音楽によって，楽しさ，歓喜といった肯定的な感情や，悲しみ，抑うつといった否定的な感情を喚起することに多くの研究が成功していると述べている。また，肯定，否定だけではなく，音楽によって聴き手の主観的な覚醒状態を高めたり低めたりすることができることも示さ

れている（Gorn et al., 2001）。

ところで感情心理学では，感情が認知や生理，行動などに及ぼす影響について調べるために，特定の気分を実験的に作り出そうとする**気分誘導法**の研究が数多く行われてきたが，音楽聴取は，非言語的な気分誘導法のひとつとして古くから用いられるとともに，他の気分誘導法，たとえば「私はとても気分が良く，大喜びしている」といった文章を読むといった方法（**ヴェルテン法**；Velten, 1968）とその効果が比較されてきた（Clark, 1983）。それらによると，音楽による気分誘導のほうが言語的な気分誘導よりも効果が強く（Albersnagel, 1988），言語的な気分誘導法でしばしば見られるような性差もなく（Pignatiello et al., 1986），手続きの自然さや他の課題を遂行している間も連続的に気分誘導が可能である点などで，言語的な気分誘導よりも優れている（谷口，1991）とする研究者もいる。一方，多くの先行研究に基づくメタ分析を行ったウェスターマンら（Westermann et al., 1996）によると，音楽による気分誘導法は，ヴェルテン法を含むさまざまな気分誘導法の中では，必ずしも効果の大きな手法とはいえないという。

このように，音楽による気分誘導法の有効性については，研究者によって意見が分かれているが，ウェスターマンらにせよ，音楽が気分を誘導する効果をもつこと自体は認めている。音楽によってさまざまな感情の主観的体験がもたらされることは，多くの研究によって示されているといえる。

2　音楽による生理的反応への影響

先に述べたように，感情は，主観的体験，表情表出，生理反応，行動傾向，認知評価といったさまざまな要素から構成される，多面的な現象である。したがって，音楽による感情の喚起を扱う際には，主観的な感情状態だけではなく，ほかのさまざまな要素に対して音楽がどのような影響を及ぼすかについて検討する必要がある（Scherer & Zentner, 2001）。

音楽による生理的反応としては，心拍，血圧，筋緊張，皮膚温度，**皮膚コンダクタンス**[7]など，さまざまな生理指標への影響が検討されている。特に，音楽聴取の覚醒–鎮静的効果，あるいは音楽聴取が不安やリラクゼーションに

---

[7]　皮膚を流れる電流の流れやすさ。緊張などに伴う発汗，すなわち精神性発汗によって値が変化するので，皮膚コンダクタンスは感情の生理指標として用いられる。

及ぼす効果と生理指標との関連について取り上げた研究が多くなされている。たとえば，高揚的な曲，憂鬱な曲，中立的な曲が生理的反応に関する諸測度に及ぼす効果について検討した研究（Pignatiello et al., 1989）では，高揚的な曲の聴取が心拍や血圧を増加させるのに対し，憂鬱な曲の聴取がそれらを減少させることが示されている。彼らはこの結果が，高揚的な感情状態では交感神経系の活動が優位になり，憂鬱な感情状態では副交感神経系が優位になるという，従来の知見に合致するものであるとしている。また，被験者が自分で選んだリラックス用楽曲の聴取が，不安やリラックスといった感情状態，および生理的反応に及ぼす効果について検討した研究（Davis & Thaut, 1989）では，自分で選んだリラックス用の楽曲の聴取がリラックス感を有意に増加させることはなかったが，不安感は有意に減少させた。一方，生理的反応に関しては，そうした楽曲の聴取は，心拍，血管収縮，筋緊張，皮膚温度のうち，血管収縮のみを有意に促進した。この結果は，リラックス用楽曲の聴取が，鎮静よりもむしろ覚醒的な生理的影響を及ぼしたことを示唆している。また，この研究では，楽曲聴取中の血管収縮や筋緊張の変化に大きな個人差が見られたが，彼らはその結果から，主観的な感情体験は，必ずしも画一的な生理的反応と結びついているわけではないと述べている。岩永と諸木（Iwanaga & Moroki, 1999）は，覚醒的な楽曲と鎮静的な楽曲による心拍，呼吸，血圧の変化を調べ，覚醒的な楽曲は鎮静的な楽曲に比べ，それら生理指標の値を上昇させることを見いだした。一方，リカード（Rickard, 2004）は，覚醒的な楽曲と鎮静的な楽曲による皮膚コンダクタンスと，心拍，皮膚温度への影響を調べたが，覚醒的な楽曲，鎮静的な楽曲ともにどの生理指標についても影響しなかった。

　このように，感情と自律神経系の活動についての知見から予想されるような，覚醒的な楽曲が心拍や筋緊張を増加させるのに対し，鎮静的な楽曲がそれらを減少させるといった音楽による生理的反応への影響に関する仮説は，支持される場合もあれば支持されない場合もある。この領域の数多くの研究について概観したバートレット（Bartlett, 1996）によれば，音楽による生理的反応への影響についての上のような仮説は，62％の研究によって支持されている。したがって，1/3強の研究では，予想される結果が得られていないことになる。さらに，皮膚温度に関する予想はすべての研究で支持されている一方で，心拍に関しては41％の研究で有意な効果が得られていないといったように，

生理的反応の種類によって結果に大きな違いが見られている。

　楽しさや悲しみ，恐怖といった個別的な感情を取り上げたクラムハンスル（Krumhansl, 1997）は，それらの感情を表していると判断されたクラシック曲を用いて，それらを聴取している間のさまざまな生理的反応を測定した。その結果，悲しい曲の聴取は血圧や皮膚コンダクタンス，皮膚温度の大きな変化をもたらし，恐ろしい曲の聴取は皮膚温度の大きな変化をもたらすなど，各感情を表している楽曲の聴取が生理的反応に影響を与えていることが見いだされた。しかし，それらの反応は，必ずしも各感情において典型的とされる生理的反応と一致しているわけではないことも，同時に示された。また，楽しさ，静穏，悲しみ，動揺を表している楽曲の聴取によって生じる生理的反応が，各感情に対応する楽曲ごとに異なったパターンをなすのかどうかを，呼吸に関する生理的諸指標を用いて検討した研究（Nyklíček et al., 1997）では，これらの生理的指標によって，47％の正確さで各感情に対応する楽曲に対する反応が分類できたが，数学的に示された分類基準の意味を解釈することは，必ずしも容易ではなかった。

　以上のように，音楽の聴取が生理的反応を引き起こすこと自体は多くの研究で支持されているが，音楽の感情的性格と生理的反応との間に必ずしも一貫した結びつきが見いだされているわけではない，というのが現状である。

3　音楽による行動への影響

　子守唄，ダンス音楽，行進曲など，音楽と行動との特定の結びつきを示す例は数多くある。しかしながら，それらについての音楽心理学的研究はあまり見当たらない。例外としては，乳児をもつ母親に，同じ歌を子守唄風と遊び歌風に歌い分けてもらったうえで，それらを乳児に聞かせて，その反応を調べたという研究がある（Rock et al., 1999）。子守唄風の歌唱と遊び歌風の歌唱との間には，はっきり区別できるような歌い方の違いがあったが，それらを聞いている乳児の様子にも，子守唄を聞いている乳児は注意を自分に向けているのに対し，遊び歌を聞いている乳児は注意を保育者に向けている，というように行動上の違いが見いだされた。その他，鎮静的な音楽を聴取した被験者は，不快な音楽を聴取した被験者や音楽を聴取しなかった被験者に比べて，平和で楽しい感情を引き起こされるとともに，**利他的な行動**[8]の生起率も高かったという

研究 (Fried & Berkowitz, 1979) もあるが，総じて，音楽心理学の領域では，行動指標を用いた研究は低調であるように思われる。

第4節　音楽的感情

1　音楽と感情の心理学的研究が取り上げてきた感情

これまで見てきたように，音楽が表現あるいは喚起する感情に関する研究では，感情を快-不快と覚醒の二次元平面に布置されるものとして取り上げるもの，それら二次元を含むあるいは含まない三次元以上の因子を想定するもの，喜び，怒り，悲しみといった基本感情を中心にカテゴリー的なものとして取り上げるもの，より複雑な感情を挙げるものなど，感情に対する立場はさまざまである。本節では，**音楽的感情**（musical emotion），すなわち音楽が表現あるいは喚起する感情について，今一度考えてみたい。

2　音楽が表現する感情と喚起する感情の関係

音楽が表現する感情を，音楽に対して「知覚される感情（perceived emotion）」，音楽が喚起する感情を，音楽によって「感じられる感情（felt emotion）」と呼ぶことがあるが，同一の楽曲に対してその両方の回答を求めた場合，ほとんど違いがなかったという報告がある（中村，1983）。その一方，両者の回答は類似した傾向を示すものの，知覚される感情のほうが，喚起される感情よりも全般的に評定値が大きく明確であった（Schubert, 2007）という報告や，恐怖や悲しみといった否定的な感情が知覚される音楽でも，喚起される感情はそれほど否定的なものではない（Kallinen & Ravaja, 2006）といった報告，音楽に対して知覚される不快さの程度よりも喚起される不快さの程度のほうが小さいという傾向は，音楽経験者のほうが顕著である（Kawakami et al., 2013）といった報告などもある。

ガブリエルソン（Gabrielsson, 2002）は，音楽に対して知覚される感情と，

8）この研究では，利他的行動の生起は，音楽聴取実験とまったく関係がないもう一つ別の実験に，参加者が自発的に参加協力してくれるかどうかによって測られた。

音楽によって喚起される感情の関係について，互いに類似している場合（彼は「肯定的関係」と呼んでいる）以外にも，正反対のものとなる場合（否定的関係），知覚される感情と喚起される感情がまったく異なるものの場合（非体系的関係），何の感情も知覚されないのに何らかの感情が喚起されるという場合（無関係）があると述べている。エヴァンスとシュバート（Evans & Schubert, 2008）は，知覚された感情と喚起された感情に，実際にこのようなさまざまな関係が見られるかどうかを検証し，肯定的関係が最も多い（61％）ものの，それ以外の関係も見られることを示した。

　このように，音楽に対して知覚される感情と，音楽によって喚起される感情に見られるさまざまな関係について説明するためには，音楽が感情を表現したり喚起したりするメカニズムを明らかにすることが必要である。しかし，そうしたメカニズムについての理論的説明，換言すれば音楽がどのように感情を表現したり喚起したりするのかについての因果的説明は，まだ十分には行われていない。

3　音楽が感情を喚起するメカニズム

　その中で，最近ジュスリンら（Juslin & Västfjäll, 2008; Juslin, 2016）は音楽が感情を喚起するメカニズムについての包括的な理論を提唱した。そこでは**脳幹反射**（Brain stem reflex），**リズム的同調化**（Rhythmic entrainment），**評価条件づけ**（Evaluative conditioning），**感情伝染**（Contagion），**視覚的イメージ**（Visual imagery），**エピソード記憶**（Episodic memory），**音楽的期待**（Musical expectancy），**美的判断**（Aesthetic judgment）という八つのメカニズムを通して，音楽が感情を喚起するとされる（コラム参照）。また，これらのメカニズムは一般的なもので，そこから生じる感情は，音楽以外の日常的な感情喚起と同様の「本当の」感情であると述べている。

　この彼らの主張に対して，日常的な感情喚起では，主体のもつ目的との関係で感情を引き起こす志向的な対象が存在するが，音楽が感情を喚起する多くの場合，音楽はそうした志向的対象とはいえないので，そこでの感情は通常生じる感情とは異なるものであるとの批判がなされた（Robinson, 2008）。たとえば，日常生活では，自己の生存という目的に役立つものが手に入ったときに喜びという感情が生じるのに対して，音楽はそうした目的と関連する対象ではな

いにもかかわらず喜びを喚起する場合が多いので，通常の意味での感情とは異なるというのである。また，ジュスリンらの挙げたメカニズムは，音楽固有のものではない一般的なものであり，それによって生じる感情は少なくとも音楽的感情とはいえないといった批判もある（Konečni, 2008a）。さらに，音楽によって喚起されることの多い感情の種別と，日常生活で喚起される感情の種別が異なることを理由に，その二つの感情を区別するべきだという批判もある

コラム　音楽による感情喚起メカニズム

　本文で述べたように，ジュスリンらは，音楽が感情を喚起する八つのメカニズムを挙げている（頭文字をとって BRECVEMA と呼ばれる）。**脳幹反射**とは，音のある種の特徴（突然生じる，大きい，速いといったような）が聴き手に覚醒を促すという，聴覚の基本的メカニズムを指しており，音楽の場合にも，そうした音響的特徴が同様の感情的喚起をもたらすと想定している。**リズム的同調化**とは，外部のリズムが心拍のような人間の内的なリズムに作用して，内的なリズムが変化し，それが感情の喚起につながるというメカニズムである。たとえば，音楽聴取時にこのメカニズムを通じて心拍が遅くなると，その情報がフィードバックされ，ゆったりとした気持ちが生じるという場合である。**評価条件づけ**とは，音楽が肯定的，あるいは否定的な感情を引き起こす他の刺激と何度も同時に提示されることで，音楽だけでもそうした肯定的・否定的感情を引き起こすようになる，という条件づけのメカニズムである。**感情伝染**とは，音楽が何らかの感情を表現しているときに，聴き手がその感情に伝染するというメカニズムである。たとえば，涙を流している人を見ることで悲しくなるように，すすり泣きを思わせるフレーズを聴くことによって悲しみが喚起されるという場合である。**視覚的イメージ**とは，何らかの感情と結びついた視覚的なイメージを呼び起こすことを通じて，音楽が感情を喚起するというメカニズムである。**エピソード記憶**とは，音楽が聴き手に過去の特定の体験を思い出させることで，感情を喚起するというメカニズムである。**音楽的期待**とは，もともとはマイヤー（Meyer, 1956）が提唱した概念で，聴き手は次にこうなるであろうということを予測しながら音楽を聴いているが，音楽がその期待を裏切ったり，いったん期待を裏切った後に改めて期待を満たしたりといった進行を取るときに，感情が喚起されることをいう。**美的判断**とは，音楽の美的価値についての聴取者の判断によって感情が喚起されるメカニズムである。これらのメカニズムの多くはさまざまな研究の中で仮説的に提唱されているものである。したがって，その詳細については今後の検討が必要であるものの，音楽による感情喚起の包括的なメカニズムについて，検証するべき仮説を提唱していること自体に意義があるといえる。

(Scherer & Zentner, 2008)。結局のところ，こうした議論が生じるのは，音楽が喚起する感情とはどのようなものなのかについて，研究者の間に共通理解が得られていないことが原因であろう。

4　音楽的感情とは何か——おわりに代えて

　音楽が喚起する感情について，ガブリエルソンは日常生活の中で音楽によって引き起こされた強烈な体験を収集し，否定的な感情的体験よりも肯定的な感情的体験のほうが多いことを見いだした。また，ジュスリンら（Juslin et al., 2011）は，一般の人々に対する大規模なアンケート調査を実施したが，そこでは回答者の93％が音楽によって感情を喚起されたエピソードを記しており，それらの感情の84％が肯定的な感情であった。同様の報告はほかにもなされており（Zentner et al., 2008；Juslin et al., 2008），否定的感情よりも肯定的感情のほうを多く含むことが，音楽的感情のひとつの特徴であるといえるかもしれない。ゼントナーら（Zentner et al., 2008）は，音楽が喚起しやすい感情と日常的に喚起されやすい感情の違いから，音楽的感情は一般的な感情とは異なる**領域特殊**なものであるとして，そうした音楽的感情を測定するための尺度である**ジェネヴァ感情音楽尺度**[9]を作成した（表7-1）。

　またコネチニ（Konečni, 2005, 2008b）は，音楽は記憶を呼び出したりダンスのような行動を引き出したりすることで感情を喚起することができるという，ジュスリンらと同様の主張をしつつ，そこでは音楽が日常的な感情を直接喚起しているわけではないとして，それらを音楽的感情と呼ぶことを否定したうえで，音楽が直接的にもたらす感情として**美的畏敬**（aesthetic awe）という概念を提唱している。コネチニによれば，美的畏敬とは，巨大で卓越した美しさを備えた崇高な対象に対して，感動やぞくぞくする感じとともに生じる典型的な反応であり，基本的な感情としてとらえられるという。

　以上のように，喚起の面での音楽的感情については，現在，さまざまな主張がなされているが，相互に十分にかみ合った議論がなされているとは言い難い。音楽的感情にかかわらず，感情について明らかにするというとき，そこで

---

9)　英語ではGeneva Emotional Music Scale。略してGEMSともいう。表7-1に示した九つの要因を音楽的感情として，ある楽曲によってそれらがどの程度喚起されるかを測定する尺度。

表7-1 ジェネヴァ感情音楽尺度

音楽的感情要因
驚嘆——驚くべき,びっくりした,魅惑される,眩惑される,感動する
超越——霊感を受けた,超越した感じ,崇高な感じ,圧倒される,ぞくぞくする
優しさ——恋している,官能的な,愛情のこもった,優しい,柔らかい
郷愁——郷愁的な,ふさぎ込んだ,夢みるような,感傷的な
平穏——平静な,くつろいだ,落ち着いた,鎮静的な,瞑想的な
力——精力的な,意気揚々とした,激しい,強い,大胆な
楽しい活動性——刺激的な,楽しい,生き生きとした,踊っているような感じ,面白そうな
緊張——興奮した,神経質な,緊張した,性急な,いらいらした
悲しみ——悲しい,悲嘆にくれた(憂うつな)

(Zentner & Eerola, 2010, Table 8.5)

　問題としている感情とはどのようなものであるのか,すなわち主観的体験,表情表出,生理反応,行動傾向,そして認知評価という感情の複数の側面において,その感情はどのような**特徴**をもっているのかを明らかにするとともに,その感情がいかなる**メカニズム**で生起したのかについても説明される必要がある。さらに,その感情をもつことがいかなる**適応的価値**を有するのか,あるいは有さないのかという点も検討されなければならない。これらについて明らかになってはじめて,音楽的感情は,音楽によらない一般的な感情と比較して,内容,生起メカニズム,適応的価値に関して異なる特別なものであるのか,それとも一般的な感情と基本的には同じものといえるのかが確定されるだろう。

　一方,音楽的感情のもうひとつの側面である音楽が表現する感情に関しては,その感情的内容,および感情的内容と音楽的特徴との関係については多くの研究があるものの,ある楽曲がどのようなメカニズムで特定の感情を表現するのか,その楽曲によって表現された感情と,その楽曲によって喚起される感情との間にどのような**因果的関係**があるのかといった問題については,ほとんど明らかにされていない。今後,これらについての検討を進めていく必要がある。

　このように,音楽と感情についての心理学的研究は,音楽がどのような感情を表現あるいは喚起するのかについては,膨大なデータを蓄積しつつある。しかしながら,音楽的感情とは何かという根本的な問いに対しては,それらの

データ蓄積を背景とした理論的探究が始まったばかりであり，これからの研究の発展が待たれるところである。

【引用文献】

Adachi, M. & Trehub, S. E. (1998). Children's expression of emotion in song. *Psychology of Music*, **26**, 133-153.

Adachi, M. & Trehub, S. E. (2000). Decoding the expressive intentions in children's songs. *Music Perception*, **18**, 213-224.

Albersnagel, F. A. (1988). Velten and musical mood induction procedures: A comparison with accessibility of thought associations. *Behavioral Research and Therapy*, **26**, 79-96.

Balkwill, L-L. & Thompson, W. F. (1999). A cross-cultural investigation of the perception of emotion in music: Psychophysical and cultural cues. *Music Perception*, **17**, 43-64.

Balkwill, L-L., Thompson, W. F., & Matsunaga, R. (2004). Recognition of emotion in Japanese, Western, and Hindustani music by Japanese listeners. *Japanese Psychological Research*, **46**, 337-349.

Bartlett, D. L. (1996). Physiological responses to music and sound stimuli. In D. A. Hodges (Ed.), *Handbook of music psychology*. 2nd ed. IMR. pp. 343-385.

Behrens, G. A. & Green, S. B. (1993). The ability to identify emotional content of solo improvisations performed vocally and on three different instruments. *Psychology of Music*, **21**, 20-33.

Bharucha, J. J. & Curtis, M. (2008). Affective spectra, synchronization, and motion: Aspects of the emotional response to music. Open peer commentary to Juslin & Västfjäll's article. *Behavioral and Brain Sciences*, **31**, 579.

Clark, D. M. (1983). On the induction of depressed mood in the laboratory: Evaluation and comparison of the Velten and musical procedures. *Advances in Behavior Research and Therapy*, **5**, 27-49.

Collier, G. L. (2007). Beyond valence and activity in the emotional connotations of music. *Psychology of Music*, **35**, 110-131.

Cornelius, R. R. (1996). *The science of emotion: Research and tradition in the psychology of emotions*. Prentice-Hall.

Cunningham, J. G. & Sterling, R. S. (1988). Developmental change in the understanding of affective meaning in music. *Motivation and Emotion*, **12**, 399-413.

Darwin, C. R. (1872). *The expression of emotions in man and animals*. John Murray.

Davis, W. B. & Thaut, M. H. (1989). The influence of preferred relaxing music on measures of state anxiety, relaxation, and physiological responses. *Journal of Music Therapy*, **26**, 168-187.

Dolgin, K. G. & Adelson, E. H. (1990). Age changes in the ability to interpret affect in

sung and instrumentally-presented melodies. *Psychology of Music*, **18**, 87-98.
Ekman, P. (1984). Expression and the nature of emotion. In K. Scherer & P. Ekman (Eds.), *Approaches to emotion*. Lawrence Erlbaum Associates. pp. 319-343.
Ekman, P. (1992). An argument for basic emotions. *Cognition and Emotion*, **6**, 169-200.
Ekman, P. & Friesen, W. V. (1971). Constants across cultures in the face and emotion. *Journal of Personality and Social Psychology*, **17**, 124-129.
Ekman, P. & Friesen, W. V. (1975). *Unmasking the face: A guide to recognizing emotions from facial cues*. Prentice-Hall.
Ekman, P., Friesen, W. V., O'Sullivan, M., Chan, A., Diacoyanni-Tarlatzis, I., Heider, K., Krause, R., LeCompte, W. A., Pitcairn, T., Rice-Bitti, P. E., Scherer, K. R., Tomita, M., & Tzavaras, A. (1987). Universals and cultural differences in the judgments of facial expressions of emotion. *Journal of Personality and Social Psychology*, **53**, 712-717.
Evans, P. & Schubert, E. (2008). Relationships between expressed and felt emotions in music. *Musicae Scientiae*, **12**, 75-99.
Fried, R. & Berkowits, L. (1979). Music hath charms: And can influence helpfulness. *Journal of Applied Social Psychology*, **9**, 199-208.
Gabrielsson, A. (2002). Emotion perceived and emotion felt: Same or different ? *Musicae Scientiae*, Special issue 2001-2002, 123-147.
Gabrielsson, A. (2011). *Strong experiences with music*. Oxford University Press.
Gabrielsson, A. & Juslin, P. N. (1996). Emotional expression in music performance: Between the performer's intention and the listener's experience. *Psychology of Music*, **24**, 68-91.
Gabrielsson, A. & Lindström, E. (1995). Emotional expression in synthesizer and sentograph performance. *Psychomusicology*, **14**, 94-116.
Gorn, G., Pham, M. T., & Sin, L. Y. (2001). When arousal influences and evaluation and valence does not (and vice versa). *Journal of Consumer Psychology*, **11**, 43-55.
Gregory, A. H. & Varney, N. (1996). Cross-cultural comparison in the affective response to music. *Psychology of Music*, **24**, 47-52.
濱 治世・鈴木 直人(2001). 感情・情緒(情動) とは何か 濱 治世・鈴木 直人・濱 保久 感情心理学への招待——感情・情緒へのアプローチ サイエンス社 pp. 1-62.
Hevner, K. (1935a). Expression in music: A discussion of experimental studies and theories. *Psychological Review*, **42**, 186-204.
Hevner. K. (1935b). The affective character of the major and minor modes in music. *The American Journal of Psychology*, **47**, 103-118.
Hevner, K. (1936). Experimental studies of the elements of expression in music. *The American Journal of Psychology*, **48**, 246-268.
Hevner, K. (1937). The affective value of pitch and tempo in music. *The American Journal of Psychology*, **49**, 621-630.

Ilie, G. & Thompson, W. F. (2006). A comparison of acoustic cues in music and speech for three dimensions of affect. *Music Perception*, **23**, 319-329.

Iwanaga, M. & Moroki, Y. (1999). Subjective and physiological responses to music stimuli controlled over activity and preference. *Journal of Music Therapy*, **36**, 26-38.

岩下 豊彦(1972). 情緒的意味空間の個人差に関する一実験的研究 心理学研究, **43**, 188-200.

Izard, C. E. (1977). *Human emotions*. Plenum.

Juslin, P. N. (1997). Emotional communication in music performance: A functionalist perspective and some data. *Music Perception*, **14**, 383-418.

Juslin, P. N. (2000). Cue utilization in communication of emotion in music performance: Relating performance to perception. *Journal of Experimental Psychology: Human Perception and Performance*, **26**, 1797-1813.

Juslin, P. N. (2016). Emotional reactions to music. In S. Hallam, I. Cross, & M. Thaut (Eds.), *The Oxford Handbook of Music Psychology, 2nd Edition*. Oxford University Press. pp. 197-213.

Juslin, P. N. & Laukka, P. (2004). Expression, perception, and induction of musical emotions: A review and a questionnaire study of everyday listening. *Journal of New Music Research*, **33**, 217-238.

Juslin, P. N., Liljeström, S., Laukka, P., Västfjäll, D., & Lundqvist, L-O. (2011). Emotional reactions to music in a nationally representative sample of Swedish adults: Prevalence and causal influences. *Musicae Scientiae*, **15**, 174-207.

Juslin, P. N., Liljeström, S., Västfjäll, D., Barradas, G., & Silva, A. (2008). An experience sampling study of emotional reactions to music: Listener, music, and situation. *Emotion*, **8**, 668-683.

Juslin, P. N. & Madison, G. (1999). The role of timing patterns in recognition of emotional expression from musical performance. *Music Perception*, **17**, 197-221.

Juslin, P. N. & Västfjäll, D. (2008). Emotional responses to music: The need to consider underlying mechanisms. *Behavioral and Brain Sciences*, **31**, 559-621.

Kallinen, K. (2005). Emotional ratings of music excerpts in the Western art music repertoire and their self-organization in the Kohonen neural network. *Psychology of Music*, **33**, 373-391.

Kallinen, K. & Ravaja, N. (2006). Emotion perceived and emotion felt: Same and different. *Musicae Scientiae*, **10**, 191-213.

唐沢 かおり (1996). 認知的感情理論 土田 昭司・竹村 和久 (編) 感情と行動・認知・生理――感情の社会心理学 誠信書房 pp. 55-78.

Kawakami, A., Furukawa, K., Katahira, K., & Okanoya, K. (2013). Sad music induces pleasant emotion. *Frontiers in Psychology*, doi: 10.3389/fpsyg.2013.00311.

Konečni, V. J. (2005). The aesthetic trinity: Awe, being moved, thrills. *Bulletin of Psychology and the Arts*, **5**, 27-44.

Konečni, V. J. (2008a). A skeptical position on "musical emotions" and an alternative proposal. Open peer commentary to Juslin & Västfjäll's article. *Behavioral and Brain Sciences*, **31**, 582-584.
Konečni, V. J. (2008b). Does music induce emotion? A theoretical and methodological analysis. *Psychology of Aesthetics, Creativity, and the Arts*, **2**, 115-129.
Kotlyar, G. M. & Morozov, V. P. (1976). Acoustical correlates of the emotional content of vocalized speech. *Soviet Physics. Acoustics*, **22**, 370-376.
Krumhansl, C. L. (1997). An exploratory study of musical emotions and psychophysiology. *Canadian Journal of Experimental Psychology*, **51**, 336-352.
Langer, S. K. (1957). *Philosophy in a new key*. 3rd ed. Harvard University Press.（ランガー, S. K. 矢野 萬里・池上 保太・貴志 謙二・近藤 洋逸（訳）(1960). シンボルの哲学 岩波書店）
Laukka, P., Eerola, T., Thingujam, N., Yamasaki, T., & Beller, G. (2013). Universal and culture-specific factors in the recognition and performance of musical affect expressions. *Emotion*, **13**, 434-449.
Laukka, P. & Gabrielsson, A. (2000). Emotional expression in drumming performance. *Psychology of Music*, **28**, 181-189.
Meyer, L. B. (1956). *Emotion and meaning in music*. Chicago University Press.
中村 均 (1983). 音楽の情動的性格の評定と音楽によって生じる情動の評定の関係 心理学研究, **54**, 54-57.
Nyklíček, I., Thayer, J. F., & van Doornen, L. J. (1997). Cardiorespiratory differentiation of musically-induced emotions. *Journal of Psychophysiology*, **11**, 304-321.
大浦 容子・中西 里果(2000). 演奏の情動表現の解読技能の発達 音楽知覚認知研究, **6**, 13-29.
Pignatiello, M., Camp, C. J., Elder, S. T., & Rasar, L. A. (1989). A psychophysiological comparison of the Velten and musical mood induction techniques. *Journal of Music Therapy*, **26**, 140-154.
Pignatiello, M., Camp, C. J., & Rasar, L. A. (1986). Musical mood induction: An alternative to the Velten technique. *Journal of Abnormal Psychology*, **95**, 295-297.
Plutchik, R. (1984). Emotions: A general psychoevolutionary theory. In K. R. Scherer & P. Ekman (Eds.), *Approaches to emotion*. Lawrence Erlbaum Associates, pp. 197-219.
Rickard, N. S. (2004). Intense emotional responses to music: A test of the physiological arousal hypothesis. *Psychology of Music*, **32**, 371-388.
Rigg, M. G. (1937). Musical expression: An investigation of the theories of Erich Sorantin. *Journal of Experimental Psychology*, **21**, 442-455.
Ritossa, D. A. & Rickard, N. S. (2004). The relative utility of 'pleasantness' and 'liking' dimensions in predicting the emotions expressed by music. *Psychology of Music*, **32**, 5-22.

Robinson, J. (2008). Do all musical emotions have the music itself as their intentional object? Open peer commentary to Juslin & Västfjäll's article. *Behavioral and Brain Sciences*, **31**, 592-593.

Rock, A. M. L., Trainor, L. J., & Addison, T. L. (1999). Distinctive messages in infant-directed lullabies and play songs. *Developmental Psychology*, **35**, 527-534.

Roseman, I. J. (1991). Appraisal determinants of discrete emotions. *Cognition and Emotion*, **5**, 161-200.

Russell, J. A. (1980). A circumplex model of affect. *Journal of Personality and Social Psychology*, **39**, 1161-1178.

Schellenberg, E. G., Krysciak, A. M., & Campbell, R. J. (2000). Perceiving emotion in melody: Interactive effects of pitch and rhythm. *Music Perception*, **18**, 155-171.

Scherer, K. R. (1984). On the nature and function of emotion: A component process approach. In K. R. Scherer & Ekman, P. (Eds.), *Approaches to emotion*. Erlbaum. pp. 293-317.

Scherer, K. R. & Oshinsky, J. S. (1977). Cue utilization in emotion attribution from auditory stimuli. *Motivation and Emotion*, **1**, 331-346.

Scherer, K. R. & Zentner, M. R. (2001). Emotional effects of music: Production rules. In P. N. Juslin & J. A. Sloboda (Eds.), *Music and emotion: Theory and research*. Oxford University Press. pp. 361-392.

Scherer, K. R.& Zentner, M. R. (2008). Music evoked emotions are different-more often aesthetic than utilitarian. Open peer commentary to Juslin & Västfjäll's article. *Behavioral and Brain Sciences*, **31**, 595-596.

Schlosberg, H. S. (1954). Three dimensions of emotion. *Psychological Review*, **61**, 81-88.

Schubert, E. (2007). The influence of emotion, locus of emotion and familiarity upon preference in music. *Psychology of Music*, **35**, 499-515.

Senju, M. & Ohgushi, K. (1987). How are the player's ideas conveyed to the audience? *Music Perception*, **4**, 311-324.

Sloboda, J. A. & Juslin, P. N. (2001). Psychological perspectives on music and emotion. In P. N. Juslin & J. A. Sloboda (Eds.), *Music and emotion: Theory and research*. Oxford University Press. pp. 71-104.

Sloboda, J. A. & O'Neill, S. A. (2001). Emotions in everyday listening to music. In P. N. Juslin & J. A. Sloboda (Eds.), *Music and emotion: Theory and research*. Oxford University Press. pp. 415-429.

谷口 高士（1991）．言語課題遂行時の聴取音楽による気分一致効果について　心理学研究，**62**，88-95.

谷口 高士（1995）．音楽作品の感情価測定尺度の作成および多面的感情状態尺度との関連の検討　心理学研究，**65**，463-470.

谷口 高士（2005）．感情への認知心理学的アプローチに関する諸問題と展望　大阪学院

大学人文自然論叢, **50**, 43-64.
Terwogt, M. M. & van Grinsven, F. (1991). Musical expression of moodstates. *Psychology of Music*, **19**, 99-109.
Thompson, W. F. & Robitaille, B. (1992). Can composers express emotions through music? *Empirical Studies of the Arts*, **10**, 79-89.
梅本 堯夫・岩吹 由美子 (1990). 旋律化の発達について 発達研究 (発達科学研究教育センター紀要), **6**, 133-146.
Västfjäll, D. (2002). A review of the musical mood induction procedure. *Musicae Scientiae*, Special issue 2001-2002, 173-211.
Velten, E. (1968). A laboratory task for induction of mood states. *Behavior Research and Therapy*, **6**, 473-482.
Vieillard, S., Peretz, I., Gosselin, N., Khalfa, S., Gagnon, L, & Bouchard, B. (2008). Happy, sad, scary and peaceful musical excerpts for research on emotions. *Cognition and Emotion*, **22**, 720-752.
Wedin, L. (1969). Dimension analysis of emotional expression in music. *Swedish Journal of Musicology*, **51**, 119-140.
Wedin, L. (1972). A multidimensional study of perceptual-emotional qualities in music. *Scandinavian Journal of Psychology*, **13**, 241-257.
Westermann, R., Spies, K., Stahl, G., & Hesse, F. W. (1996). Relative effectiveness and validity of mood induction procedures: A meta-analysis. *European Journal of Social Psychology*, **26**, 557-580.
山崎 晃男 (2006). 幼児による音楽演奏を通じた感情的意図の伝達 音楽知覚認知研究, **12**, 1-14.
Zentner, M. & Eerola, T. (2010). Self-report measures and models. In P. N. Juslin & J. A. Sloboda (Eds.), *Handbook of music and emotion*. Oxford University Press. pp. 187-221.
Zentner, M., Grandjean, D., & Scherer, K. (2008). Emotions evoked by the sound of music: Characterization, classification, and measurement. *Emotion*, **8**, 494-521.

参考図書

ジュスリン, P. N.・スロボダ, J. A. (編) 大串 健吾・星野 悦子・山田 真司 (監訳) (2008). 音楽と感情の心理学 誠信書房

谷口 高士 (1998). 音楽と感情——音楽の感情価と聴取者の感情的反応に関する認知心理学的研究 北大路書房

濱 治世・鈴木 直人・濱 保久 (著) (2001). 感情心理学への招待——感情・情緒へのアプローチ サイエンス社

第8章 音楽行動の発達

佐藤　典子

第1節　音楽行動の発達とは

1　発達とは何か

　最近の発達心理学では，**発達**（development）を，生まれたばかりの子どもから大人に至る時期のみではなく，それ以降も含めた生涯にわたる心身の変化の過程としてとらえるようになっている（たとえば，無藤ら，1995）。その変化には，大人になるまでの時期に基礎となる生物学的な成熟の過程と，時期ごとに社会から求められるものへの適応の過程が含まれる。

　発達は連続的な変化の過程を扱うが，人生の時期により発達の現れ方には違いがあるため，人生をいくつかに区切ってとらえることが多い。一般的には学校制度とも関連のある，胎児期，乳児期，幼児期，児童期，青年期，成人期，老年期のような区分をすることが多い（柏崎，2010）。ただし，研究者によって発達のどの部分に注目するかが異なるため，さまざまな区切り方がなされている。認知機能の発達を扱った**ピアジェ**（Piaget, J.）は，自分の身体を使って直接外界を認識していく時期である**感覚運動期**（出生〜2歳まで），表象（心の中のイメージや概念）を使えるようになるが操作がまだ不十分な**前操作期**（2〜7，8歳），具体的な体験に即していれば論理的な思考も可能な**具体的操作期**（7，8〜11，12歳），具体的事象がなくても論理的思考が可能となる**形式的操作期**（11，12歳以降）に分けている。自我の心理社会的発達を扱った，**エリクソン**（Erikson, E. H.）の生涯発達理論における発達段階では，人生を

8段階（乳児期，幼児前期，幼児後期，児童期，青年期，成人前期，成人期，老年期）に分けており，各発達段階において乗り越えなければならない心理的危機や達成すべき課題が設定されている（Erikson, 1959 ほか）。

また，発達的変化がなぜ生じるのか，その要因を何と考えるのかについての立場にも違いがある。生まれる前からプログラムされていたもの，つまり遺伝的要因の顕在化であると考えるのか，環境からの影響を受けながら学習することで決まるのか，そのどちらが重要かという論争もあったが，その後は両方大切だと考える輻輳説や，遺伝的素質と環境要因との相互作用で決まると考える説に，基本的な考え方は置き換わってきている（柏崎，2010）。学習が大切だとしても，発達初期のある一定の期間こそが重要とされる**臨界期**という考え方もあり，人間の場合は言語の学習などに関して重要な意味をもつとされる。

このような発達についての基本を押さえたうえで，特に音楽に関わる発達の特徴について次に見ていく。

2　音楽行動の発達の特徴とは

音楽行動の発達の特徴についてとらえようとする場合，一般的な発達的変化と，特に楽器演奏などの音楽活動に深く関わる音楽経験者，その中でも音楽の専門家になるような人々の変化とでは，重なる部分はあるとしても別に考えておく必要があるだろう。音楽行動としては，聴取，歌唱，楽器の演奏や作曲などが挙げられるが，そのような活動の基礎に**音楽的認知**（musical cognition），つまり音楽を知覚し，記憶し，理解する仕組みがある（梅本，1996）。たとえば，児童期の子どもたちの音楽活動や，その基礎となる音楽的認知に，ある共通の特徴が見られるという一般的傾向はとらえられたとしても，学校外で音楽の専門教育を受けている子どもたちの一部が，一般の大人以上の能力を示す場合もある。言語の発達などにも個人差はあるが，音楽行動についてはそれ以上に個人差が大きい。音楽の場合は，言語活動ほど一般の子どもや成人にスキルの高さを求めない社会の状況も関係するだろう。

本章で音楽行動の発達に関わる研究を紹介するにあたって，一般的な発達については，発達の区分ごとに乳児期から青年期までを取り上げる。このような発達においては，音楽理解のための認知的側面の発達も大切だが，社会性の発達に関わる部分も大事である。その後で，音楽専門家への発達について，子ど

も時代からの演奏技能の発達に関する研究や，音楽の専門教育を受けている学生を対象とした研究，音楽専門家になった人々を対象とした生涯発達研究を紹介する。

第2節　乳児期の音楽行動

1　乳児期の発達と音楽

　各発達段階の特徴を記述する際には，ものごとの記憶や理解のような認知的側面の発達と，社会的側面の発達に分けて説明される場合が多い。乳児期に関しては，両側面の発達の基礎にもなる視覚や聴覚をはじめとする知覚の発達を扱った研究を，その前に取り上げる。

　乳児の聴覚における選好については，人の話し声，特に女性の高い音域の声で，ゆっくりとしたテンポ，抑揚の大きいものへの反応が良いとされている。このような特徴をもつ養育者が子どもに話しかけるときの話し方は，**マザリーズ**（motherese）と呼ばれる（江尻，2002）。特に自分の母親の声に対する反応については，生後3日の新生児を対象とした実験（DeCasper & Fifer, 1980）がある。ゴムの乳首をくわえさせて，その子が吸うと母親の声が聞こえるようにしておくと，自分の母親の声のときは吸い続けるが，別の子の母親の声が聞こえるときは吸うのをやめてしまう。まだ自分の母親を視覚的に識別できていない新生児であることから，声のイントネーション等の違いを識別していると思われるが，これは胎児期後期の経験によるものと考えられている。母親の妊娠後期に入る時期には，胎児が外界の音や母体内の音を聞いていることが，胎児の身体反応や脳の変化から確認されている（Draganova et al., 2007 等）。さらに，音声刺激と音楽刺激を用いた実験（Lecanuet et al., 1993）によって，胎児が呈示された刺激（音楽刺激では減7度の音程差のある音）の違いを弁別できていることを確認し，出産前の最後の週に反復呈示された刺激に対して生後2〜4日の新生児が吸啜率において好みを示すことが明らかになった。

　認知的側面の発達としては，ピアジェ理論の**感覚運動期**にあたり，この時期の初めは生得的な**原始反射**のみで外界と関わっていた赤ちゃんが，同じ動作を

何度も繰り返す循環反応を示しながら，少しずつ自発的かつ探索的に外界と関わっていくようになり，認識を深めていく。

社会的側面の発達としては，乳児の**アタッチメント**の問題が取り上げられる。乳児が母親あるいは主な養育者との関係性を築いていく過程について，乳児の微笑反応の変化を取り上げると，出生からしばらくは，外界の刺激とは無関係な自発的微笑が見られ，3カ月ごろから人に対して微笑む社会的微笑が始まり，その後，見知らぬ人を警戒する人見知り現象が見られるようになる。このような変化は，まず人間一般に対して，次に主な養育者のような特定の他者に対して，選択的に結びつきを強めていく過程といえる。また，乳児期の発達課題として，エリクソンは基本的信頼の獲得を挙げており，人格の発達の基礎に重要な他者との信頼が大事であることを示している。

認知的側面・社会的側面の両方に関わるものとして，言語の発達がある。この時期は前言語段階であるが，乳児には他者とコミュニケーションをとろうとするメカニズム，たとえば大人の表情に合わせて，まるで真似るかのように口の開閉や舌の出し入れなどをする**共鳴動作**が見られる。人の声への反応も見られ，体を動かしたりするなどタイミングの良いやりとりがなされることは，会話の役割交代の基礎になると考えられる。音声の発達に関しては，産声に始まり，泣き声とは異なる発声が生じるようになり，そのような**喃語**が複雑化していく様子を取り上げることができる。さらに，特定の音声と意味との結びつきがなされて，ことばの出現へとつながっていく（柏崎，2010）。

ここまで乳児期の発達の一般的特徴を見てきたが，これらを音楽との関係で考えるとどうなるであろうか。まだことばを話せない乳児であっても，これまで考えられてきた以上にものを見分けられたり，記憶できたりしていることがわかっているが，音楽の基礎ともいえる旋律を，乳児がどのようにとらえているかを扱った研究を次に取り上げる。また，養育者との音楽を通じたコミュニケーションの発達に関わる研究を紹介する。

2　乳児の旋律認知と音楽的コミュニケーション

乳児の認知的側面の発達として，ここでは**旋律認知**の研究を取り上げる。

梅本（1999）で説明されているように，成人の旋律認知については，旋律認知が個々の音の高さによって行われているのではなく，旋律全体のパターンに

よってとらえられていることがほぼ定説となっている。ところが，人間以外のラットやサルで行われた音のパターン知覚の研究（D'Amato & Salmon, 1984）では，個々の音の高さを手がかりに知覚しているだけということが明らかにされており，人間の乳児ではどうであるのかが問題となる。

チャンとトリハブ（Chang & Trehub, 1977）は，4.5～6カ月の乳児に対して，ランダムな6音の音系列を15回聞かせて，乳児の斜め前に設置されたスピーカーに注意を向ける反応等の定位反応がなくなった（**馴化させた**）後，その音系列を異なる音域に移した（移調させた）音系列を呈示した場合と，音系列の構成音をランダムに並べ替えた音系列を呈示した場合（どちらも4回聴取）との比較を行った。もし，移調しても同じ音系列だと乳児に知覚されれば，もう一度定位反応（**脱馴化**）は起こらないだろうと予測した。結果としては，音域移動条件では対照条件に比較して脱馴化が少ない，つまり，音系列が移動されて異なった高さで呈示されても，異なった音系列とは知覚されていないことがわかった。

トリハブら（Trehub et al., 1984）はさらに，移調された旋律に対して乳児が脱馴化を起こさないだけでなく，一部の音に違いはあっても全体の輪郭が同一であれば，その旋律に対しても脱馴化しないのかを確認する実験を行った。成人の旋律認知の実験において，旋律の輪郭が同じである場合に個々の音程差を弁別することは音楽専門家でもない限り難しく，輪郭に基づいた異同判断が行われていることが明らかになっており（第4章参照），この実験結果から乳児にもそれと同様の反応が見られることがわかった。

また，コミュニケーションの発達にも関わる音楽に関連した研究として，ケッセンら（Kessen et al., 1979）の行った，乳児を対象とした声の模倣の研究を挙げることができる。開始時点で生後約4カ月の乳児を対象に，1カ月おきに3回の実験を行っているが，1回目の実験では，乳児の発した声を実験者ができるだけ正確に模倣し，家庭で毎日5分は乳児の音声を同様の方法で模倣するよう母親に依頼している。2回目の実験では，中音域のファ（F_4）の音でのテストが行われ，乳児が声を出すと実験者がF_4の高さで「アー」と発声し，母親にもピッチパイプを使わせてできるだけ正確なピッチで模倣させる。3回目の実験では，F_4を正確に模倣できた乳児に対して，声域に応じてレ（D_4）またはラ（A_4）も呈示してテストを行うというものである。3回目のテストの

結果の分析から，乳児が聞いた音の高さを模倣するように，同じ高さの声を発声できることもあることが示された。このような実験結果は，生後4カ月くらいから毎日，母親が乳児の発声のピッチを模倣して発声すると，乳児も親の声のピッチをある程度正確に模倣できるようになることを示唆している。ただし，幼児期以降の子どもの音声模倣には，このまま順調に発達するとはいえない複雑な側面があり，そこには言語発達の影響もあることが示唆されている（梅本，1999）。

第3節　幼児期の音楽行動

1　幼児期の発達と音楽

　幼児期の発達の特徴について，乳児期と同様に認知的側面と社会的側面に分けて考えてみる前に，この時期の運動機能面での発達に触れておきたい。幼児期には歩行が安定し，走ったりスキップしたりというような身体全体を使う運動の発達と並行して，手先を器用に動かすことが徐々にできるようになる。そのため，はさみを使ったり，洋服のボタンを留めたり，少しずつ上手に絵を描けるようになったり，という変化が見られるようになる。このことは，音楽の演奏技能の習得が，早い場合には幼児期に開始されることと関係してくる。

　認知的側面の発達としては，幼児期はピアジェの発達段階の**前操作期**にあたり，目の前にないものを頭の中にイメージできる**表象**や，ものを記号などの別のものに置き換えて認識する働きである**象徴機能**のような，認知機能の発達が見られる時期とされている。これらの発達は幼児期の言語発達の支えとなり，獲得語彙数の増加や，より複雑な内容の発話を可能にする。さらに，他者とのコミュニケーションの道具としてだけでなく，自分の思考のための道具としての言語機能も，この時期から始まるとされている。このように，認知的な側面での発達が著しい幼児期であるが，その思考が知覚（見かけ）に左右され，自分の視点や思考が他者と異なることの理解が難しいという限界（**自己中心性**）もあるとされる。このような認知的発達は，音楽行動の発達ともつながってくると思われるが，とくに言語に関わる音声の発達と，歌の発達との関係は問題

となるところであるため，後に取り上げる。

　社会的側面として，乳児期では主に母子関係が中心だったのに対し，この時期には他の家族や，同年代の子どもたちとの関係性など，少しずつ社会への関わりを深めていく時期である。その前提として，人の喜びや悲しみなどの感情の理解や，人のもつ欲求や知識や信念のような心の理解も，幼児期に徐々に発達が見られる。また，2，3歳頃の**第一反抗期**の発生は，**自我の芽生え**，つまり主体としての自分ができ始めていることを示し，一方で自分を対象として見る**自己意識**も発達していく（柏崎，2010）。このような時期に，多くの子どもたちは保育園や幼稚園のような教育機関等で音楽活動を体験しながら，他者との関係性も学んでいく。

　こうした特徴をもつ幼児期において，獲得できるか否かが左右されると考えられている絶対音感に関する研究と，幼児期に変化の大きい歌うことを含めた音楽への反応の発達を以下では取り上げる。

2　幼児の音高認知と音楽への反応の発達

　絶対音感（absolute pitch）の定義としては，「他の外的な基準音と比較せずに（つまり相対音感を使わずに），特定の音の周波数あるいは音名を特定できる能力のことと，逆にいえば，指定された周波数や周波数レベルあるいは音の高さを作り出す能力」というものになる（Ward, 1999）。絶対音感とは何かについては第9章のコラム②でも説明されているが，ここではその形成を中心に述べる。

　絶対音感については，その獲得について，遺伝によるのか学習によるのかという議論があった。バッチェム（Bachem, 1937）らが主張していた**遺伝説**とは，絶対音感が遺伝によって親から受け継がれる生得的能力だという考え方であり，遺伝的にこの能力を受け継がなかった者は，訓練によって優れた音名特定能力は獲得できないというものである。一方，**学習説**とは，遺伝とはまったく関係ないとする説であり，適切な環境のもとでならば誰でも絶対音感を身につけられるというものである。ウォード（Ward, 1999）のまとめの中で，遺伝説に明確な科学的証拠もないが，学習説についても絶対音感を獲得するための訓練を行った研究のほとんどが，成功に至っていないことを示している。また，学習説の変形としては学習抑制説，つまり絶対音感を発達させる生得的な

可能性は多くの人に備わっているが，その後の環境によって絶対音感が身につかないように訓練されるというものや，その延長上にある**早期訓練説**，つまり早期に訓練を始めれば多くの子どもたちが獲得できるという説もある。この説の根拠ともなる研究には，絶対音感を幼児期の訓練で多くの子どもに形成させる方法を報告したもの（大浦・江口，1982）がある。この方法では，和音の聴音を訓練として行うが，絶対音感をつけるための条件としては年齢が3〜6歳までと低く，知能の発達から見て，二つのものを比べるという行動が現れる前に始めること，相対音感がついていないことが重要とされている。

絶対音感は，音楽活動を行ううえでどうしても必要というわけではないが，現代音楽のように，複雑で調性のはっきりしない音楽の演奏のような一部の活動には，便利ともいわれる（梅本，1999）。ただし，条件によっては，絶対音感をもつことで不利になるような相対音高処理を必要とする課題もあるという報告もある（Miyazaki, 1990）。それについては，絶対音感の有無というよりは同時に十分な相対音感を身につけているか，両音感の切り替えが可能かにかかっているのではないかという示唆もある（梅本，1999）。絶対音感が早期の訓練では獲得できても，それ以降の獲得には困難があるとすれば，すでに絶対音感が備わっているか否かに合わせた相対音感獲得の訓練が，現実的には必要になると思われる。

次に，幼児期を中心とした音楽への反応の研究を取り上げる。このような研究としては，モーク（Moog, 1968）が生後5カ月の乳児から6歳までの子どもに対して，音楽に対する反応を調べる6種類のテスト（子どもの歌，ことばとリズム，リズムのみ，器楽，不協和音，雑音を聞かせる）を作成して実施し，その反応を記録したものが有名である。乳児については，歌と器楽が最も注意をひき，同期はしないが，音楽に誘発された反復運動が現れた。発声については，音声の喃語のほかに**音楽的喃語**が確認され，歌や音楽を聞いた後に現れた。10カ月頃には，模倣した旋律を少し歌うようになる例も示している。2歳児までには運動反応が増加し，一部の子どもについては音楽のテンポと運動を**同期**させるようになる。歌の模唱もより長くなる。2〜3歳の間には，音楽への集中が増して運動反応は減るが，音楽と同期できる子どもの数は増加し，模唱は元の歌に類似するようになる。3〜4歳児では，音楽を聴いているときの運動はさらに減少するが，運動の種類は増えてダンスをする場合も出てくる。

歌については，模倣の歌と自発的断片的な歌に加えて，想像的な歌が現れるようになる。4歳以降は音楽に対する動きの種類は減少し，5歳以降はほとんどが手を叩くか足を揺らす反応になる。歌う反応は，テストで知っている歌を聴いたときに限られるようになる。また，歌うという行動は音楽活動の中心であり，養育者とのコミュニケーションで乳児の見せる音声の遊戯性が，歌うことの生物学的起源であるという考えもある（Papousek & Papousek, 1981）。なお，就学前の子ども達を対象とした，歌うことについての体系的な発達研究も行われている（コラム参照）。

第4節　児童期の音楽行動

1　児童期の発達と音楽

児童期の発達の特徴についても，認知的側面と社会的側面に分けて考えてみよう。

この時期の認知的側面の発達としては，ピアジェ理論でいえば**具体的操作期**

コラム　子どもの歌の発達研究

子どもの歌の発達については，ハーバード・プロジェクト・ゼロによって行われた，6年間にわたる78名の子どもを対象とした研究を挙げることができる。

その中のデータから，デイヴィドソン（Davidson, 1994）は，子どもの歌唱能力の変化を示すため，一人の子どもが異なった年齢（3歳，4歳，6歳）で歌った「キラキラ星」を例示したうえで，歌唱の学習に含まれているものについて，以下の4点を示している。①曲の音階や調性構造を反映するような明確な音高で歌うこと，②基本律動で規定された表裏両面のリズムパターンを歌うこと，③歌謡形式の規準の習得，④曲の内部参照（繰り返し，変奏，展開）が可能な音楽構造の形成，である。

特に，音高関係の制御と理解にとって基礎となるものとして，①フレーズの形状である輪郭を把握する能力，②個々の音の高さを正しく合わせる能力，③歌のフレーズを越えた調の安定性を維持するための記憶あるいは構造の組織化，を挙げている。

にあたり，自己中心性から脱して，見かけに左右されずに論理的な判断も可能になるとされる。言語能力については，これまで親しい相手との対面的コミュニケーションのことばであったものが，「今，ここ」の場面を離れて不特定多数に対しても機能することばを，使用できるようになっていく。このような発達には，学校教育の影響が大きいと考えられる。また，児童期の後半以降には，自分の思考などの状態をとらえる力である**メタ認知**が発達していくため，認知・学習過程を自分で分析し，修正することも可能になる（柏崎，2010）。

社会的側面の発達については，学校生活が始まることをきっかけに人間関係にも変化が生まれ，徐々に親よりも友人との関係性が強まり，協力や競争を通じて他者の立場の理解や社会の中で求められる行動の認識など，社会性の発達が見られる。また，このような他者との関わりが自己概念の発達もうながし，仲間との比較によって，ときに劣等感を感じたり自尊心を抱いたりする。また，そのような劣等感を感じることがあっても，勤勉性を育み，社会において役立つ生産的な人間であるという感覚をもつことが児童期において重要であると，エリクソンの発達理論の中で示されている（杉原・海保，1986）。ピアジェや**コールバーグ**（Kohlberg, L.）をはじめとする道徳性の発達についての研究からは，この時期に社会規範の内面化が進むことが示唆されている（日本道徳性心理学研究会，1992）。

音楽に当てはめると，この時期の認知的発達を基礎とした学習によって，一般的に音楽そのものへの理解が進むと考えられるが，とくに音楽のレッスンを受けている子どもたちの音楽演奏技能の発達についても，重要な進歩を見せる時期にあたる。この音楽演奏技能の発達については，後に専門家への発達のところで述べる。

ここでは，音楽への理解が深まることに関して，音楽を図で表すことについての発達研究と，子どもたちの音楽に対する態度と学校内外での音楽経験との関わりについて扱った研究を取り上げる。

2　音楽理解の発達と音楽に対する態度

子どもの音楽理解を，音楽を表す絵を描かせることによって調べる方法がある。たとえば，バンベルガー（Bamberger, 1991）は，音楽を描いた図の中に子どもの発達水準が反映されていると主張して，研究を行っている。幼児，小

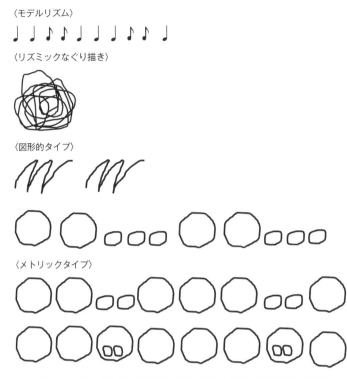

図 8-1 バンベルガーの研究で用いられたリズム譜と図への表現
（Bamberger, 1991 を著者一部改変）

学生から大学生を含む被験者に対して，教師が手で叩いたリズムを生徒にも手を叩いて模倣させてから，リズムを図として表現させている。その結果，子どもの描いたリズムを三つのタイプに分類している（図8-1参照）。4, 5歳の子どもに多いのが，なぐり描き，点，手などが含まれる，リズムとの対応ができていないタイプである。より年長の子どもには，図形的タイプとメトリックタイプがあり，前者は知覚的な音のまとまりに基づいて聞こえたとおりを表現しているもので，後者は音に出たものだけでなく休符も考慮に入れたタイプである。音楽の訓練を受けている子どもにメトリックタイプが多いが，こちらのほうが進歩しているというわけではなく，リズム構造に両方の要素が含まれていると考えられ，どちらのタイプもすべての年齢の子どもの表現に見られるとし

ている。

　また，デイヴィドソンとスクリップ（Davidson & Scripp, 1988）は5～7歳までの子ども39名に対して，知っている歌を「ほかの人が歌えるように描いて」という指示で描かせたものを分析し，五つのタイプ（絵システム，抽象パターンシステム，リーバス〈判じ絵〉システム，歌詞システム，複合精緻化システム）に分類した。リズムと音の高低の関係を表している抽象パターンシステムが最も多く，歌詞を書きつつ音の長さの表現等も含む歌詞システムが続く，という結果になった。さらに，絵の中で歌のリズムと旋律がどのように符号化されるかの分析を行い，子どもたちの歌唱の評定結果との関連も調べたが，歌唱の評定結果と子どもたちがどのシステムの図を描くかに，関連は見られなかった。

　グロムコ（Gromko, 1994）は，音楽を空間的に表す能力と，旋律やリズムの異同弁別力や，歌と演奏のテストとの関係を調べ，図による音楽表現と音楽理解力とは関係があることを示した。このような結果から，子どもの音楽の図表現の中にも，音楽の理解力を見ることができるとしている。

　次に，子どもたちの音楽に対する態度と，学校内外での実際の音楽活動経験との関係について示している調査研究結果（Lamont, 2002）を取り上げる。学校では子どもの**音楽アイデンティティ**[1]を形成するとともに，その違いをも生み出す。調査では小中学生を対象に，音楽のレッスンを受けているかと，楽器を演奏するかについての質問を行い，その結果から「音楽家ではない（レッスンも受けず，楽器も演奏しないと回答）」「楽器を演奏する音楽家（レッスンは受けていないが，楽器は演奏すると回答）」「指導を受けている音楽家（レッスンも受けているし，楽器も演奏すると回答）」に分けて，その割合を検討している。小学校と中学校の比較，音楽の巡回指導が行われているかに違いのある小学校間の比較，学力レベルや課外音楽活動を実施しているかに違いのある中学校間の比較を行った。小学校間の比較からは，巡回指導を行っている学校では，「指導を受けている音楽家」は多めだが「楽器を演奏する音楽家」は少なく，そのような指導を受けていない学校では，「指導を受けている音楽家」は少なかったものの，「楽器を演奏する音楽家」は多いことがわかった。すべ

---

1) ここでは，自分をどのくらい音楽的な人間だと思っているのかというような意味。アイデンティティの詳細は，第5節を参照のこと。

ての子どもが，学校の音楽の授業で何かの楽器の演奏をすることはあるため，このような調査結果をラモント（Lamont, 2002）は，子どもの音楽アイデンティティが集団比較を通して形成されるということを支持するものと解釈している。

第5節　青年期の音楽行動

1　青年期の発達と音楽

　青年期は前期（思春期），中期，後期に分けて考えられ，学校制度との関係性では，中学生，高校生，短大・大学生など高等教育機関へ通学する学生の時期を含め，社会人になる頃までにあたる。すでに子どもではなく大人になる途中の段階で，身体面での変化の大きさや，周りからの扱われ方の変化に戸惑い，心理的な葛藤を抱きやすい不安定な時期である。また，子どもから大人への移行期であり，親から精神的に自立して一人前になっていく**心理的離乳**の時期でもある。

　このような青年期の認知的側面に関わる発達の特徴について，ピアジェの発達段階に当てはめると，具体的な事象がなくても論理的な推論を伴った思考ができるようになる**形式的操作期**にあたる。仮説演繹的な思考ができるようにもなり，論理的思考力が高まることで，より専門性の高い課題に取り組むための基礎ができることから，音楽に関わる発達についても，音楽作品へのより深い理解や，より高度な演奏技能の獲得も可能となる。ただし，とくに演奏技能を高めるためにはそれだけ豊富な練習が必要であり，音楽活動のために割く時間の個人差が大きいため，到達水準も当然異なってくる（第10章も参照）。

　社会的側面の特徴については，まず親子関係の変化が挙げられる。既述した親からの心理的離乳を果たす過程で，一時的に親に対して反抗的になる（**第二反抗期**）時期も体験しつつ，依存と自立との間で揺れる心理的に不安定な時期を乗り越え，最終的には自分なりの価値観を作り上げていく。それは親や教師など，若者にとって権威ある者への反抗という形で現れることもある。このような，親子関係での葛藤や，さまざまな不安を乗り越えていくなかで，友人関

係は若者にとって重要な意味をもつ（無藤ら，1995）。特に青年期の初期には，仲間との同質性を強く求められ，同じものを好み，同じような行動をすることへの圧力を感じることもある。その後，より緩やかな，お互いの違いを認めたうえでの人間関係が築かれる。また，身体的特徴の変化に伴い異性との関係性に変化が生まれ，その中で自分自身の男性らしさや女性らしさについての意識も高まる。さらに，それ以外にも，さまざまな形で若者に影響を与える他者との関係性を取り上げることができる。

このような社会的側面における発達が，音楽的発達に与える影響を考えると，親や権威ある者への反抗が，親の好む音楽や学校教育の中で提供される音楽への反抗という形に出る可能性や，友人関係の維持のために，音楽の好みの表明や音楽活動に自主規制を行ってしまうこと，好みの音楽の選択や演奏する楽器の選択に，ジェンダーが強く関わってくる可能性を挙げることができよう。また，若者に影響を与える他者の存在が，音楽の好みの形成や，演奏技能習得へのモチベーションの向上につながることも考えられる。

エリクソンの発達段階の青年期において，**アイデンティティ（自我同一性）**の達成，つまり自分は何であり，どこへ向かっていくかについての答えを探し当てることが課題とされている。この達成に至るまでに，試行錯誤の時期，つまり**モラトリアム**を経験することや，自分らしさがわからずに未来が描けない状態，いわゆる拡散におちいる危険性もある。また，マーシア（Marcia, 1966）は，達成，早期完了（危機を経験せずに，ある役割に対する傾倒が生じているもの），モラトリアム，拡散（危機を経験する前と経験した後の両方が考えられている）という自我同一性地位としてとらえている。同一性の達成にはさまざまな側面があるが，特に将来の**キャリア形成**に関わるものは重要であり，青年期後期の課題ともいえる。このようなアイデンティティ形成の問題と関連して，この時期特有の音楽聴取行動を挙げることができよう。また，より専門的な音楽活動に関連したものとしては，音楽演奏技能についても大きく発達が見られる時期でもあり，将来の職業選択と関連する場合もある。

このように，青年期における音楽的発達はさまざまな可能性を含むが，音楽演奏技能や音楽専門家への発達に関わる内容は第6節で扱い，ここでは音楽聴取の研究を取り上げる。

2　青年期の音楽聴取とアイデンティティ形成

　一般的な音楽の好みの形成については第11章で扱い，ここでは青年期の音楽聴取の特徴を示す研究に限って取り上げる。

　若者の音楽の大量消費の証拠については，ジルマンとガン（Zillmann & Gan, 1997）が，音楽セールスの伸びと音楽消費時間の長さ，それも個人的な音楽消費が多いことを中心にさまざまな資料を提示している。最近の日本国内のオーディオ・ディスクの生産量は1998年をピークとして下降し続けているが，インターネットをはじめとした別のメディアに移行しただけであり（烏賀陽，2005），若者にとっての音楽の重要性はその後も維持されていると思われる。

　この分野の研究で，公的な場における音楽行動と日常的な場における音楽行動の違い，代表的なものとしては学校の授業で扱われる音楽と，そこでは扱われない若者自身の音楽との違いが取り上げられることがある。これは，青年期の特徴としての権威への反抗と，自分なりの価値観の形成との関わりでとらえることができるだろう（たとえば，Tarrant et al., 2002）。ただし，音楽の好みには個人的要因もあり，反抗的な特徴をもつ若者とそうではない若者とでは，好む音楽に違いが見られることを示す研究もある（Robinson et al., 1996ほか）。

　一般的に若者が音楽を聴くのは，**感情的欲求**を満たすためと，自分の**印象管理**をするためであることが報告されている（North et al., 2000）。若者は音楽の個人的聴取が多いとされるが，このような聴取においては，感情的欲求を満たすことが重要になってくるだろう。また，恋愛に関する歌詞を含む音楽の聴取については，内容的にポジティブなものネガティブなものへの好みと，恋愛経験の豊富さや失恋しているかどうかとの関連性を示す研究もあるが，必ずしも一貫した結果は得られていない（Zillmann & Gan, 1997）。友人関係と音楽聴取行動との関連については，ポピュラー音楽の知識が豊富であるほど仲間に人気がある（Brown & O'Leary, 1971）とする研究や，青年が「人気のない」音楽を好む度合いは，誰もいないところでの回答と仲間がいるところで回答した結果が異なるとする研究などがある（Finnäs, 1989）。日本国内の研究として，小泉（2007）の高校生を対象としたフィールドワーク研究があるが，若者

の音楽の好みの表明は周りにいる仲間を意識したものであり，必ずしも本当に好きな音楽を語っているわけではないことを報告している．フリス（Frith, 1981）の「すべての若者は音楽をバッジとして使う」という表現は，このような若者の音楽の好みの表明の特徴を説明するものとはなる．また，タラントら（Tarrant et al., 2002）はアイデンティティの観点からの分析を試みているが，エリクソンやマーシアの自我心理学的アイデンティティ研究によって若者の好みの表明の特徴を説明するのは難しく[2]，タジフェル（Tajfel, 1978）らの**社会的アイデンティティ理論**で説明できるとしている．この理論によると，ある集団（「内集団」）の一員として自己を分類することは，「外集団」の成員として分類される人々を排除することになる．このような社会的な分類が，社会的アイデンティティを生み出し行動を決定する．青年にとって音楽聴取とその好みの表明は，好ましい社会的アイデンティティの形成を助ける働きをもつ可能性がある．

また，一部の挑発的な内容の若者向け音楽の聴取と，若者の逸脱行動との相関を示す研究もあるが，そのような音楽の影響力を示すのは短期的な接触効果のみであり，単純に若者の不適応行動の原因のひとつとして認めることには留保が必要である（Zillmann & Gan, 1997）．

上述のように，青年期の若者にとって音楽聴取が重要な意味をもつ場合があるため，この分野の研究を増やしていくことで，青年期心性の理解もより深まることになるだろう．

第6節 演奏技能習得と音楽専門家への発達

1 演奏技能習得の開始および継続

音楽演奏そのものの習熟については第10章で取り扱われるが，ここでは，そこに影響を与える練習の開始と継続に関わる諸要因について取り上げる．

音楽演奏技能の習得は，日本において義務教育内の音楽の授業でもある程度

[2) この理論はむしろ，音楽専門家への発達というテーマにおいての説明理論になると思われる．第6節参照．

行われるが，音楽専門家への発達も含めて考える際には，学校の授業以外の音楽活動がより重要であることが多いと思われる。お稽古事として音楽レッスンを受ける形式や，学校の課外活動，たとえばクラブ活動や部活動，または学校外の組織に所属する形式の活動などさまざまである。

音楽レッスンの開始は，早い場合は幼児期である。国内の調査（梅本，1992；杉江，2001）では，音楽専攻の大学生のみでなく，それ以外の専攻も含めた高等教育機関に進学している学生，とくに女子に関して幼少期からレッスンを受け始める者が多いことが確認されている。このようなデータの存在は，早期のレッスン開始のみが音楽を専門的に学ぶか学ばないかの違いを生むわけでは必ずしもないことや，**ジェンダー**による違いや**社会経済的地位**の問題がレッスン開始の有無や時期に関与していることをうかがわせる。

レッスン開始時期について，音楽専攻学生の中にも傾向に違いが見られる。とくにヴァイオリンやピアノの専攻学生のレッスン開始時期は早いことも示されており，声楽や管楽器，作曲専攻については個人差が大きく，開始時期が遅い学生も含まれているという報告がある（梅本・三雲，1993）。たとえば管楽器については，学校の課外活動として吹奏楽などに参加し，そこから自分の意志でレッスンを受けることを望み，大学で音楽を専攻するに至る学生も一定数存在している。

楽器の種類によって開始時期には差異があるにせよ，演奏技能の上達には豊富な練習量が必要である。たとえば，ヴァイオリン専攻の学生の正式な訓練の累積時間の研究（Ericsson et al., 1993）は，高度な技能の獲得に，早期からの継続的で豊富な練習が必要であることを示している。また，スロボダら（Sloboda et al., 1996）の研究では，さまざまな演奏レベルの若者への調査やインタビューから，とくに優秀な学生とそれ以外の学生との違いを，同様の累積練習時間の違いとしても示している。これらの研究では正式な練習の積み重ねについて示しているが，そのような形式ではなくとも，より自由な状態で音楽に熱中することで高度な技能に到達することもあり，正式な練習と楽しんで行う活動の両方が，学習過程を支えることも示唆されている（Davidson et al., 1997）。

上達するために必要となる練習量を確保するためにも，なるべく早いうちからの練習習慣の形成が大切である。レーマン（Lehmann, 1997）は，過去の著

名な音楽家についての文献の分析で，そのほとんどが，生活を共にしている家族から音楽の指導を受けていたことを示している。また，マンチュルゼウスカ（Manturzewska, 1990）の職業的音楽家の生涯発達についての面接調査からも，音楽専門家の家族，特に両親との関係を分析すると，調査対象の音楽家の9割以上が，親も音楽と何らかの関係（音楽のプロもアマチュアも含めて）をもっていることが示された。デイヴィドソンら（Davidson et al., 1996）の研究では，さまざまな演奏レベルの若者と親への調査で，子どものレッスンへの親の関与や，親自身の音楽への関与の増大が，より演奏技能の高い学生に見られた。ただし，演奏レベルの高い学生の中で，とくに優秀な学生とそれ以外の学生と比較して，親が音楽の専門家や積極的なアマチュアであることはむしろ少ないことを示すデータもある（Sloboda & Howe, 1991）。また，家族が音楽に関与しすぎることが子どもへの負担になる場合もあることや，家族の影響がさまざまな葛藤を生み出す場合もあることが示されている（Borthwick & Davidson, 2002）。親が音楽に関与する度合いそのものよりは，子どもの**サポート**への影響が問題であり，本人の音楽に対する動機づけの強さも大切であることがうかがわれる。

2　音楽専門家への発達

　青年期に入ると，この時期の発達課題としてアイデンティティの形成，その中でもとくに職業に関連するものが重要なテーマとなる。これに関して音楽を大学などの高等教育機関で専門的に学び，将来的にはそれを職業として選択するかどうかという問題がある。大学などの高等教育機関で音楽を専門として選ぶ前に，高等学校などで音楽専門のコースに進むという選択肢もあるためか，日本の大学で音楽を専攻している学生は，高校に入る前に専門家になるという決心をすることが多いという指摘（梅本，1999）もある。また，音楽専攻の大学生を対象にした質問紙調査の中で，大学で音楽を専攻することを自分の中で決めた時期の平均は，15.6 歳（範囲は 7～20 歳）というデータもある（佐藤，2011）。

　また，進学決定時にさまざまな**葛藤**を経験することを示す研究もある。たとえば梅本（1996）では，音楽専攻の大学生を対象とした「自己の音楽的発達」についての自由記述データをもとに，専門的に音楽を勉強することそのものに

関わるものから，指導者との人間関係に至るまで，さまざまな葛藤を抱いているケースが紹介されている。そのような葛藤の中でも，たとえばボースウィックとデイヴィドソン（Borthwick & Davidson, 2002）による，家族「**スクリプト**（script）[3]」についての研究で取り上げられているように，親が子どもに音楽活動を強く勧めたにもかかわらず，進学時に音楽を専門的に学ぶことには否定的な反応を示されて，子ども自身が矛盾を感じているケースもある。日本の音楽専攻の大学生を対象とした質問紙調査の中で，進学時の葛藤についても調べられているが，家族の反対のような形での葛藤があったことを示す傾向が男子学生においてやや多く見られ（佐藤，2004），このような葛藤にジェンダーの問題が関係することもうかがえる。また，進学時に音楽専攻を選択した理由についての質問への回答から，音楽が自分の一部であると考えるような，音楽との同一性に関わる理由で進路選択している学生が，現在の大学生活における適応感も高い傾向にあることや，そのような同一性の高さと，家族からのサポートを学生が感じる強さとの関連を示すデータも得られている（佐藤，2005）。

　音楽技能習得へ大きな影響を与える「他者」についてのまとめ（Davidson et al., 1997）では，両親を中心とした家族の影響以外にも，指導者の親しみやすさや専門性の高さ，若者の演奏への動機づけを高めるようなプロの演奏家の存在が，演奏能力の高い学生にとってより重要であることを示している。同年代の仲間に関しては，クラシック音楽に対するイメージや，演奏する楽器の選択に関わるジェンダーの問題も関係し（第11章を参照），ときに音楽技能習得にネガティブな影響を与える可能性さえあるようだ。

　さらに，大学などで音楽を専攻することが，演奏家になることを含めた音楽に関係する職業を選択することには，必ずしもつながらない場合もある。また，大学などでの専攻が音楽以外の分野であったとしても，仕事として音楽領域を選択する者もいる（新村，2011などを参照）。

　職業的音楽家を対象としたインタビュー研究（Manturzewska, 1990）では，そのデータをもとに，職業的な音楽家の生涯発達を6段階に分けている。段階1（〜6歳）は，感覚情緒的感受性と自発的音楽表現と活動の発達期，段階2

---

[3]　もとは劇などの脚本を意味する語。ここでは，何世代にもわたって伝えられてきたような，家族内の関係や機能のパターンのことを指す。

（〜14歳）は，演奏技能習得の効率が最も進歩する時期，段階3（〜23，24歳）は，芸術家としてのパーソナリティが形成される時期，段階4（〜45歳）は，職業的音楽家として活躍する時期，段階5（〜70歳）は，教師として後進を指導する時期，段階6（その後）は，次第に演奏活動から引退する時期としている。

【引用文献】

Bachem, A. (1937). Various types of absolute pitch. *Journal of the Acoustical Society of America*, **9**, 146-151.

Bamberger, J. (1991). *The mind behind the musical ear: How children develop musical intelligence*. Harvard University Press.

Borthwick, S. J. & Davidson, J. W. (2002). Developing a child's identity as a musician: A family 'script' perspective. In R. A. R. MacDonald, D. J. Hargreaves & D. Miell (eds.), *Musical identities*. Oxford University Press. pp. 60-78.（ボースウィック，S. J.・デイヴィッドソン，J. W. 岡本 美代子・東村 知子（訳）(2011). 子どもの「音楽家」アイデンティティの発達——家族「スクリプト」の視点から　マクドナルド，R. A. R.・ハーグリーヴズ，D. J.・ミエル，D.（編）岡本 美代子・東村 知子（訳）音楽アイデンティティ——音楽心理学の新しいアプローチ　北大路書房　pp. 78-104.）

Brown, R. L. & O'Leary, M. (1971). Pop music in an English secondary school system. *American Behavioral Scientist*, **14**, 400-413.

Chang, H. W. & Trehub, S. E. (1977). Auditory processing of relational information by young infants. *Journal of Experimental Child Psychology*, **24**, 324-331.

D'Amato, M. R. & Salmon, D. P. (1984). Processing of complex auditory stimuli (tunes) by rats and monkeys (cebus apella). *Animal Learning and Behavior*, **12**, 184-194.

Davidson, J. W., Howe, M. J. A., Moore, D. G., & Sloboda, J. A. (1996) The role of parental influences in the development of musical performance. *British Journal of Developmental Psychology*, **14**, 399-412.

Davidson, J. W., Howe, M. J. A., & Sloboda, J. A. (1997). Environmental factors in the development of musical performance skill over the life span. In D.J. Hargreaves & A. C. North (eds.), *The social psychology of music*. Oxford University Press. pp. 188-206.（デイヴィドソン，J. W.・ハウ，M. A.・スロボダ，J. A. 小柴 はるみ（訳）(2004). 演奏技能の生涯発達の環境要因　ハーグリーヴズ，D. J.・ノース，A. C.（編著）磯部 二郎・沖野 成紀・小柴 はるみ・佐藤 典子・福田 達夫（訳）人はなぜ音楽を聴くのか——音楽の社会心理学　東海大学出版会　pp. 231-253.）

Davidson, L. (1994). Song singing by young and old: A developmental approach to music. In R. Aiello(ed.), *Musical perceptions*. Oxford University Press. pp. 99-130.（デイヴィドソン，L. 三雲 真理子（訳）(1998). 子どもとおとなの歌唱——音楽への発達的アプローチ　大串 健吾（監訳）音楽の認知心理学　誠信書房　pp. 113-153.）

Davidson, L. & Scripp, L.(1988). Young children's musical representations: Windows on music cognition. In J. A. Sloboda (Ed.), *Generative processes in music: The psychology of performance, improvisation, and composition.* Clarendon Press.

DeCasper, A. J. & Fifer, W. P.(1980). Of human bonding: Newborns prefer their mothers' voices. *Science*, **208**, 1174-1176.

Draganova, R., Eswaran, H., Murphy, P., Lowery, C., & Preissl, H.(2007). Serial magnetoencephalographic study of fetal and newborn auditory discriminative evoked responses. *Early Human Development*, **83**, 199-207.

江尻 桂子（2002）．乳幼児期の認識能力　内田 伸子（編著）新訂　乳幼児心理学　放送大学教育振興会　pp. 23-34.

Ericsson, K. A., Krampe, R. T., & Tesch-Romer, C.(1993). The role of deliberate practice in the acquisition of expert performance. *Psychological Review*, **100**, 363-406.

Erikson, E. H.(1959). Identity and the life cycle. International Universities Press.（エリクソン，E. H. 小此木 啓吾（訳編）小川 捷之・岩男 寿美子（訳）（1973）．自我同一性──アイデンティティとライフ・サイクル　誠信書房）

Finnäs, L.(1989). A comparison between young people's privately and publicly expressed musical preferences. *Psychology of Music*, **17**, 132-145.

Frith, S.(1981). Sound Effects: Youth, Leisure, and the Politics of Rock'n'roll. Pantheon.（フリス，S. 細川 周平・竹田 賢一（訳）（1991）．サウンドの力──若者・余暇・ロックの政治学　晶文社）

Gromko, J. E.(1994). Children's invented notations as measures of musical understanding. *Psychology of Music*, **22**, 136-147.

柏崎 秀子（編著）（2010）．教職ベーシック　発達・学習の心理学　北樹出版

Kessen, W., Levine, J., & Wendrich, K.A.(1979). The imitation of pitch in infants. *Infants Behavior and Development*, **2**, 91-99.

小泉 恭子（2007）．音楽をまとう若者　勁草書房

Lamont, A.(2002). Musical identities and the school environment. In R. A. R. MacDonald, D. J. Hargreaves & D. Miell (eds.), *Musical identities*. Oxford University Press. pp. 41-59.（ラモント，A. 岡本 美代子・東村 知子（訳）（2011）．音楽アイデンティティと学校　マクドナルド，R. A. R.・ハーグリーヴズ，D. J.・ミエル，D.（編著）岡本 美代子・東村 知子（訳）音楽アイデンティティ──音楽心理学の新しいアプローチ　北大路書房　pp. 54-77.）

Lecanuet, J. P., Granier-Deferre, C., Jacquet, A. Y., Capponi, I., & Ledru, L.(1993). Prenatal discrimination of a male and a female voice uttering the same sentence. *Early Development and Parenting*, **2**, 217-228.

Lehmann, A. C.(1997). The acquisition of expertise in music: Efficiency of deliberate practice as a moderating variable in accounting for sub-expert performance. In I. Deliège, & J. Sloboda (Eds.), *Perception and cognition of music*. Psychology Press. pp. 143-160.

Manturzewska, M. (1990). A biographical study of the life-span development of professional musicians. *Psychology of Music*, **18**, 112-139.

Marcia, J. E. (1966). Development and validation of ego-identity status. *Journal of Personality and Social Psychology*, **3**, 551-558.

Miyazaki, K. (1990). The speed of musical pitch identification by absolute pitch possessors. *Music Perception*, **8**, 177-188.

Moog, H. (1968). *Das Musikerleben des vorschulpflichtigen kindes*. Schott's Söhne.
（モーク，H．石井 信生（訳）（2002）．就学前の子どもの音楽体験　大学教育出版）

無藤 隆・久保 ゆかり・遠藤 利彦（1995）．現代心理学入門2　発達心理学　岩波書店

日本道徳性心理学研究会（編著）（1992）．道徳性心理学——道徳教育のための心理学　北大路書房

新村 昌子（2011）．音大生のための就職徹底ガイド——こんなにある，音楽の知識と経験が生かせる仕事　ヤマハミュージックメディア

North, A. C., Hargreaves, D. J., & O'Neill, S. A. (2000). The importance of music to adolescents. *British Journal of Educational Psychology*, **70**, 255-272.

大浦 容子・江口 寿子（1982）．幼児の絶対音感訓練プログラムと適用例　音楽教育研究．夏．162-171.

Papoušek, M. & Papoušek, H. (1981). Musical elements in the Infant's Vocalization. *Advances in Infancy*, **1**, 163-218.

Robinson, T. O., Weaver, J. B., & Zillmann, D. (1996). Exploring the relation between personality and the appreciation of rock music. *Psychological Reports*, **78**, 259-69.

佐藤 典子（2004）．音楽大学への進学時の葛藤に関する男女差　日本教育心理学会第46回総会発表論文集，p. 369.

佐藤 典子（2005）．音楽大学への進学理由と進学後の適応に影響を与える諸要因の検討——音楽経験と家庭の音楽環境およびサポートについて　教育心理学研究，**53**．49-61.

佐藤 典子（2011）．音楽大学への進学決定時期に影響を与える諸要因　日本教育心理学会第53回総会発表論文集，489.

Sloboda, J. A., Davidson, J. W., Howe, M. J. A., & Moore, D. G. (1996). The role of practice in the development of performing musicians. *British Journal of Psychology*, **87**, 287-309.

Sloboda, J. A. & Howe, M. J. A. (1991). Biographical precursors of musical excellence: An interview study. *Psychology of Music*, **19**, 3-21.

杉江 淑子（2001）．音楽的趣味・嗜好にみられる男女間の相違とその形成要因——音楽の稽古事経験および家庭の音楽的環境の影響に焦点を合わせて　滋賀大学教育学部紀要．I．教育科学．**51**．107-118.

杉原 一昭・海保 博之（編著）（1986）．事例で学ぶ教育心理学　福村出版

Tajfel, H. (1978). *Differentiation between social groups: Studies in the social psychology of intergroup relations*. Academic Press.

Tarrant, M., North, A. C., & Hargreaves, D. J. (2002). Youth identity and music. In R. A.

R. MacDonald, D. J. Hargreaves & D. Miell (eds.), *Musical identities*. Oxford University Press. pp. 134-150.（タラント，M.・ノース，A. C.・ハーグリーヴズ，D. J. 岡本 美代子・東村 知子（訳）(2011). 若者のアイデンティティと音楽　マクドナルド，R. A. R.・ハーグリーヴズ，D. J.・ミエル，D.（編著）岡本 美代子・東村 知子（訳）音楽アイデンティティ——音楽心理学の新しいアプローチ　北大路書房　pp. 177-196.）

Trehub, S. E., Bull, D., & Thorpe, L. A. (1984). Infants' perception of melodies: The role of melodic contour. *Child Development*, **55**, 821-830.

烏賀陽 弘道（2005）．Jポップとは何か——巨大化する音楽産業　岩波書店

梅本 堯夫（1992）．音楽的発達過程の研究（その1)——音楽大学生と一般女子大学生の事例研究　発達研究（発達科学研究教育センター紀要），**8**，163-178.

梅本 堯夫（編著）(1996). 音楽心理学の研究　ナカニシヤ出版

梅本 堯夫（1999）．シリーズ人間の発達 11　子どもと音楽　東京大学出版会

梅本 堯夫・三雲 真理子（1993）．音楽的発達過程の研究（その2)——音楽大学生と一般女子大学生の比較研究　発達研究（発達科学研究教育センター紀要），**9**，99-110.

Ward, W. D. (1999). Absolute Pitch. In D. Deutsch (ed), *The Psychology of Music*, 2nd ed. Academic Press. pp. 265-298.

Zillmann, D. & Gan, S. -L. (1997). Musical taste in adolescence. In D. J. Hargreaves & A. C. North (eds.), *The Social psychology of music*. Oxford University Press. pp. 161-187.（ジルマン，D.・ガン，S-L. 佐藤 典子（訳）(2004). 青年期の音楽嗜好　ハーグリーヴズ，D. J.・ノース，A. C.（編著）磯部 二郎・沖野 成紀・小柴 はるみ・佐藤 典子・福田 達夫（訳）人はなぜ音楽を聴くのか——音楽の社会心理学　東海大学出版会，pp. 195-230.）

参考図書

梅本 堯夫（1999）．シリーズ人間の発達 11　子どもと音楽　東京大学出版会

呉 東進（2009）．赤ちゃんは何を聞いているの？——音楽と聴覚からみた乳幼児の発達　北大路書房

第9章 音楽と脳

宮澤　史穂
田部井　賢一

第1節　脳研究の基本事項

　私たちが音楽を聴いたり，演奏したりしているとき，脳では何が起きているのだろうか。音楽と脳に関する研究は，長年にわたり脳損傷の症例を中心に進められてきた。1990年代以降は，脳活動を非侵襲的に直接測定する方法が開発されたことにより，健常者を対象とした研究が盛んになってきた。本章では，音楽と脳に関わる研究をまとめ，これまでの知見を紹介していく。

1　耳から脳まで

　脳は中枢神経系の一部であり，頭蓋に位置する。大脳半球，間脳，小脳，中脳，橋，延髄，脊髄に区分される。ヒトの脳の重さは約1,400 gであり，大脳半球の皮質の総面積は約2,200平方センチである。中枢神経系の約半分は神経細胞であり，残りはグリアなどの支持細胞からなる。**神経細胞**は，核を含む部分である細胞体と，他の神経細胞から情報を受ける樹状突起と，他の細胞に情報を伝える軸索の2種類の突起からなる。神経細胞の情報は，電位を帯びたイオンが作り出した電気現象である**活動電位**によって伝わる。また，神経細胞同士の接合部であるシナプスでは，シナプス前部線維の末端で化学伝達物質を放出し，もう一方の神経細胞のシナプス後部膜の電位を変化させることで，神経細胞の情報は伝わる。

　音楽は聴覚伝導路を伝わる（図9-1）。空気の粗密波として伝えられた音楽の振動は，耳介と外耳道からなる外耳，鼓膜と耳小骨からなる中耳，蝸牛と前

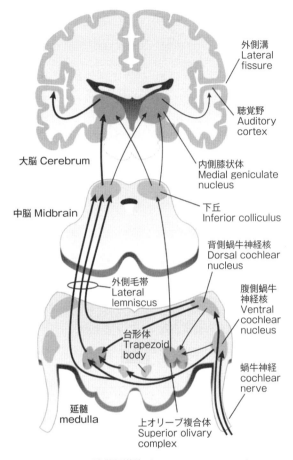

図9-1 聴覚伝導路（Carlson, 2008, p. 222）

庭・三半規管からなる内耳を経て，基底膜上にある有毛細胞で活動電位に変換される（第2章第2節および図2-5を参照）。そして，聴覚情報は蝸牛神経核，上オリーブ複合体，下丘，内側膝状体を伝わり，横側頭回と側頭葉の深部に位置している**聴覚野**に到達する。より詳しくいえば，有毛細胞で活動電位に変換された聴覚情報は，第Ⅷ脳神経の分岐である蝸牛神経を経由して，脳に到達する。蝸牛神経は，蝸牛からの聴覚情報の上行路となっている求心性軸索と，延髄にある複数の神経核からなる上オリーブ複合体を起源とする遠心性軸索を含

(a) 外側面　　　(b) 内側面

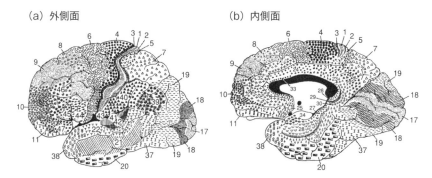

図9-2　ブロードマンの脳地図。外側面（a）と内側面（b）（渡辺・寺島，2003, p.23）

んでいる。上オリーブ複合体からは，外側毛帯を経由して，中脳背側にある下丘に達する。下丘の神経細胞は視床の内側膝状体に伝わり，内側膝状体から側頭葉にある聴覚野へと伝わる。左右それぞれの大脳半球は両側の耳から情報を受け取るが，主要な情報は反対側から受ける。

聴覚野は**側頭葉**の横側頭回に位置している。横側頭回は外側溝の内側にあるため，表面からは見ることはできない。弁蓋を開いて，島の脳回の手前の外側前方から内側後方に走る前後の2本の脳回に，横側頭回は位置する。細胞構築学的区分である**ブロードマン**（Brodmann, K.）**の脳地図**（図9-2）を用いると，41野は前横側頭回，42野は後横側頭回，22野は上側頭回の中央から後方にかかる領域にそれぞれ一致する。霊長類などで得られた知見から，41野は**一次聴覚野**，42野は**二次聴覚野**に相当し，22野の一部は**連合聴覚野**に相当する（Galaburda & Sanides, 1980）。ヒトの脳を用いて，実験的に解剖学的データを得ることは難しいが，霊長類などで得られた知見（Molinari et al., 1995）から，聴覚野の線維連絡を知ることは可能である。一次聴覚野を含むコア領域では，内側膝状体の腹側部から聴覚情報が伝わり，周波数が再現されている（Kaas et al., 1999）。聴覚連合野であるベルト領域は，コア領域を囲むように存在する。ベルト領域は，一次聴覚野と内側膝状体の背側および内側から，聴覚情報を受ける。高次なレベルの聴覚連合野であるパラベルト領域は，内側膝状体の背側と内側より聴覚情報を受ける。聴覚野には，腹側と背側の二つの情報経路がある。頭頂葉後部に達する背側経路は，**音源定位**に関与する。側頭葉前部のパラベルト領域に達する腹側経路は，複雑な音の分析に関与する

(Rauschecker & Tian, 2000)。脳外科手術の直前の覚醒状態の脳表に電気刺激を与えたりすることなどにより，ヒトの聴覚野の詳細は，今後さらに明らかになっていくであろう。

音楽の分析は，聴覚伝導路と一次聴覚野から始まる。そして，音楽のより複雑な側面は，聴覚連合野で分析される。音声言語の情報処理は左半球優位で，音楽の情報処理は右半球であるという報告がある（Tervaniemi & Hugdahl, 2003)。それは，時間軸上で速い情報処理に優れているのが左半球の聴覚野で，スペクトルや時間軸上，比較的遅い情報処理を担っているのが右半球の聴覚野であるという特性が，反映しているのかもしれない（Zatorre et al., 2002; Schneider et al., 2005)。こうした聴覚野の非対称性は他の感覚野や連合野にはなく，際立った特色である。

2 脳の機能局在

機能局在とは，大脳皮質の各領域において機能が異なることを指す。たとえば，**言語野**がよく知られており，左半球には発話の制御に特化したブローカ野（BA44, 45）や，発話の理解に特化したウェルニッケ野（BA39, 40）がある。脳の外側の灰色の部分は神経細胞が集まった部分で，灰白質という。また，内側の白い部分は神経繊維が集まった部分で，白質という。灰白質の部分は基本的には6層構造になっており，場所によって細胞の並び方が異なる。この細胞の並び方の違いで脳を区分したのが脳地図であり，その代表が前述のブロードマンのものである（図9-2）。このようにして解剖学的な違いで作った脳地図は，実際には脳の機能による区分ともよく一致している。これは，特定の機能を行うために脳が特化したためであると考えられている。

大脳は大脳縦裂によって，右脳と左脳に分かれる。右脳は体の左半分を，左脳は体の右半分を制御している。視覚情報の場合は，私たちが見ている左半分の世界の視覚情報は右脳に，そして右半分の世界の視覚情報が左脳に入ってくる。

前頭葉は中心溝より前方にある。高等哺乳類において前頭葉は発達した。ヒトの前頭葉は大脳皮質の表面積の約3分の1を占める。**運動野**は中心溝に沿って位置し，四肢の運動を直接支配する脳領域である。運動野の前方には運動前野があり，運動の円滑な遂行や運動プログラミングに関わる。たとえば，ヴァ

イオリンの**左手の運指**には，中心前回および中心後回に位置する右一次感覚運動野の関与が示唆された（Lotze et al., 2003）。また，よく練習したピアノ曲を聴取すると，運動野の活動が有意に増加したという研究もある（Haueisen & Knösche, 2001）。運動野のさらに前方にある前頭連合野は，推理，判断，計画，評価などの高次機能に関わる。また，前頭連合野の後部には，発話の制御に特化したブローカ野がある。

　側頭葉の外側は上側頭溝，中側頭溝，下側頭溝によって，上・中・下側頭回に分けられる。また内側には海馬傍回があり，深部には海馬，扁桃核がある。外側溝下壁にあたる横側頭回には，聴覚野がある。左上側頭回の後部には，発話の理解に特化したウェルニッケ野がある。側頭連合野は，その対象が何であるか，誰の顔であるかなど，物の同定と強く関わり，さらに聴覚性の短期記憶が貯蔵され，記憶とも密接に関係している。側頭葉が**音楽の受容**に関与していることは，難治性てんかんの治療のための側頭葉切除術の臨床研究によって報告された。右側頭葉を切除した患者は，旋律の知覚（Dennis & Hopyan, 2001）や，旋律の記憶（Zatorre & Jones-Gotman, 1991）が障害された。左側頭葉を切除した患者は，音程の弁別が障害された（Liégeois-Chauvel et al., 1998）。また，側頭葉内での音楽処理の局在を調べた研究（Liégeois-Chauvel et al., 1998）では，右上側頭回前部の切除により拍子の，同後部の切除により音程，リズム，拍子の弁別が障害された。この結果から，音楽の各構成要素に関与する領域は，側頭葉内で異なることが示唆された。

　頭頂葉は中心溝より後方，外側溝よりも上方にある。中心後回には体性感覚野が位置し，頭頂葉後部には頭頂連合野がある。頭頂連合野の損傷によって，身体失認・空間知覚障害・観念失行・構成失行[1]などの症状が生じる。頭頂連合野は，運動を制御するのに必要な空間の視覚情報や体の位置情報の処理，注意，眼の動きの制御に関わる。頭頂間溝は移調など，音高や時間に基づいた**旋律の変換**に関与することが**示唆された**（Foster et al., 2013）。

　後頭葉は，頭頂後頭溝より後部に位置する。視覚機能に関係し，視覚野，視覚連合野がある。視覚伝導路は眼球に始まり，後頭葉の内側面にある一次視覚野に終わる。その後，視覚情報は，頭頂連合野方向の情報処理経路である背側

---

[1] 頭頂葉の病変による，二次元や三次元の図形や形を作ったり，組み立てたり，描いたりする構成の障害。

視覚経路と，側頭連合野方向への情報処理経路である腹側視覚経路に分かれる。背側視覚経路は奥行き，立体感，ものの動きなど，空間に関わる視覚情報を扱う。腹側視覚経路は，形，色などの物体の同定に関わる視覚情報を扱う。**楽譜の読み**に関する研究では，背側経路の関与が示唆された（Sergent et al., 1992）。

3　脳の測定方法

　脳を中心とした中枢神経系の機能を測定するためには，いくつかのアプローチがある。ひとつは神経心理学的アプローチである。脳の損傷によって生じる高次機能の障害の様相を，さまざまな検査や実験的手法を通じて把握し，損傷部位との関係から高次機能の神経基盤を解明していく方法である。一方，ヒトの脳活動を**非侵襲的**に直接測定する方法がある。ポジトロン断層撮影法（positron emission tomography：PET），機能的磁気共鳴画像法（functional magnetic resonance imaging：fMRI），近赤外線分光法（near-infrared spectroscopy：NIRS）などがある。局所脳血流の測定技術の発展によって，ヒトの脳活動が可視化できるようになり，動物では研究できなかったヒト固有の脳機能や，記憶，感情といった複雑な脳機能に関わる脳内メカニズムを，ヒトで調べることが可能になった。これら**脳機能イメージング技術**は，音楽の知覚や認知を扱う音楽心理学の研究にも使われるようになり，音高処理（Zatorre et al., 1994），音色処理（Menon et al., 2002），リズム処理（Winkler et al., 2009）などに関わる脳領域が，明らかになってきている。以下にいくつかの代表的な測定方法を示す。

　脳波（electroencephalogram：EEG）は，脳の電位変化を記録したものである。脳波は，表層に密に分布する樹状突起の，電位変化の総和を記録していると考えられている。時々刻々と進行する電位変化を総和的にとらえ，電位を縦軸に，時間を横軸にとって記録する。電位は，国際式10-20法で定められた頭皮上部位に電極を置き，通常，左右の耳朶に置かれた基準電極との間で導出される。脳波は，ほぼ0.5～35 Hzの範囲内にあり，その周波数の分析が主な分析法である。高速フーリエ変換（Fast Fourier Transform：FFT）によってパワースペクトルを算出することができ，ある脳波成分の出現率や，その成分の周波数変動を求めることができる。

事象関連電位（event-related potential：ERP）は，ある課題に伴って頭皮上に出現する電位である。ある刺激に対して被験者に課せられた種々の心理的作業の負荷によって引き起こるため，各成分は知覚・注意・認知・記憶といった認知過程に対応する脳活動を反映する。事象関連電位は0.1～数10μV程度の電位変化であり，脳波に比べて電位が小さいため，同じ刺激を繰り返し呈示し，刺激の始まりをそろえて脳波を加算する。聴皮質由来の事象関連電位としては，**ミスマッチ陰性電位**（mismatch negativity：MMN）がある。たとえば，音高，長さ，音量などの異なる2種類の音によるオドボール課題[2]を用いて，MMN を記録する。

　ポジトロン断層撮影法（positron emission tomography：PET）は，脳の特定の領域の代謝を画像化する。PET は，陽電子崩壊を起こす核種で標識した**放射性薬剤**を投与し，その体内分布を体外から横断断層像として描出する。脳などの生体内部の血流，酸素消費などを計測できる。PET では，騒音がないため，静かな環境下で音楽を呈示することができる。初めての楽曲の聴取（Brown et al., 2004），なじみのある旋律の想起（Halpern & Zatorre, 1999），歌唱（Jeffries et al., 2003），楽器音の知覚（Hugdahl et al., 1999），音高や音長の弁別（Griffiths et al., 1999），音の記憶（Zatorre et al., 1994）などに対する研究が，PET を用いて報告されている。

　磁気共鳴画像法（magnetic resonance imaging：MRI）は，生体のある断面に一定均一な高周波磁界をかけると，生体の状態に応じた**電磁波**が戻ってくるという核磁気共鳴現象を利用して，脳構造を画像化したものである。MRI スキャナーは，水素原子からの放射を検出するように調整されている。生体内にある脂肪，骨などの水素原子は異なるため，その違いをグレイスケールに変換して画像化する。

　fMRI は，脳が活動したときに生じる血流変化の現象を利用して，脳の活動部位を MRI で表現する手法である。Blood oxygenation level dependent（BOLD）法を用いて，局所脳血流量の変化を測定する。fMRI は，通常の MRI 装置で磁化率の変化に対して鋭敏な撮像法を用いて，さらに脳の局所的な活動に伴う血管内の血液の磁性の変化を利用して，血流量の変化を計測する。

---

[2] 識別可能な高頻度の刺激と低頻度の感覚刺激をランダムに被験者に呈示し，低頻度刺激の刺激に対して所定の反応（出現回数をを数えるなど）を行わせる課題。

fMRIは，PETよりも**空間分解能**がよい。特定の領域の脳活動について，より詳しい情報を得ることができる。fMRIは強力な磁場と騒音のため，音刺激を扱う研究には不向きとされてきたが，撮像騒音を一時的になくすスパース撮像法など，手法上のさまざまな工夫により，報告が増えてきている。音楽が喚起させる感情に関する研究以外にも，旋律やリズム（Bengtsson & Ullen, 2006），音高（Warren et al., 2003），音色の知覚とイメージ（Halpern et al., 2004）を調べた報告がある。

脳磁図（magnetoencephalography：**MEG**）は，被験者の脳に出現した電

コラム①　エビデンスに基づいた医療

　Evidence Based Medicine（EBM）は，治るという**エビデンス**（証拠，根拠）のある医療のことである。音楽を用いた医療である音楽療法は，偶然性の強い個人的な経験や観察に基づくこれまでの研究から，体系的に観察・収集されたデータに裏付けされた研究への転換期にある。具体的には，先行研究と病態をふまえた仮説の設定と，その正当性を検証できるようなパラダイムが重要となるが，当然のことながら一筋縄ではいかない（第12章第2節参照）。

　その理由のひとつは，**対象者の多様性**の問題がある。対象者が大学生，とくに音大生を対象とした場合は，認知機能や音楽的技能も比較的均一である。しかしながら，実際の患者の症状はさまざまであり，症状の進行も異なっている。もちろん音楽的技能もさまざまで，ときには音楽が好きではないという人もいる。

　また，**介入方法**の問題がある。音楽療法には受動的，能動的なども含めて，多くの方法がある（第12章第1節参照）。患者の好きな楽曲がいいのか，それとも青春時代の流行歌がいいのか，さらにどのくらいの時間が適しているかなど，手法の多様性のために，介入方法は個人的な経験や観察に基づいているところが多いのが現状である。患者に合わせた介入方法が可能であるというメリットはあるが，偶然性の強い個人的な方法であり，また療法士のスキルに依存することになり，体系的に観察・収集されたデータに基づく方法とはほど遠くなってしまう。

　ここ数年は症例研究だけではなく，規模を大きくした研究も報告されてきた。ランダム化比較試験（Randomized Controlled Trial：RCT）を用いた研究が行われるようになり，88人を対象とした研究（Lin et al., 2012）も報告されている。それらの成果として，音楽療法が，認知症の行動・心理症状（Behavioral and Psychological Symptoms of Dementia：BPSD）のひとつである焦燥性興奮や不安を，軽減できたという報告がされている（Vink et al., 2013；Ueda et al., 2013）。

場を，頭皮上の2点間の**磁場変化**として超伝導量子干渉素子（SQUID）で記録したものである。脳波と同様の時間分解能をもち，脳波よりも優れた空間分解能をもつ。また，無騒音で脳活動が記録できる。音楽性幻聴における右聴皮質の機能異常を示した研究（Kasai et al., 1999），楽譜（Yumoto et al., 2005），和音の知覚に右側頭葉が関与するという研究（Tervaniemi et al., 1999），音楽のフレーズの検出には側頭葉内側後部が関与するという研究（Knösche et al., 2005），純音の聴取の際に非音楽家に比べて音楽家では，一次聴覚野での反応が増加するという研究（Schneider et al., 2002）などが，脳磁図によって報告されてきた。

第2節 音楽の知覚・認知と脳活動

1 メロディの知覚・認知

ある音列を「メロディ」として認識するためには，その中で起こっている音の高低やリズムの変化を認識する必要がある。したがって，メロディの知覚・認知的な処理は，「音の高さの側面」（ピッチ）と時間的な「リズムの側面」（リズムやテンポ）の処理に，大きく分けることができる（吉野，2000）。

「音の高さの側面」と「リズムの側面」の認知は，脳の異なる部位で行われていることを示唆する研究がある。ジョンスリュードら（Johnsrude et al., 2000）は，脳損傷患者と健常者を対象に，ピッチに関する課題を実施した。課題の内容は，二つの音を連続で呈示し，二つ目の音が一つ目の音と比べて高いか低いかを判断する，というものであった。その結果，右半球を損傷していた患者は，課題の成績が健常群よりも低下していた。一方，左半球を損傷していた患者の課題成績は，健常群と差が見られなかった。

ザトーレとブラン（Zatorre & Belin, 2001）の実験では，ピッチを変化させた刺激と，テンポを変化させた刺激を聞いているときの脳活動に違いがあることを，PETを用いて示した。実験で用いられた刺激は，統制条件1種類と，実験条件2種類の計3種類であった。統制条件は，500 Hzと1000 Hzの音を，あるテンポで交互に呈示するというものであった。一つ目の実験条件は，ピッ

チを変化させる条件である。この条件は統制条件と比べて，テンポは同じであるが，ピッチは 500〜1000 Hz の間で細かく変化するものであった。実験条件の二つ目は，テンポを変化させる条件である。この条件は，ピッチの変化は統制条件と同一であるが，呈示するテンポは変化するというものであった。実験の結果，一つ目のピッチを変化させる条件では，右半球の聴覚領域が主に活動し，二つ目のテンポを変化させる条件では，左半球が主に活動することが示された。これらの結果から，右半球の聴覚野は**周波数の処理**に関係しているが，左半球は**時間的な処理**に関係していることが示唆された。つまり，ピッチのような周波数の処理と，テンポのような時間的な処理は，独立していると考えられる。

2　ハーモニー・音楽的な文法と意味処理

「コーヒーに砂糖と冷蔵庫を入れた」「コーヒーを冷蔵庫で入れた」。この 2 種類の文章はおかしいが，何がおかしいのかは異なっている。前半の文は「冷蔵庫」のところを「クリーム」と変えたら意味が通じることになるので，文の意味がおかしいのである。後半の文は助詞の「で」を「に」に変えると「コーヒーを冷蔵庫に入れた」となり，理解可能な文となる。つまり，文法が間違っているということになる。

このような意味がおかしかったり，文法的に間違っていたりする文を聞くと，私たちは違和感を覚える。私たちは，ことばの文法や意味のつながりに関する内的な**スキーマ**をもっていて，あることばを聞いたときには，次にどのようなことばがくる可能性が高いのかということを，無意識のうちに予想している。そのため，その予想に反することばを見たり聞いたりすると，「おかしい」と感じるのである。これはことばのみでなく，音楽にも当てはまる。私たちは**音楽の"文法"**（音楽語法）や"意味"についても内的なスキーマをもち，常に何が次にくるのかということを予測している（第 4 章参照）。

(1) 音楽的「文法」

西洋音楽には「文法」が存在し，音楽の旋律が中心音と呼ばれる一つの音や和音（主和音）を中心に秩序づけられ，統一されるような音楽が多く見られる。そのような体系を**調性**と呼ぶ。ケルシュら（Koelsch et al., 2000）は，

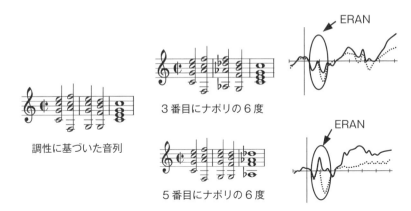

グラフの点線は，ナポリの6度を含まない音列を聴いたときの脳波で，実線はナポリの6度が含まれる音列を聴いたときの脳波。グラフの縦線は，ナポリの6度の和音を聴いた瞬間を表す。丸で囲まれているのが ERAN であり，上のグラフより下のグラフのほうが，変化の度合いが大きいことが見てとれる。

図9-3　実験で用いられた音列とそれを聴いたときの脳波の例

(Koelsch et al., 2000 を元に著者作成)

「ナポリの6度」と呼ばれる和音を用いて，和音によって作られた音列の中で，調性的な枠組みから外れた音に対する脳の反応を，ERP を用いて計測を行った。実験では音楽の専門的な訓練を受けていない人を対象に，5つの連続する和音から構成された刺激を聞かせた。刺激の半数はすべての和音が特定の調を形成するものであり，残りの半数は3番目，もしくは5番目の和音が，その調から逸脱したナポリの6度に置き換えられた。その結果，ナポリの6度が含まれる刺激を聞いているときは，刺激呈示後 200 ms で振幅が最大となる**陰性電位**（ERAN：Early Right-Anterior Negativity）が，右半球の前頭頂部に見られた。また，ナポリの6度は，3番目にあるときよりも，5番目にあるときのほうが，調性の枠組みから大きく外れるとされている。このことは脳活動にも反映され，5番目にナポリの6度があるときのほうが，3番目にある場合よりも，より大きい ERAN の振幅が見られた。ケルシュらは，ERAN は，音楽的な予期から外れた音や，音楽的な「文法」の処理を行っていることに対する指標であると考えている。

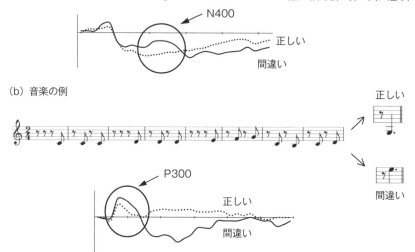

点線は正しい刺激が呈示されたとき，実線は間違っている刺激が呈示されたときの脳波を表している。グラフの縦線は，刺激呈示終了時を示す。(a) 内の丸で囲まれているのが N400 であり，点線と比べて実線は山型に変化しているのがみて取れる。(b) 内の丸で囲まれているのが P300 であり，点線と比べて実線の山が大きく変化しているのが見てとれる。

図 9-4　刺激の例と脳波（Besson & Macar, 1987 を元に著者作成）

(2) 音楽の'意味'処理

　ベッソンとマッカー（Besson & Macar, 1987）は，意味の通じない文章とメロディを呈示し，それらの刺激に対する ERP を測定した。実験では，言語呈示条件と音楽呈示条件の，2種類の条件が設定された。言語呈示条件では，普通の文章と，その最後の単語を変えて意味が通らないように作成した文章を呈示した。音楽呈示条件では，「アヴィニョン橋の上で」（フランスの有名な民謡）から抜粋したメロディと，その最後の音を変えたメロディを呈示した。その結果，意味が通らない文章や，最後の音がおかしいメロディのときに，普通のメロディには見られなかった成分（波形の変化）が，文章（N400）にもメロディ（P300）にも見られた。N400とは，刺激を呈示し終わってから 400ms 後に見られる陰性電位であり，文章を刺激とした研究から**意味的な逸脱を表す**

指標であることが示唆されている。また，P300とは，刺激を呈示し終わってから300 ms後に見られる陽性電位である。これは，音楽の刺激に特有な成分であり，**音楽の予期**に関係していると考えられている。

第3節　演奏と脳活動

1　演奏中の脳活動

演奏にはさまざまな活動が必要である。たとえば，ピアノを弾くときのことを考えてみよう。ピアノの前に座っていざ弾き始めようとしたとき，最初に何をするだろうか。まず，楽譜を見る。それから，楽譜に書かれた最初の音をイメージして，出そうと思った音に対応する鍵盤に指を置く。鍵盤を叩く。出てきた音を聴いて，楽譜どおりであるかどうか判断する……。このような複雑な活動である演奏をしている間の脳の働きは，どのようになっているのだろうか。

前出のサージェントら（Sergent et al., 1992）は，プロのピアニストを対象に，演奏中の脳の活動をPETを用いて測定した。ピアニストたちは，スクリーンに映し出された，彼らが演奏したことがない，あまり有名でないバッハのパルティータの楽譜を見て，楽譜のとおりに右手でキーボードを演奏するように求められた。

実験ではピアノの演奏に関係する要素を，①演奏，②聴取，③楽譜の読み，の三つに分類した。さらに，それぞれに対応する課題と，要素を組み合わせた5種類の課題を設定した（表9-1）。その結果，初見の楽譜を読む（③楽譜の読み）のみのときは，左後頭頭頂部が活性化し，演奏音を聴きながら初見の楽譜を読む（②聴取＋③読み）ときと，初見で演奏（①演奏＋②聴取＋③読み）するときは，さらに**縁上回**が活性化した。この結果から，縁上回は，音楽表記とそれに一致する音やメロディを結びつけるような機能があることが示唆された。この研究以前に行われていた，視覚的な情報と言語刺激の結びつきに関する研究では，縁上回の関与は指摘されていなかった。したがって，縁上回は，単に視覚的情報と聴覚的情報を結びつけるのではなく，**楽譜と音を結びつける**

表 9-1 サージェントらの実験で用いられた課題と脳の活動部位 (Sergent et al., 1992)

課題	聴く	読む	演奏	活動部位
音階を聴く	○			両側の二次聴覚野 左の上側頭回
モニター上の楽譜を読む		○		二次視覚野 後頭頭頂部
音階を演奏する			○	左の運動野 右の小脳 左の前運動野
楽譜を読みながら演奏を聴く	○	○		縁上回 両半球の下頭頂葉
モニター上の楽譜を読みながら演奏する	○	○	○	両側の上頭頂葉 縁上回

ことに対して，特別な役割を果たしていると考えられる。

2 即興演奏における脳活動

　書かれた楽譜を読み，それを見ながら楽器を奏でたり歌を歌ったりすることは，演奏活動のひとつのパターンである。しかし，楽譜を見ないで即興で，演奏者自身が音楽を生み出しながら楽器を奏でることもまた，演奏のパターンのひとつである。**即興演奏**は，ジャズやポップスでよく行われる。また，クラシック音楽でも協奏曲の途中に「カデンツァ」と呼ばれる部分があり，作曲者からの指定がなく，演奏者が自由に弾くことを任されることもある。このように，楽譜にとらわれず自由な演奏をしているときの脳の働きは，どのようになっているのだろうか。

　リムとブラウン（Limb & Braun, 2008）はジャズピアニストを対象に，即興演奏をしているときの脳の活動を調べる実験を行った。ピアニストたちは実験の数日前に楽譜を渡され，基本となる曲を覚えてくるように言われた。そして実験の日には覚えてきた曲をもとにし，ジャズの伴奏に合わせて自由に演奏することを求められた。覚えてきた曲をそのまま演奏しているときの脳の活動と，即興で自由に演奏しているときの脳の活動を比べた結果，即興演奏では内

側前頭皮質の活動が活発になっていた。その一方で**背外側前頭前野**は，そのまま演奏しているときに比べて活動が低下していた。活動が活発になった内側前頭皮質は，**自伝的な記憶**に関係していると考えられている。これは，即興演奏のときに，演奏者がこれまで蓄積してきたメロディのパターンを引き出しながら演奏していることが反映していると考えられる。一方で，活動が低下した背外側前頭前野は，**ワーキングメモリ**に関係していると考えられている。この部位があまり活動しなかったということは，ワーキングメモリにあまり負荷がかからなかったということになる。つまり，即興演奏は，覚えてきた曲をそのまま演奏するときと比べて，演奏を無意識に行っていることが予測される。即興演奏を行ったときには，慎重に計画したり，自己を客観的に見たりする部位の活動が弱くなったが，その一方で，自己について話したりするときに関係する部位が強く活動した。この結果を受けてリムらは，即興演奏のとき，ミュージシャンは**自己**について深く語っているのと同じ状態であると述べている。

3 演奏による脳の変化

楽器を演奏することは一種の「運動」であり，日常ではあまり経験しないような姿勢を取ったり，同じ動きを何度も繰り返したりする。プロの演奏家は，幼い頃から長時間の練習を行っていることが多い。長期にわたってそのような「運動」をすると筋肉が鍛えられるが，それに伴い脳も変化する。エルバートら（Elbert et al., 1995）は，弦楽器奏者の手の指を刺激したときに見られる反応（体性感覚誘発電位）について調べた。その結果，弦楽器を弾かない人と比べて，弦楽器奏者は**左手の指**（特に小指）の反応が強いことが示された。また，右手については違いがなかった。弦楽器奏者が楽器を演奏するときには，左手の人差し指から小指までを用いて弦を押さえる。この運動は日常生活にはあまり見られないものであり，そのため，弦楽器奏者とそうでない人との間で差が見られたと考えられる。同様の結果は，ピアノ奏者を対象とした研究からも得られている（Bangert et al., 2006）。

このような変化は，短期間の訓練でも見られる。たとえば，バンガートとアルテンミュラー（Bangert & Altenmüller, 2003）は，ピアノの訓練経験がない人を対象に，ピアノの指の動きに似た指の動きをしているときの脳活動をfMRIを用いて測定した。その結果，30分間の練習をした後では，一次運動野

における指の表象が増加したが，その後トレーニングを行わないと，1週間で一時運動野の表象は元に戻ってしまった。つまり，継続的にトレーニングを行わないと，表象の拡大は固定しないことが示唆された。

このような脳の**可塑性**は，運動に限らない。音楽家は常に聴覚的な刺激に接しているため，純音（Schneider et al., 2002）や，ピアノの音や音楽家が主に演奏している楽器の音（Pantev et al., 2001）に対する反応は，非音楽家よりも大きいことが研究から示されている。また，**一次聴覚野**である**ヘッシェル回の灰白質**が，音楽家は非音楽家と比べて倍の大きさであるという報告もある（Pantev et al., 1989）。

このように，継続的に音楽的な訓練を行うことは，運動を繰り返したり，聴覚的な刺激にさらされ続けるということを伴うものである。この継続的な出来事は**大脳皮質の変化**を引き起こすが，これは時に不適応につながることもある。このような大脳皮質の変化は，ジストニアと呼ばれる筋肉の不随意運動の原因のひとつとなることもあるのである（詳しくは第10章を参照）。

コラム② 絶対音感と脳

　絶対音感を身につけるには，大人になってからではなく，子どもの頃の音楽的な訓練が重要であるといわれる。これには，脳の可塑性が関係していると考えられている。さまざまな研究が，絶対音感をもつ人と，もっていない人の脳の構造を比較すると，異なっている部位があることを指摘している（Zatorre, 2003）が，そうした部位のひとつに**側頭平面**がある。左の側頭平面は，言語の処理に関係していると考えられている。この部位はもともと左右の大きさが異なっているが，絶対音感をもっている人は，左半球がより大きいといわれる。また，絶対音感をもっている人は，音を聞いたときにそれを自動的に，「ド・レ・ミ」といった音名に変換するという特徴をもつ。つまり，通常は右半球で行われている音の高さについての処理も，言語と同じように左半球で行っていると考えられる。このような処理は，絶対音感を保持している人を対象に，音の高さを記憶する課題を行っているときの脳活動を測定した実験からも示唆されている（宮澤ら，2008）。絶対音感をもっている人の音に対する言語化という認知特性は，脳の可塑性から生み出され，絶対音感へとつながっていくのであろう。

第4節　音楽と感情の脳活動

　音楽と感情に対する多岐にわたる研究をまとめたジュスリンとスロボダ（Juslin & Sloboda, 2001；2011）の影響から，感情に焦点を当て，健常者を対象とする脳機能イメージング研究が盛んに行われるようになってきた。音楽と感情の関係は，音楽心理学における重要なテーマのひとつであり，本節では音楽と感情に焦点を当て，健常者を対象とした過去の脳機能イメージング研究を概観し，今後，この研究分野において脳機能イメージング研究を行う際の課題に関して検討していく。

　音楽と感情に焦点を当てた脳機能イメージングの研究には，強い快感情反応（Blood et al., 1999；Blood & Zatorre, 2001；Salimpoor et al., 2011），協和音・不協和音の音楽に対する感情反応（Blood et al., 1999；Koelsch et al., 2006），楽しい・悲しい音楽に対する感情反応（Khalfa et al., 2005；Mitterschiffthaler et al., 2007；Brattico et al., 2011），喜び・恐怖を喚起させる音楽に対する感情反応（Eldar et al., 2007；Koelsch et al., 2013）などの研究がある。これらの研究では扁桃核，海馬，側坐核や尾状核を含む線条体，聴覚野，前補足運動野，帯状回皮質，眼窩前頭皮質の関与が報告されている。

1　快-不快を扱った PET 研究

　ブラッドら（Blood et al., 1999）は，アマチュア音楽家に6種類の伴奏を付けた旋律を聴取させて感情を喚起させ，そのときの脳活動を PET を使って記録した。6種類の伴奏は不協和の強度が異なり，強度が増すにつれ被験者の**不快度**が増加した。被験者の不協和の評定値と正の相関を示す活動（すなわち，より不快と感じると強くなる活動）が，右海馬傍回，右楔前部で見られ，負の相関を示す活動（より快と感じると強くなる活動）が，眼窩前頭皮質，梁下帯状回，右前頭極で見られた。これらの活動領域は，視覚刺激などによって不快感あるいは快感が喚起されたときに活動する領域と一致しているが，音高や音色といった音楽構造の知覚の際に活動する領域とは，異なることが示唆された。

　ブラッドとザトーレ（Blood & Zatorre, 2001）は快感情に焦点を当て，音楽

的な素養のある被験者が，自ら選んだ，**身震い**（shivers-down-the-spine, chills）を伴う強い快感情を喚起させる，クラシック楽曲を聴取した際の脳活動を計測した。この研究は，音楽が喚起する快感情に，側坐核を含む**腹側線条体**の活動が関わることを初めて示した。他人が選んだ楽曲の聴取時と比較して，自らが選んだ強い身震いを喚起させる楽曲の聴取時には，左腹側線条体，背内側中脳，右前頭眼窩野，島，視床，前帯状回，補足運動野，小脳が活動し，扁桃体，左海馬，内側前頭前野腹側部の活動が減少した。腹側線条体は，食物や性交のような**生物学的生存**に関わる刺激によって引き起こされる，生物学的な喜びに関係した領域でもあることから，音楽聴取によって生じる強い快感情が，人間にとって強い生物学的な意味をもつことを示唆している。

　ブラウンら（Brown et al., 2004）は，上記の二つの研究を補足する研究を行った。この研究では，最小限の音楽教育しか受けていない被験者が，初めて聴く楽曲を感情変化に注意することなくただ受動的に聴取する際にも，辺縁系ならびに傍辺縁系に活動が生じることが，PET によって示された。無音状態と比べて楽曲聴取時には，ブロードマンの脳地図の 41 野，22 野，42 野，上側頭溝，右中側頭回，島近傍の右上側頭極といった音楽構造の表象に関わる部位と，左梁下帯状回，左前帯状回，左脳梁膨大後部皮質，右海馬，側坐核に反応が見られた。梁下帯状回は，快-不快を喚起させる音楽を聴取させ，感情評定を行わせた際の脳活動を調べた先行研究（Blood et al., 1999；Blood & Zatorre, 2001）でも活動が見られたが，受動的な聴取のみの今回の研究で活動が見られたことから，**感情識別**というよりも**感情体験**に関わるとブラウンらは結論づけた。

2　快-不快を扱った fMRI 研究

　メノンとレヴィティン（Menon & Levitin, 2005）は，脳内報酬系の一部である側坐核と腹側被蓋野が音楽を聴取した際に活動するかどうかを，PET よりも高い空間分解能を持つ fMRI を使って調べた。ブラッドら（Blood et al., 1999），ブラッドとザトーレ（Blood & Zatorre, 2001）の研究では，被験者が音楽家であったため，音楽家特有のスキーマを反映していると考えられ，得られた結果の一般性が乏しいことから，この実験では非音楽家が被験者に用いられた。刺激にはクラシック音楽を用い，コントロール楽曲として同じクラシッ

ク音楽を 250〜350 ms ずつ分解し，無作為につなぎ合わせたものを使った．コントロール楽曲は音高，音量，音色は元の楽曲と変わらないが，無作為に結びつけたので時間的な音楽構造が異なった．コントロール楽曲と比較して，クラシック楽曲聴取時に活動が見られた領域は，側坐核と腹側被蓋野，視床下部，下前頭葉，右前頭眼窩野，帯状回前部，小脳虫部，脳幹であった．また，脳領域間の関係性を検討する結合性解析（connectivity analyses）によって，側坐核，腹側被蓋野と視床下部（これらの領域間には直接的な神経結合があることが，神経解剖学的に証明されている）の間の**動的な相互作用**が，音楽への感情調整に重要な役割をしていることを示唆する結果を得ている．

ケルシュら（Koelsch et al., 2006）は，音楽聴取によって喚起される快-不快に関与する脳領域を，fMRI を使って調べた．快を喚起させる音楽には器楽の舞曲を使い，不快を喚起させる音楽には，同じ舞曲を波形処理して不協和にさせたものを使った．不快音楽の聴取の際に活動が見られた領域は，扁桃体，海馬，海馬傍回，側頭極であった．快音楽を聴取の際には，下前頭回，前上島，腹側線条体，横側頭回，ローランド弁蓋部の領域に活動が見られた．これらの結果は，一般的に不快な感情の処理に関与するとされている領域が，音楽聴取の際にも活動しうることを明らかにした．また，海馬以外の領域は，音楽刺激を与えている時間が長くなるほど活動の増加が見られたことから，音楽聴取によって喚起される快-不快な感情に関与する脳領域は，**時間的動態**（temporal dynamics）をもつことが示された．

サリンポアーら（Salimpoor et al., 2011）は，PET と fMRI を用いることで，音楽が喚起する身震いへの**期待**や**経験**の間に，線条体の異なる領域で**ドーパミン**[3]が増加することを示した．彼女らは，PET でドーパミンの分布を測定しただけでなく，自律神経系の活動を生理心理学的測定もすることによって，音楽聴取による感情的覚醒のピーク時に，線条体でのドーパミンの放出を見いだした．また，ドーパミン放出の時間経過を調べるために，同じ刺激を聞いている際の被験者を，fMRI でも測定した．その結果，尾状核は音楽に対する感情反応への期待の際に，側坐核は音楽に対する感情反応を経験する際に，

---

[3] 情動を調節していると考えられている神経伝達物質．意欲や学習，運動の制御にも関係するといわれる．脳の黒質のドーパミン細胞の脱落によって，運動の調節に障害のあるパーキンソン病が生じる．

より関与していた。この結果は，音楽への強い快感情はドーパミンを放出させることを示すだけでなく，音楽への強い快感情に対する期待は，快感情それ自体に関係する経路とは解剖学的に異なる系で，ドーパミンを放出させることを示唆した。

3 「楽しい-悲しい」を扱った fMRI 研究

　カルファら（Khalfa et al., 2005）は，楽しさ-悲しさを表現した音楽がどのような脳内メカニズムで処理されているのかを，fMRI を使って検討した。被験者は，クラシック音楽から抜粋され，コンピュータを使って旋法とテンポが操作された楽曲を聴取し，音楽が表現している感情を判断した。短調楽曲の聴取時には，左内側前頭回，上前頭回，後帯状束の領域に活動が見られたが，長調楽曲の聴取時には，有意に活動が増加した領域はなかった。テンポの速い-遅いを比較した際には，その間の活動に有意な差はなかった。旋法とテンポの交互作用に関与する活動は，左内側前頭回，右中前頭回，右前帯状回の領域で見られた。以上から，旋法と，旋法とテンポの交互作用の活動に共通して関与が見られた内側前頭回は，感情表現の**判断処理**を担っていると結論づけられた。

　ミッターシュフェイラーら（Mitterschiffthaler et al., 2007）は，クラシック音楽を聴取させて，その際に起こる一過性の感情変化に関与する脳領域を，fMRI を使って調べた。刺激は，意図された感情状態を喚起させることが，予備実験によって確認された 20 曲（楽しい＝5 曲，悲しい＝5 曲，中性＝10 曲）である。楽しさを喚起させる楽曲の聴取時には，腹側線条体と左背側線条体，左前帯状回，左海馬傍回，聴覚連合野で活動が見られ，悲しさを喚起させる楽曲の聴取の際には右海馬，扁桃体，聴覚関連領域で活動が見られた。中性楽曲を聴取の際には島，聴覚連合野が活動した。快音楽を聴取させた先行研究（Blood & Zatorre, 2001）と同様に，今回の研究においても線条体に活動が見られたことから，**楽しい音楽**は報酬反応への誘因となることがわかった。さらに音楽が喚起させる感情の処理ネットワークは，線条体と報酬体験に関与する前帯状回，側頭葉内側部を統合したものであることが示唆された。

4 音楽と感情を扱う脳研究のこれから

音楽と感情を扱う神経科学研究は，近年，先天性・後天性失音楽症の症例研究だけでなく，ブラッドら（Blood et al., 1999），ブラッドとザトーレ（Blood & Zatorre, 2001）の先駆的な研究の以降，健常者を対象とする脳機能イメージングを使った研究が行われるようになってきた。

新たな手法では快-不快，楽しい-悲しいという二つの対となる感情が扱われている。快-不快は感情の円環モデル（Russell, 1980）の次元であり，多くの感情研究で用いられている（第7章参照）。ただし，不快音楽は，不協和度を増加させたり，移調した曲とオリジナルの曲を合成したりと，調性音楽という枠組みからは少々かけ離れた刺激になっていることは否めない。一方，楽しい-悲しいは，音楽構造の調性の要素（長調-短調）と非常に密接な関係にあり，音楽に関連する代表的な感情の一対である。音楽が喚起させることができる感情はほかにも，穏やかさや恐れなどがあり（Vieillard et al., 2008），そのような感情の特性を示すための比較検討が必要であろう。

また，健常者に対して脳機能イメージングを使う研究では，音楽聴取によって喚起される感情に関与する脳領域を，症例研究以上に詳細に検討することができる。音楽聴取時に喚起される感情と，食物などの報酬によって喚起される感情に関与する脳内メカニズムが，共通していることが明らかとなったことは重要であり，音楽が，食物などと同様に，人間にとって生物学的な価値をもつことを示唆する結果である。特に**腹側線条体**は，多くの研究（Blood & Zatorre, 2001 ; Brown et al., 2004 ; Koelsch et al., 2006 ; Menon & Levitin, 2005 ; Mitterschiffthaler et al., 2007）において，ポジティブな感情状態において活動が見られ，音楽によって影響を受ける感情の脳内メカニズムを考える際に，欠かすことのできない脳領域のひとつといえるだろう。今後は，直接的な神経結合が神経解剖学的に証明されている，側坐核，腹側被蓋野と視床下部の間の動的な相互作用が，音楽への感情調整に重要な役割をしていることを示唆したメノンとレヴィティン（Menon & Levitin, 2005）の研究のように，活動が見られた**領域間の関係性**を検討していくことが，各領域の機能を明らかにしていくうえで非常に重要である。

【引用文献】

Bangert M. & Altenmüller, E. O. (2003). Mapping perception to action in piano practice: A longitudinal DC-EEG study. *BMC Neuroscience*, **4**, 26.

Bangert M., Peschel, T., Schlaug, G., Rotte, M., Drescher, D., Hinrichs, H., Heinze H. J., & Altenmüller, E. O. (2006). Shared networks for auditory and motor processing in professional pianists: Evidence from fMRI conjunction, *NeuroImage*, **30**, 917-926.

Bengtsson, S. L. & Ullen, F. (2006). Dissociation between melodic and rhythmic processing during piano performance from musical scores. *NeuroImage*, **30**, 272-284.

Besson, M. & Macar, F. (1987). An event-related potential analysis of incongruity in music and other non-linguistic contexts. *Psychophysiology*, **24**, 14-25.

Blood, A. J. & Zatorre, R. J. (2001). Intensely pleasurable responses to music correlate with activity in brain regions implicated in reward and emotion. *Proceedings of the National Academy of Sciences of the United States of America*, **98**, 11818-11823.

Blood, A. J., Zatorre, R. J., Bermudez, P., & Evans, A. C. (1999). Emotional responses to pleasant and unpleasant music correlate with activity in paralimbic brain regions. *Nature Neuroscience*, **2**, 382-387.

Brattico, E., Alluri, V., Bogert, B., Jacobsen, T., Vartiainen, N., Nieminen, S., & Tervaniemi, M. (2011). A Functional MRI Study of Happy and Sad Emotions in Music with and without Lyrics. *Frontiers in Psychology*, **2**.

Brown, S., Martinez, M. J., & Parsons, L. M. (2004). Passive music listening spontaneously engages limbic and paralimbic systems. *Neuroreport*, **15**, 2033-2037.

Carlson, N. R.（著）中村　克樹・泰羅　雅登（監訳）(2008). カールソン神経科学テキスト——脳と行動　丸善.

Dennis, M. & Hopyan, T. (2001). Rhythm and melody in children and adolescents after left or right temporal lobectomy. *Brain and Cognition*, **47**, 461-469.

Elbert, T., Pantev, C., Wienbruch, C., Rockstroh, B., & Taub, E. (1995). Increased cortical representation of the fingers of the left hand in string players, *Science*, **270**, 305-307.

Eldar, E., Ganor, O., Admon, R., Bleich, A., & Hendler, T. (2007). Feeling the real world: limbic response to music depends on related content. *Cerebral Cortex*, **17**, 2828-2840.

Foster, N. E., Halpern, A. R., & Zatorre, R. J. (2013). Common parietal activation in musical mental transformations across pitch and time. *NeuroImage*, **75**, 27-35.

Galaburda, A. & Sanides, F. (1980). Cytoarchitectonic organization of the human auditory cortex. *The Journal of Comparative Neurology*, **190**, 597-610.

Griffiths, T. D., Johnsrude, I., Dean, J. L., & Green, G. G. (1999). A common neural substrate for the analysis of pitch and duration pattern in segmented sound? *Neuroreport*, **10**, 3825-3830.

Halpern, A. R. & Zatorre, R. J. (1999). When that tune runs through your head: A PET

investigation of auditory imagery for familiar melodies. *Cerebral Cortex*, **9**, 697-704.
Halpern, A. R., Zatorre, R. J., Bouffard, M., & Johnson, J. A. (2004). Behavioral and neural correlates of perceived and imagined musical timbre. *Neuropsychologia*, **42**, 1281-1292.
Haueisen, J. & Knösche, T. R. (2001). Involuntary motor activity in pianists evoked by music perception. *Journal of Cognitive Neuroscience*, **13**, 786-792.
Hugdahl, K., Brønnick, K., Kyllingsbaek, S., Law, I., Gade, A., & Paulson, O. B. (1999). Brain activation during dichotic presentations of consonant-vowel and musical instrument stimuli: A 15O-PET study. *Neuropsychologia*, **37**, 431-440.
Jeffries, K. J., Fritz, J. B., & Braun, A. R. (2003). Words in melody: An H(2) 15O PET study of brain activation during singing and speaking. *Neuroreport*, **14**, 749-754.
Johnsrude, I. S., Penhune, V. B., & Zatorre, R. J. (2000). Functional specificity in the right human auditory cortex for perceiving pitch direction. *Brain*, **123**, 155-163.
Juslin, P. N. & Sloboda, J. A. (2001), *Music and emotion: Theory and research*. Oxford University Press.（ジュスリン，P. N.・スロボダ，J. A.（編）大串 健吾・星野 悦子・山田 真司（監訳）(2008). 音楽と感情の心理学　誠信書房）
Juslin, P. N. & Sloboda, J. A. (2011), *Handbook of music and emotion: Theory, research, applications*. Oxford University Press.
Kaas, J. H., Hackett, T. A., & Tramo, M. J. (1999). Auditory processing in primate cerebral cortex. *Current Opinion in Neurobiology*, **9**, 164-170.
Kasai, K., Asada, T., Yumoto, M., Takeya, J., & Matsuda, H. (1999). Evidence for functional abnormality in the right auditory cortex during musical hallucinations. *Lancet*, **354**(9191), 1703-1704.
Khalfa, S. E. P., Schon, D., Anton, J. L., & Liégeois-Chauvel, C. (2005). Brain regions involved in the recognition of happiness and sadness in music. *Neuroreport*, **16**, 1981-1984.
Knösche, T. R., Neuhaus, C., Haueisen, J., Alter, K., Maess, B., Witte, O. W., & Friederici, A. D. (2005). Perception of phrase structure in music. *Human Brain Mapping*, **24**(4), 259-273.
Koelsch, S., Fritz, T., V Cramon, D. Y., Müller, K., & Friederici, A. D. (2006). Investigating emotion with music: an fMRI study. *Human Brain Mapping*, **27**, 239-250.
Koelsch, S., Gunter, T., Friederici, A.D., & Schröger, E. (2000). Brain indices of music processing: "Nonmusicians" are musical. *Journal of Cognitive Neuroscience*, **12**, 520-541
Koelsch, S., Skouras, S., Fritz, T., Herrera, P., Bonhage, C., Küssner, M. B., & Jacobs, A. M. (2013). The roles of superficial amygdala and auditory cortex in music-evoked fear and joy. *NeuroImage*, **81**, 49-60.
Liégeois-Chauvel, C., Peretz, L., Babaï, M., Laguitton, V., & Chauvel, P. (1998). Contribution of different cortical areas in the temporal lobes to music processig.

Brain, **121**, 1853-1867.
Limb, C. J. & Braun, A. R. (2008). Neural substrates of spontaneous musical performance: An FMRI study of jazz improvisation, *PLoS ONE*, **3**, e1679.
Lin, Y. J., Lu, K. C., Chen, C. M., & Chang, C. C. (2012). The effects of music as therapy on the overall well-being of elderly patients on maintenance hemodialysis. *Biological Research for Nursing*, **14**, 277-285.
Lotze, M., Scheler, G., Tan, H-R. M., Braun, C., & Birbaumer, N. (2003). The musician's brain: functional imaging of amateurs and professionals during performance and imagery. *NeuroImage*, **20**, 1817-1829.
Menon, V. & Levitin, D. J. (2005). The rewards of music listening: response and physiological connectivity of the mesolimbic system. *NeuroImage*, **28**, 175-184.
Menon, V., Levitin, D. J., Smith, B. K., Lembke, A., Krasnow, B. D., Glazer, D., Glover, G. H., & McAdams, S. (2002). Neural correlates of timbre change in harmonic sounds. *NeuroImage*, **17**, 1742-1754.
Mitterschiffthaler, M. T., Fu, C. H., Dalton, J. A., Andrew, C. M., & Williams, S. C. (2007). A functional MRI study of happy and sad affective states induced by classical music. *Human Brain Mapping*, **28**, 1150-1162.
宮澤 史穂・井出野 尚・小嶋 祥三（2008）．絶対音感保持者の脳活動の NIRS を用いた計測　日本認知心理学会第6回大会発表論文集，104.
Molinari, M., Dell'Anna, M.E., Rausell, E., Leggio, M. G., Hashikawa, T., & Jones, E. G. (1995). Auditory thalamocortical pathways defined in monkeys by calcium-binding protein immunoreactivity. *The Journal of Comparative Neurology*, **362**, 171-194.
Pantev, C., Oostenveld, R., Engelien, A., Ross, B., Roberts, L. E., & Hoke, M. (1989). Increased auditory cortical representation in musicians. *Nature*, **392** (6678), 811-814.
Pantev, C., Roberts, L. E., Schulz, M., Engelien, A., & Ross, B. (2001). Timbre-specific enhancement of auditory cortical representations in musicians. *Neuroreport*, **12**, 169-174.
Rauschecker, J. P. & Tian, B. (2000). Mechanisms and streams for processing of "what" and "where" in auditory cortex. *Proceedings of the National Academy of Sciences of the United States of America*, **97**, 11800-11806.
Russell, J. A. (1980). A circumplex model of affect. *Journal of Personality and Social Psychology*, **39**(6), 1161-1178.
Salimpoor, V. N., Benovoy, M., Larcher, K., Dagher, A., & Zatorre, R. J. (2011). Anatomically distinct dopamine release during anticipation and experience of peak emotion to music. *Nature Neuroscience*, **14**, 257-262.
Schneider, P., Scherg, M., Dosch, H. G., Specht, H. J., Gutschalk, A., & Rupp, A. (2002). Morphology of Heschl's gyrus reflects enhanced activation in the auditory cortex of musicians. *Nature Neuroscience*, **5**, 688-694.
Schneider, P., Sluming, V., Roberts, N., Scherg, M., Goebel, R., Specht, H. J., Dosch, H.

G., Bleeck, S., Stippich, C., & Rupp, A. (2005). Structural and functional asymmetry of lateral Heschl's gyrus reflects pitch perception preference. *Nature Neuroscience*, **8**, 1241-1247.

Sergent, J., Zuck, E., Terriah, S., & MacDonald, B. (1992). Distributed neural network underlying musical sight-reading and keyboard performance, *Science*, **257**, 106-109.

Tervaniemi, M. & Hugdahl, K. (2003). Lateralization of auditory-cortex functions. Brain Research. *Brain Research Reviews*, **43**, 231-246.

Tervaniemi, M., Kujala, A., Alho, K., Virtanen, J., Ilmoniemi, R. J., & Naatanen, R. (1999). Functional specialization of the human auditory cortex in processing phonetic and musical sounds: A magnetoencephalographic (MEG) study. *NeuroImage*, **9**, 330-336.

Ueda, T., Suzukamo, Y., Sato, M., & Izumi, S. I. (2013). Effects of music therapy on behavioral and psychological symptoms of dementia: a systematic review and meta-analysis. *Ageing Research Reviews*, **12**, 628-641.

Vieillard, S., Peretz, I., Gosselin, N., Khalfa, S., Gagnon, L., & Bouchard, B. (2008). Happy, sad, scary and peaceful musical excerpts for research on emotions. *Cognition and Emotion*, **22**(4), 720-752.

Vink, A. C., Zuidersma, M., Boersma, F., de Jonge, P., Zuidema, S. U., & Slaets, J. P. J. (2013). The effect of music therapy compared with general recreational activities in reducing agitation in people with dementia: A randomised controlled trial. *International Journal of Geriatric Psychiatry*, **28**, 1031-1038.

Warren, J. D., Uppenkamp, S., Patterson, R. D., & Griffiths, T. D. (2003). Separating pitch chroma and pitch height in the human brain. *Proceedings of the National Academy of Sciences of the United States of America*, **100**, 10038-10042.

渡辺 雅彦・寺島 俊雄 (2003). ヒトの神経系の構造　伊藤 正男 (監修) 脳神経科学　三輪書店 pp.15-41.

Winkler, I. A. N., Háden, G. A. B. P., Ladinig, O., Sziller, I. A. N., & Honing, H. (2009). Newborn infants detect the beat in music. *Proceedings of the National Academy of Sciences of the United States of America*, **106**, 2468-2471.

吉野　巌 (2000). 旋律 (旋律の音高的側面)　谷口 高士 (編著) 音は心の中で音楽になる――音楽心理学への招待　北大路書房 pp.22-47.

Yumoto, M., Uno, A., Itoh, K., Karino, S., Saitoh, O., Kaneko, Y., Yatomi, Y., & Kaga, K. (2005). Audiovisual phonological mismatch produces early negativity in auditory cortex. *Neuroreport*, **16**, 803-806.

Zatorre, R. J. (2003). Absolute pitch: a model for understanding the influence of genes and development on neural and cognitive function. *Nature Neuroscience*, **6**, 692-695.

Zatorre, R. J. & Belin, P. (2001). Spectral and temporal processing in human auditory cortex. *Cerebral Cortex*, **11**, 946-953.

Zatorre, R. J., Belin, P., & Penhune, V. B. (2002). Structure and function of auditory cor-

tex: music and speech. *Trends in Cognitive Sciences*, **6**, 37-46.
Zatorre, R. J., Evans, A. C., & Meyer, E. (1994). Neural mechanisms underlying melodic perception and memory for pitch. *The Journal of Neuroscience*, **14**, 1908-1919.
Zatorre, R. J. & Jones-Gotman, M. (1991). Human olfactory discrimination after unilateral frontal or temporal lobectomy. *Brain*, **114**, 71-84.

---参考図書---

古屋 晋一（2012）ピアニストの脳を科学する――超絶技巧のメカニズム　春秋社

緑川 晶（2013）音楽の神経心理学　医学書院

第10章 演奏の心理

正田　悠
山下　薫子

第1節　演奏の実証的研究

1　演奏心理学とは

　私たち日本人は，小学校から中学校までの義務教育9年間を通して，音楽演奏の基本的な方法を学ぶ。趣味として楽器を演奏したり（音楽学部のない大学のピアノサークルに，100人以上の学生が所属していることも珍しくない），カラオケで歌を歌ったり，鼻歌を歌ったり，あるいは口笛を吹いたりして，誰もが日常的に音楽を楽しんでいる。このような"演奏"が誰でも簡単にできる一方で，演奏者が熟達者（たとえば，交響楽団で演奏するようなプロのレベル）に達するまでには最低10年，10,000時間以上の練習が必要であるといわれている（Ericsson, 2006）。本章では，私たちにとって身近でありながら，芸術音楽として達成させるまでには遥かな道のりを必要とする"演奏"について，これまでどのような心理学的研究がなされてきたのかを紹介する。

　「演奏心理学」（Performance Psychology）[1] は，音楽演奏がどのような特徴をもち，それがいかにして成り立っているのかを明らかにするとともに，演奏という行為の中で，演奏者自身がどのような経験をしているのか[2] を探究す

---

1)　英語の"Performance Psychology"は音楽演奏にかかわらず，スポーツ，ダンスなどのパフォーマンスに関わる心理学的問題も含む。
2)　たとえば，「演奏を日常的に行うことで，私たちの心身の健康が向上する」という知見（MacDonald et al., 2012）も，演奏心理学の対象となる（第12章も参照）。

る研究領域である。すなわち，演奏心理学の主たる研究対象は，「演奏」と「演奏者」である（両者が同時に対象となることもしばしばある）。具体的な研究課題には次のようなものがある。

(1) 熟練の演奏者が"芸術的"とする演奏は，音符を単にコンピュータに打ち込んだだけの演奏とは，何が異なるのだろうか。
(2) コンサートにおいて聴衆を目の前にして演奏するときや，アンサンブルで共演者と共に演奏するとき，また練習室において一人で演奏するときなど，演奏時の環境の違いは演奏者の表現にどのような影響を及ぼすのだろうか。
(3) 演奏しているとき，演奏者は何をどのように聴き，そしてイメージしているのだろうか。
(4) 熟達者と非熟達者とでは，演奏における技能や認知に，どのような違いがあるのだろうか。
(5) 演奏に伴って，演奏者はどのような心身の不調や故障に直面しているのだろうか。

このように，「演奏心理学」は心理学，音楽学，音響学，社会学，医学・生理学，教育学といった諸領域を含む学際領域[3]である。パーンカットとマクファーソン（Parncutt & McPherson, 2002）は，『演奏を支える心と科学』の中で，音楽演奏の実証的研究を体系的にまとめている。その内容は「音楽的潜在能力」「環境からの影響」「動機づけ」「演奏不安」「音楽演奏を可能にする脳のメカニズム」「音楽医学」「音から音符へ」「即興演奏」「初見視奏」「練習」「記憶」「イントネーション」「楽曲構造のコミュニケーション」「感情のコミュニケーション」「身体の動き」と多岐にわたり，心理学や神経科学（第9章参照）が扱う実に多様な事柄を，「演奏」という観点から見つめ直すことができることがわかる。本章ではこのうち，「演奏における芸術的表現の特徴」（第1節）と，「演奏を生みだす心と身体」（第2節）について概説する。

---

3) 複数の研究分野の知見を統合してアプローチしようとする研究領域のこと。

2　芸術的逸脱（表現ゆらぎ）

一般的に，西洋芸術音楽は「作曲者-演奏者-鑑賞者」の間のコミュニケーションによって成立する（Juslin, 2005；Kendall & Carterette, 1990）。この過程において，演奏者は，作曲者が楽譜に記した情報を音響として表現し，鑑賞者に伝える役割を果たす。作曲者が楽譜に示した指示は必ずしも厳密なものではないため，強弱，テンポ，アーティキュレーション[4]，音色などの表現の大部分は演奏者に委ねられている。ここでは，楽譜に記された作曲家からのメッセージを，演奏者がいかに解釈し，それをどのように音響的に表現するのかを紹介する。

（1）演奏者の芸術的解釈に起因するゆらぎ

楽譜制作ソフトでコンピュータに音符を打ち込んだ後で再生させてみると，ひどく味気なく感じることがある。これは，演奏者が人間であるからこそ生じる**ゆらぎ**（variation）が，打ち込み音楽には含まれていないことによる。図10-1は，プロのピアニストに，「自身の芸術的解釈にしたがって，普段コンサートやコンクールで演奏するような方法で演奏してください」（"芸術的"），

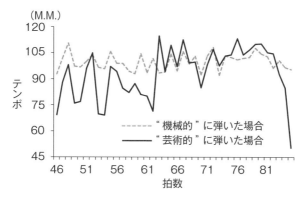

図10-1 ラフマニノフ『絵画的練習曲〈音の絵〉作品39-1』を"機械的"あるいは"芸術的"に演奏したときのテンポ曲線
（Shoda & Adachi, 2010 を著者一部改変）

4）複数の音の区切り方やつなげ方のことで，スタッカートやレガートなどの奏法を指す。

あるいは「メトロノームに合わせて弾くかのように淡々と演奏してください」（"機械的"）と教示して演奏してもらったときの，テンポの推移の抜粋である（楽曲は S. ラフマニノフ作曲『絵画的練習曲〈音の絵〉作品 39-1』，横軸は楽曲の始まりから数えた拍数である）（Shoda & Adachi, 2010）。このような，テンポの推移を表した曲線のことを，**テンポ曲線**（tempo curve）という。

　もし，この楽曲をコンピュータが演奏したとすると，横軸と平行な水平線が引かれることになる。図 10-1 の灰色の点線（"機械的"演奏）を見てみると，演奏者はかなり正確にテンポを維持して演奏してはいるものの，完全に水平な直線にはなっていない。これは演奏者が人間であるからこそ生じる「楽器の特性や演奏者の技術的限界，あるいは身体運動制御の限界に由来するゆらぎ」であり，これは基本的には行き当たりばったりで，取り除くことのできない"ノイズ"であると考えられている（Sloboda, 1983）。しかしながらこの"ノイズ"も，音楽演奏のゆらぎを構成するうえで重要な役割を果たすといわれている（Friberg & Battel, 2002）。さらに"機械的"演奏と比べてみると，"芸術的"演奏にはより大胆なテンポの動きが認められ，実に♩=64.72 ものテンポの開き（最も速い箇所と遅い箇所の差）がある。これは，演奏者が楽譜上に記された音価をそのまま機械的に再現するのではなく，時々刻々と変化していく音楽にしたがって，自身の芸術的解釈のもとでテンポを操作していることを示している。また，演奏者は音楽の流れに伴って**強弱**も表現しており，自身の解釈に即して強弱変化をつけることが知られている（Nakamura, 1987）。

　このような楽譜上に記された一定の規則性からの音響特性の逸脱を，**シーショア**（Seashore, 1938）は**芸術的逸脱**（artistic deviation）と呼び，これは，後の研究者たちによる**表現ゆらぎ**（expressive variation）の研究へと発展していった[5]。演奏者が演奏中に操作できる音響的特性は，テンポやリズムといった時間的側面や強弱に加え，弦楽器などでは音色（スペクトル包絡）や音高（周波数）など多岐にわたるが（Povel, 1977），一般的には，強弱表現よりも時間的表現におけるゆらぎのほうが，重要な役割を果たすようである（大串，1996；Shaffer, 1995）。

---

[5] 1980 年代以降の研究者たちは，演奏音の音響特性（たとえばテンポ，強弱，音色）の時々刻々の変化のことを，総じて「ゆらぎ（variation）」あるいは「表現ゆらぎ（expressive variation）」と呼んでいる。

(2) 楽曲構造に基づく演奏表現

演奏者は演奏中，どのようにゆらぎをつけているのであろうか。この問いは1980年代から現在に至るまで，多くの演奏心理学者の興味を引きつけてきた。もし，表現ゆらぎに共通の特徴があることがわかれば，先述の「味気ない打ち込み音楽」をより表情豊かで人間味のあるものにすることができるため，この問いは音楽情報科学の興味の対象でもあった。そして，多くの研究によって，演奏者の表現ゆらぎが楽曲の**音楽構造**に基づいているということがわかってきた（たとえば Repp, 1990）。

ここでは，W. A. モーツァルト作曲『ピアノソナタ 第11番イ長調 K. 331 (300 i)』の序盤8小節[6]を例として示す（図10-2）。西洋調性音楽は通常，階層的に構成されており，この楽曲の場合は，拍である八分音符六つ，あるいは付点四分音符二つで**小節**を構成し，4小節で**小楽節**（ここでは**フレーズ**〈楽句〉ととらえてよい。図10-2ではa1，a2として表している）を構成し，小楽節二つで大楽節を構成している（図10-2ではAとして表している）。図10-2

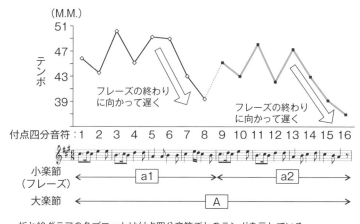

折れ線グラフの各プロットは付点四分音符ごとのテンポを示している。

図10-2　モーツァルト『ピアノソナタ第11番K. 331』第一楽章の序盤8小節のテンポ曲線（正田・安達，2010を元に著者作成）

---

[6] 同曲をより細かい単位（音符ごと）に分析したものが，フリーベリとバテル（Friberg & Battel, 2002, p. 315）に掲載されている。

上部の折れ線グラフは，あるピアニストにこの楽曲を演奏してもらったときのテンポ曲線である（正田・安達，2010）。ここからいくつかの特徴が認められる。

　まず，フレーズ a1 と a2 のテンポ曲線の形が非常に似通っている。一般的に，熟達した演奏者であれば，同じ曲を何度演奏しても，テンポや強弱の表現が非常によく一致することが知られている（Gabrielsson, 1987；Palmer, 1996）。一方，両者はまったく同じ形にはなっていない。特に，フレーズ a1 の終わり（番号「8」）よりも，フレーズ a2 の終わり（番号「16」）のほうが，テンポがより遅くなっていることに注目してほしい。これは，「二つのフレーズを抱合するまとまり」である大楽節 A のような，階層的に高いまとまりの終止は，フレーズ a1 のような階層的に低いまとまりの終止よりも，強調されて表現されることを示している。

　ガブリエルソン（Gabrielsson, 1987）はこの楽曲の強弱の推移も分析しており，強弱の場合，フレーズの最後の小節（番号「7」や「15」）に向かって音を強くしていくが，フレーズの最後の音（番号「8」や「16」）では音を弱くすることを示している。テンポと同様に，似通った二つのフレーズ（a1 と a2）の強弱の表現は類似するが，強弱の幅はフレーズ a1 よりもフレーズ a2 で大きくなる。一般的に，構造として階層が高いほど表現がより大げさになるため（たとえば，Penel & Drake, 2004），小節よりもフレーズのほうが，小楽節よりも大楽節のほうが，そして大楽節よりも曲全体のほうが，その終結部における演奏者の表現がより顕著になる（楽譜上に特段の指示がない場合には，おのおのまとまりの終わりに向けてテンポを遅くし，音を弱める〈Todd, 1992〉）。カラオケで歌を歌うときのことを考えてみよう。多くの楽曲はA メロ，B メロ，サビ，というようにいくつかの構造から成り立っているが，曲の始まりから最後まで全力で派手な表現を持続するよりも，序盤部分（A メロ，B メロ）は表現を抑え，クライマックス（サビ）に向けて情感たっぷりに歌い上げたほうが効果的である。

　表現を調整しながら楽曲の構造を聴衆に伝えることを，**楽曲構造のコミュニケーション**といい（Friberg & Battel, 2002），楽曲構造を反映するような演奏表現は，演奏者が"芸術的"な解釈のもとで演奏したときに表れることが知られている（Penel & Drake, 2004）。

(3) パフォーマンス・プラクティス

　ここまで，西洋クラシック音楽のさまざまな楽曲に共通して認められる，演奏表現の基本原則を述べてきたが，こうした表現は，演奏者自身の楽曲に対する解釈や意図によって変わる[7]。音楽美学者のキヴィ（Kivy, 1993）は，演奏される音楽作品には，演奏者がいかなる解釈を与えようとも存在する作品自体の特徴があるとし，そうした作品自体の特徴が聴き手にはっきりと伝わるように演奏するのがよいと述べている。たとえば，バッハの時代（後期バロック）には，現代のピアノの前身であるクラヴィコードやジルバーマンピアノ[8]が用いられていたが，これらの楽器は豊かな音量の変化をつけることができなかったため，もし現代の演奏者が，バッハの楽曲に過剰な音量変化をつけて演奏したとすれば，その演奏は不適切であると見なされることになる。このように，作品の成立した背景に即した演奏法（その時代や地域に特有の暗黙のルール）を，**パフォーマンス・プラクティス**という（**演奏慣習・演奏習慣**ということもある）。

　シェーファーとトッド（Shaffer & Todd, 1994）は，これを実証的に調べ，バッハ（後期バロック），ショパン（ロマン派），サティ（フランス近代）の楽曲に対する演奏表現を比較している。主な特徴は以下のとおりである。いずれの作曲家についても1～2曲のみを用いているため一般化はできないが，ある程度の傾向をつかむことは可能である。

(1) バッハの楽曲では，曲の出だしと終わりのみ比較的遅めのテンポになるが，曲の中盤部分のテンポは驚くほど安定している。
(2) ショパンの楽曲では，演奏者は楽曲構造（たとえばフレーズ）にしたがって音の長さを長くしたり短くしたりして，楽曲の階層構造に基づいた表現をする。
(3) サティの楽曲『グノシェンヌ第5番』は，旋律のまとまりと拍が複雑

---

7) 演奏者の感情的意図については，第7章を参照。
8) ドイツのオルガン建築家であるゴットフリート・ジルバーマン（Gottfried Silbermann, 1683-1753）が作成したフォルテピアノのこと。ジルバーマンはバッハとの親交が深かったといわれている（松本，2007）。

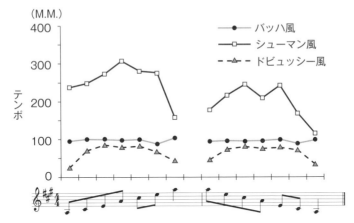

折れ線グラフの各プロットは，四分音符ごとのテンポに換算した値を示している。実際の演奏は両手で行っている。

図10-3　イ長調のアルペジオをバッハ風（●），シューマン風（□），ドビュッシー風（△）に演奏したときのテンポ曲線（正田・安達, 2013を元に著者作成）

に入り組んでいたため，音楽の構造的特徴と演奏者の表現の間に明確な関連が認められなかった。

　以上の知見は，現代の演奏家が，楽譜上の作曲家の指示を十分に読み取ったうえで，その作曲家が生きた時代（あるいは国・地域）に特有の演奏習慣を，演奏に反映させていることを示している。

　正田と安達（2013）は，演奏者がさまざまな作曲様式についてどのような知識を有しているのかを調べるため，13名のピアニストにごく簡単なイ長調のアルペジオを，「バッハ風（後期バロック）」「シューマン風（ロマン派）」「ドビュッシー風（フランス近代）」に演奏してもらった。ここではそのうち一人の例を取り上げる（図10-3）。

　このピアニストの場合，中庸でゆらぎのない一定のテンポで"バッハ"を表現している（平均テンポは♩=96.49，変動係数[9]は0.04）。その一方で，"シューマン風"に演奏すると，畳み掛けるかのような急速なテンポで演奏した後，フレーズの最後に向けてテンポを落としている（平均テンポは♩=

225.25，変動係数は 0.23）。前半部分と後半部分でテンポをやや変化させているのも特徴であり，ロマン派演奏ではしばしばフレーズ単位で演奏表現を調整させる。"ドビュッシー風"は独特で，かなり遅いテンポから始まり，2 音目以降はテンポを維持しながら，フレーズの最後はまた遅いテンポに戻っており，最初のテンポとピーク時のテンポには実に 3.36 倍もの開きがある（平均テンポは♩=64.78，変動係数は 0.29）。このように，演奏者はまったく同じ楽譜に取り組んでいる場合においても，それぞれの作曲家についての独自の解釈を，十分に演奏に反映させて表現することができる。ここに挙げた例は，一人のピアニストのみの結果であるが，おのおのの演奏者の解釈によって，その表現の仕方はまた異なる。

(4) 状況と文脈――他者の存在の影響

これまで「演奏」に影響を与える要因として，「演奏者の解釈」や「楽曲構造」，「パフォーマンス・プラクティス」について述べてきた。ほかに演奏表現に影響を与える要因としてどのようなものが考えられるだろうか。ハーグリーヴズら（Hargreaves et al., 2005）は，「演奏」を取り巻く要因として，本節でこれまで紹介してきた「演奏者の要因」「音楽の要因」「作曲者の要因」に加えて，「**状況と文脈**」の要因を紹介している。ハーグリーヴズらはこれを構成する要素として，「社会的文化的文脈（政治的，国家的文脈等）」「日常的状況（仕事，余暇，映画の背景音楽等）」「他者の存在/不在（生演奏かどうか等）」を挙げている。たとえば，インドの伝統音楽であるラーガの演奏では，演奏者は基本となる旋律をもとに演奏を即興で構築するが，聴衆の反応によって演奏の仕方も変えていくといわれている（Clayton, 2005）。ここでは，こうした「他者の存在」が演奏表現に及ぼす影響について，実験研究を紹介する。

ステージ上で聴衆の前で演奏するとき，演奏家は，"あがり"のような舞台恐怖（stage fright）や演奏不安（performance anxiety）だけではなく，独特の高揚感を経験する[10]。では，聴衆がいることによって，演奏表現はどのよ

---

9) 変動係数（coefficient of variation）は，指標のばらつき（ゆらぎ）の大きさを表すために用いられる値で，平均値に対してどの程度のばらつきがあるかを示す指標である。「標準偏差÷平均値」によって算出され，単位のない値をとる。
10) 演奏不安についての詳細は，本章第 2 節を参照。

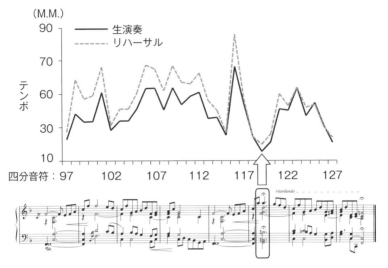

4分音符あたりのテンポを表す。

図10-4　生演奏（聴衆あり）およびリハーサル（聴衆なし）におけるシューマン『トロイメライ』終盤部のテンポ曲線（Shoda & Adachi, 2015 を著者一部改変）

うに異なるのであろうか。正田と安達（Shoda & Adachi, 2015）は，13人のピアニストにシューマン作曲『トロイメライ』を，コンサート（20人程度の聴衆の前で演奏）とリハーサル（聴衆なしで演奏）で演奏してもらった。ここでは一人のピアニストの終盤部のテンポ曲線を示す（図10-4）。図10-4を見てみると，両者のテンポ曲線の形はかなり類似しているが，全体的な傾向としてリハーサルよりも生演奏のほうが，全体のテンポが遅かったことがわかる。特に，矢印で示したフェルマータ部分では，♩＝15.39という非常に遅いテンポで演奏している。

　なぜこの演奏者は，生演奏でテンポを遅くしたのであろうか。考えられる可能性として，生演奏では自身の演奏を直接的に聴衆に伝達することができるため，演奏者は楽曲の特徴がより聴衆にわかりやすい形で演奏するであろう，ということである。「トロイメライ」は，「夢みること」という意味であり，シューマン自身が「子どものための曲ではなくて，むしろ年とった人の回想であり，年とった人のためのもの」（門馬，1957, p.3）と述べているように，もう取

り戻すことができない幼少期の世界への憧れを抱いて作曲した，ノスタルジックで穏やかな楽曲である（門馬，1957）。シューマン自身がこの曲をどのように演奏したかは現在となっては推測するしかないが，楽曲のこうした雰囲気を表現するためには，ゆっくりとしたテンポで弱い音を維持して演奏するのが妥当である（Repp, 1995, 1996）。図10-4のピアニストは，聴衆のいる生演奏場面では，確かにゆっくりとしたテンポで演奏しており，聴衆に向かってこの楽曲の特徴を明確に表すように演奏したことを示唆している。このことを演奏者自身が意識しているかどうかは定かではないものの，「作曲者-演奏者-鑑賞者」という三者のコミュニケーションの中で，「作曲者のメッセージを鑑賞者に伝える」という演奏者の役割は，聴衆を前にして演奏するときに，より強く表れるのかもしれない。

(5) まとめ

　音楽演奏の"ゆらぎ"を特徴づける要因として，演奏者の解釈，楽曲構造，パフォーマンス・プラクティス，他者の存在を紹介した。ハーグリーヴズら（Hargreaves et al., 2005）が主張するように，音楽演奏を取り巻く要因は，「音楽」「演奏者」「作曲者」「状況と文脈」を中心として，実に多様である。今後も実証研究によるデータの蓄積が必要となる。

　その一方で，ここで紹介した研究成果はいずれも，演奏者が当たり前に実践していることでもある。近年の演奏心理学的研究が1980年代に始まったとして，なぜ30年もかけてこのような当たり前のことに研究者が取り組んでいるのか，疑問に思うかもしれない。冒頭に述べたように，演奏表現に関する実証研究は，「コンピュータに人間らしく演奏させよう」という現実世界への応用へとつなげることができる。基礎研究の立場からは，「私たちが音楽を芸術的・美的なものととらえ，音楽から実に多様な感情を受け取る」という音楽聴取による美的体験が，実は「演奏者がどのように表現したのか」という演奏表現の研究から明らかにできる可能性を秘めている。さらに突き詰めれば，「言語と違って特定の論理的意味をもたないにもかかわらず，音楽を通して作曲者や演奏者が込めたメッセージを受け取ることができる」という現象から，人間の非言語コミュニケーションの本質を解明することにもつなげることができる。演奏表現のメカニズムを，人間の身体の動きから説明しようとする流れが

あるように（次項参照；Davidson & Correia, 2002），音楽演奏における"ゆらぎ"から，人間本来の「表現」や「コミュニケーション」といった活動の基盤を明らかにすることができるかもしれない。

3　演奏を支える身体の動き

読者の皆さんは，初めて自分が演奏したときのことを覚えているだろうか。楽器に触るよりずっと前，（自分が覚えていなくても）リズミックに手をぱちぱちと叩いたり，足で床を鳴らしてみたり，あるいは「あーあー」とことばとも歌ともつかないような声を出したりしたことと思う。これらの行動をトレヴァーセン（Trevarthen, 1999-2000）は「音楽性の芽生え」ととらえ，こうした音楽的行動が，親が乳児の身体をぽんぽんと軽く叩いたり，上下に揺らしたり，あるいは**対乳児発話**[11]（infant-directed speech）でゆっくりと抑揚をつけて話しかけたりすることから派生すると述べている。

フリーベリの理論（Friberg & Sundberg, 1999）によれば，音楽演奏の表現の根源をこうした身体の動きに求めることができ，彼らの研究によれば，フレーズの終わりに向けてテンポを遅くするという表現上の工夫が，走者が走り終わろうとするときにだんだんとゆっくりとなってやがて止まる，という一般的な人間の身体運動と同じメカニズムで説明できるという。

この理論にしたがえば，演奏者が自身の身体の動きを用いて演奏音にゆらぎをつけていると考えるのは，自然なことかもしれない。コンサートやDVDで演奏を鑑賞していると，ほとんどの演奏者が演奏中よく動いていることがわかる。この身体の動きは，演奏者が演奏に込める感情や意図を聴き手に明確に伝える機能をもつとともに（Dahl & Friberg, 2007；ときには全身をフルに動かして"情熱"を表現していることもある），「表情豊かに演奏するために欠かせない動き」でもあるということである（Davidson & Correia, 2002；Shoda & Adachi, 2012）。

---

11) 対乳児発話（infant-directed speech）とは，乳児に向かって話すときの話し方のことであり，通常の発話よりも抑揚が大げさになったり，話す速度がゆっくりになったり，より高い音で話されたりする。従来はマザリーズ（motherese）と呼ばれていたが，この話し方は母親特有とは限らないため，最近ではこの用語が使われる（Davidson & Correia, 2002／正田・森下，2011，訳注1）

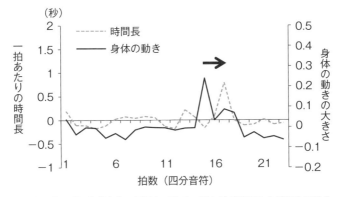

図中の値は「平均値からの偏差」である。「0」は時間長および身体の動きの平均値を示す。

図 10-5　ラフマニノフ『前奏曲作品 32-5』序盤部分の一拍あたりの時間長（破線）と身体の動き（実線）（Shoda & Adachi, 2012 を元に著者作成）

　例として，あるピアニストにラフマニノフ作曲『前奏曲 作品 32-5』を演奏してもらったときの，演奏音の一拍あたりの音の長さと身体の動きを示す（図10-5；Shoda & Adachi, 2012）。身体の動きはモーションキャプチャ装置で測定し，ここでは「一拍（四分音符）あたりに演奏者の姿勢（頭と腰の 3 次元位置から算出）がどれくらい動いたか」を指標として用いている。図 10-5 の矢印で示したように，17 拍目に音を長くするその 2 拍前に，演奏者の身体がよく動いていることがわかる。これは，演奏音の時間的ゆらぎを達成するために，演奏者があらかじめ身体の動きを準備していることを示している。この曲はゆったりとした曲であるが，もしテンポの速い曲を演奏した場合は，演奏音の時間的ゆらぎと同時に身体がよく動く，ということが確認されている（Shoda & Adachi, 2012）。

　いずれの場合も，演奏者の身体の動きは演奏音の音響表現とよい対応関係にあり，演奏者が表情豊かな演奏を構築するために身体の動きを使っている可能性を示している。こうした身体の動きを見ることで，鑑賞者は楽曲の音楽構造をより明確に理解することができ，結果として，演奏に含まれる感情をより強く受け取ることができる（Vines et al., 2006）。演奏者の身体の動きと，それを鑑賞することに伴う聴き手の反応に関する研究は比較的多いが，身体の動きと

演奏音の音響特性との関わりを扱ったものはわずかであるため（例外として Palmer et al., 2009 など），今後の研究が待たれる。

4 アンサンブルにおける表現
——"息の合った"アンサンブルに向けて

これまでソロの演奏者に注目した研究を紹介してきたが，最後にアンサンブルに関する研究を紹介する。アンサンブルとは，デュオ（デュエット），カルテット，オーケストラなど，演奏者が二人以上いる場合の演奏形態全般を指す。現在までに蓄積された研究から，「作曲者（楽曲）-演奏者/共演者-聴衆」の間でどのようなコミュニケーションがなされているのか，徐々に解明が進んできている。ここでは紙幅の関係上，多くを記述することができないため，デイヴィドソン（Davidson, 1997），デイヴィドソンとコレイア（Davidson & Correia, 2002），河瀬と中村（2008），片平（2012），髙橋と大浦（2009）や，アンサンブルについて包括的に著されたソーヤー（Sawyer, 2003）なども参照してほしい。

アンサンブルでは，個々の演奏者の演奏技能に加えて，タイミングやフレージング，作品に対する音楽的解釈を共演者と合わせるスキルが求められる。そのため，即興でのジャム・セッションなどを除くと，演奏者たちは本番に向け

コラム①　演奏者の感情

もしあなたが日常的によく音楽を演奏するのであれば，「今日は演奏する気分じゃない」と思ったことがあるだろう。そんな気持ちでレッスンに行って，「やっぱりうまく弾けなかった」という経験をした人もいるかもしれない。近年，演奏者がそのときに抱えている感情が演奏表現に及ぼす影響についての研究が始まってきている（これは，「演奏にどのような気持ちを込めるか」という問題とは異なることに，注意してほしい）。ザイルとラック（Van Zijl & Luck, 2013）は，演奏者に自身が経験したひどく"悲しい"経験を口に出してもらったあとで（あるいは文字に起こしてもらったあとで），そのときの自分の感情に集中しながら演奏してもらうという実験を行った。その演奏の録音を聴取者に聴いてもらったところ，普通に演奏したときよりも，その演奏のほうが実際に"悲しく"聞こえたという。演奏者がその曲の感情に浸っていると，聴き手はますますその曲が表現する感情を受け取ることができるのかもしれない。

て綿密な練習に取り組む。熟達した演奏者たちのリハーサルでは，本番に向けて演奏を完成させるのにことばはほとんど使わず，演奏しながら「お互いの演奏をお互いに合わせる」("音楽で会話する")ことによって，演奏を作り上げていくという（Murnighan & Conlon, 1991；Williamon & Davidson, 2002）。

　アンサンブル演奏における"息の合う"演奏のためには，耳で音を聴きながら合わせるのに加えて，演奏中の視線・アイコンタクト（Kawase, 2014）や「うなずき」などのジェスチャー（Davidson, 1997），楽器を演奏するための身体の動き（片平，2012）など，視覚的な手がかりを利用することが有効である。しかしながら，共演者同士で演奏の間中ずっと視線を向けていたり，うなずいていたり，身体の動きを同調させたりしているわけではない。ウィリアモンとデイヴィドソン（Williamon & Davidson, 2002）は，演奏者の身体の動きや視線が「音楽構造上重要な箇所」で生じると述べているし，河瀬（Kawase, 2014）は，大きくテンポが変わる箇所など，共演者と同時に次の音を鳴らすのが難しい場合に共演者を見ることを示している。演奏者間で暗黙のうちに共有されている「楽曲の重要な部分」，あるいは「転換点」で視覚情報を共有することによって，息の合った演奏を構築しているようである。

　ほかにも，弦楽四重奏におけるおのおのの奏者の役割分担（Murningham & Conlon, 1991）や，オーケストラにおいて指揮者の果たす役割に関する研究もある（Allmendinger et al., 1996；丸山，2006）。アンサンブルには，共演者間のコミュニケーションという，ソロ（独奏）の演奏にはない独特の問題があるが，コンサートで"息の合った"演奏者たちを目にすると，交響楽の壮大な雰囲気や弦楽四重奏の厳かな雰囲気が，さらによく伝わってくるような気がする。その意味では，演奏者間の協調的なコミュニケーションの研究によって，音楽の聴取体験を追究していくこともまた可能であろう。

第2節　演奏を生みだす心と身体

　本節は，「演奏行為における知覚とイメージとの関わり」を窓口として，演奏者の心と身体に迫ろうとするものである。「演奏者の心と身体」と一口にいっても，その実際は，演奏者の年齢や学習経験，音楽の様式や指導方法など

によってさまざまであり，反応やコミュニケーションのあり方も，演奏を取り巻く状況や文脈から影響を受けると考えられる（たとえばHargreaves et al., 2005, 第1章参照）。

ここでは，西洋音楽におけるソロの演奏を中心として，演奏における知覚およびイメージの働きと役割，熟達と習熟における認知と技能の変化に加えて，演奏者の心身の不調について述べる。

1 演奏における知覚とイメージ

(1) 知覚の働きと役割

演奏者が楽曲と出会うとき，知覚はどのような働きと役割を担っているのだろうか。楽譜を介して未知の楽曲と出会うときには，あらかじめ決められた約束事に基づいて，音符の長さ，高さ，重なりなどの情報を一つひとつ読み取りながら，その全体像を把握しようとする。他方，指導者の模範演奏や音源を聴くことによって，楽曲と出会う場合もあるだろう。

ここで大切なのは，音楽が単なる音の羅列ではないということである。音が音楽として認識されるためには，まずモチーフやフレーズ，和声など，構造的に意味のあるまとまりが知覚されねばならない。このまとまりは，「ゲシュタルト」や「知覚ユニット」などと呼ばれる（Parncutt & McPherson, 2002）。さらに，この小さな単位のまとまりは，力動性，すなわち緊張と弛緩の連続によって，何重もの層からなる，より大きな構造体へと統合される。この動的な構造体こそが，作曲者と演奏者，聴衆をつなぐコミュニケーションの基礎となるものであり，その知覚を可能にするものは，音楽とともに動いたり歌ったりすることで形成される**運動感覚**である。

また，実際に演奏する場合にも，刻一刻と変化する音楽の流れの中で，さまざまな感覚が作用しあっている。まず，音を発するための身体運動，すなわち声楽であれば呼吸や発声，発音など，楽器の演奏であれば楽器を操作する手や口などの身体の一部，あるいは全身の動きが，**身体運動の感覚**（体性感覚を含む）によって知覚される。これらの感覚は，楽器によってその特性が異なる。

そして，自分が発した音を聴き取るという**聴覚**の働きがある。良いタイミングで，意図したとおりの質感をもった音が，的確に発せられているかどうかを

モニターする。もし意図と異なる状況が発生した場合には，次の音あるいはフレーズに何らかの修正が加えられるだろう。

視覚も一定の役割を果たしている。楽器の部位を確認する，楽器を操作する身体の状態を確認するなど，演奏のさまざまなところで，聴覚や身体運動の感覚を補っているのである。

(2) イメージの働きと役割

では，演奏者の心の中で，音楽的イメージはどのように生起しているのだろうか。

ここで述べる**音楽的イメージ**（musical imagery）とは，「知覚の有無にかかわらず，心の中で意図的に想起される音楽の動的な像」のことを指す。このイメージの作用については，「オーディエーション（audiation）」「心の耳（mind's ear）」「内的聴感（audition intérieure）」など，さまざまな名称で研究されてきた（たとえば，Bailes, 2002；Gordon, 2001；Godøy & Jørgensen, 2001；坂田，1993 など）。レップ（Repp, 2001）は，この音楽的イメージが，①作曲者が新しい曲を想像するとき，②楽譜の読み書きができる人が見たことのない楽譜を読むとき，③以前，聞いたり想像したりしたことのある音楽を記憶から呼び覚ますとき，④音楽家が演奏中に，望ましい音や表現に到達するべく実際の音と比較するとき，などに生起するとしている。また，坂田（山下）（Sakata-Yamashita, 2006）は，表現意図を実現するためには，音楽的イメージが実際に鳴り響く音響に先行して生起する必要があるが，それには技能を要すると分析している。

音楽的イメージと知覚との比較については，シュバートら（Schubert et al., 2006）が興味深い実験を行っている。「覚醒性（目覚めた-眠い）」と「誘発性（ポジティブ-ネガティブ）」からなる2次元の感情空間をパソコン画面上に作成し，プロのピアニストに対して，①自らの演奏録音を聴きながら，②①同じ演奏を想像しながら，という二種類の条件のもと，パソコンのマウスを感情空間上で動かすように求めた。その結果，①に比べて②では反応に遅れが見られたものの，二種類の条件下でマウスの動きはほぼ同一であったという。このことから，熟達した演奏者の内部に生起するイメージは，知覚と同様，細部にわたって質感を伴っていることがわかる。

音を発するための身体運動についても，イメージが作用していると考えられる。古屋（2012）は，ピアニストに関する先行研究の実験結果を引用しながら，①指を動かすことなくピアノの音を聴くだけで，指を動かすための神経細胞が活動すること，②音の鳴らない鍵盤を弾いているとき，何の音も聞こえていないにもかかわらず，聴覚野の神経細胞が活動すること，③楽譜を読む能力を身につけると，楽譜を見ているだけで，身体を動かす脳の回路が活動すること，を指摘している。

これらのことから，演奏行為に伴って，音楽的イメージと**身体運動のイメージ**が複雑に影響を及ぼしあっているということができる。

(3) 知覚とイメージとの関わり

これまで述べてきたことをもとに，実際の演奏において，多様な知覚とイメージがどのように関わりあっているのかを図にまとめてみよう。図10-6の最も太い矢印は，時間の流れを示している。

まず，楽譜の読み取りや他者の演奏の聴取，指導者とのコミュニケーションなどを通して形成された音楽的イメージが生起し，身体の構えを準備する。この音楽的イメージは，楽曲の構造にのっとり，一定のまとまりをもって，先へ先へと生起する。

これを受けて，身体はイメージを実現するべく，演奏を実行する。イメージした音楽にふさわしい質感の音を，最適のタイミングで発するように努める。

そして，実際に発せられた音楽をモニターし，イメージどおりの音楽が奏で

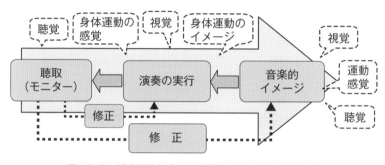

図10-6　演奏行為における知覚とイメージとの関わり

られているかどうかを判断する。そこから得られた情報をもとに，次のイメージが生起される。もしも，何らかの原因でイメージと異なる音や音楽が発せられた場合，来たるべき音楽的イメージあるいは身体運動のイメージが修正され，発せられた音との調整が図られる。

これをふまえ，次項では，音楽の熟達と習熟における認知や技能の変化について考えてみたい。

2　演奏における熟達と習熟

(1) 熟達者における認知と技能

洗練された演奏の技能を身につけるためには，長年にわたる修練を要することが知られている。たとえば子安（2005, p.19）は，**熟達**について「長い期間にわたる練習・訓練・実践による芸術的知能の向上」と概念規定している。本章の冒頭にも記したとおり，一般に，プロの器楽奏者になるためには10,000時間以上の練習が必要だといわれるが，これには個人差があり，楽器によっても異なると考えられる（Parncutt & McPherson, 2002）。

この熟達化の過程における特徴的な変化について，大浦（2000）は，熟達者が初心者や初級者に比べて，①豊かな領域固有の知識と高度な遂行技能をもっており，②楽曲の構造や要素間の関連を見つけたり，作曲者や聴衆がもつ（であろう）表象との統合を図ったりしながら，構造との一貫性をもった表象を形成する，という特性があると指摘している。

また，高橋（2006）は，熟達者と非熟達者の比較実験を行い，熟達者の特徴として，楽器操作における運動の**自動化**の程度が非熟達者よりも高いこと，一般的に優れているとされる楽器操作をフィードフォワード的[12]に実行できることを挙げている。さらに熟達者は，不慮の出来事に対しても，「既に学習している運動プランを変化させることによって素早く対処することができる」と述べている（高橋，2006, p.94）。

これらのことを図10-6に当てはめると，熟達者は，楽曲を仕上げる過程において，イメージから実行，聴取，そして修正という一連の過程を繰り返しな

12）フィードフォワード制御とは，最適な運動を予測し，実行前に制御すること。

がら，楽曲の構造にふさわしい音楽的イメージを形成し，作曲者や聴衆とのコミュニケーションを実現しようとしていると考えられる。その際，実行に関わる部分は高度に自動化されていることから，修正のループが「音楽的イメージ→（演奏の実行→）聴取→音楽的イメージの修正……」という大きな範囲で反復され，熟達した演奏では，音楽的イメージの修正と明確化に意識を集中させることが可能となる。

(2) 非熟達者における認知と技能

それでは，非熟達者の認知や技能は，ひとつの楽曲を仕上げるまでの**習熟**の過程において，どのように変化するのであろうか。

大浦（2000）は，初級者が，何よりもまず，指示のとおりに正確であることを目指すと述べている。また，高橋（2006）は，非熟達者が熟達者に比べて，楽器操作の修正を長時間にわたって行うことを指摘している。これは，聴覚フィードバックによって，楽器操作に関する運動プランの修正具合を一つひとつ確認していることによるものであり，聴覚フィードバックへの依存度が大きいとしている。ただし，非熟達者でも，十分な練習を積んだ楽曲の演奏では，その楽器操作がある程度，自動化された状態にあるとも述べている。

コラム②　即興演奏の心理

西洋音楽の歴史において，即興演奏に関する心理状態と社会・文化的機能は，バロック音楽の通奏低音や教会のオルガン演奏，協奏曲のカデンツァ，図形楽譜の演奏，グループによる自由即興など，時代や様式によって大きく異なる。

その中で，ジャズの即興演奏については，サドナウ（Sudnow, 1978）以降，多くの研究が報告されており，聴き手を感動させるような演奏を行うには，音楽的な素材やレパートリー，諸技能，問題解決方法などからなる知識（データ）ベースが内在化され，自動化されていることに加えて，演奏行為に没頭するフローのような状態や，創造意欲を刺激するものを必要とすることがわかっている。

聴き手の期待を時には満足させ，時には故意に裏切るような演奏者の意思決定が，音楽の流れに乗るという時間的な制約と，身体や使用する楽器の制約を越えて行われるということは，即興演奏のみならず，演奏の創造性を説明するうえでも有効であると思われる。

これらのことを図 10-6 に当てはめて考えると，非熟達者は，楽曲を仕上げる最初の過程において，修正のループが「演奏の実行→聴取→演奏の修正→演奏の実行→聴取……」という小さな範囲で反復されているといえる。その原因としては，①非熟達者が，演奏の実行に関わる技能の遂行に努力を要する状態であること，②音楽的イメージの形成が十分でないこと，などが挙げられるだろう。

(3) 演奏技能の獲得と練習の位置づけ

　演奏における練習の目的は，あまり意識的にコントロールしなくても，身体的，認知的，音楽的な技能を遂行できるようにすることで，解釈の伝達など，より高次の処理に専念できるようにすることだとされている（Parncutt & McPherson, 2002）。

　しかし，初心者においては，読譜の方法や楽器操作の方法，音楽の分析的聴取や暗譜の方法，新しいレパートリーの獲得など，さまざまな認知的，技能的な内容を並行して習得しなければならない。そのため，指導者が，学習者の諸側面の発達を視野に入れて，適切な練習方法を提示する必要がある。

　練習の方法としては，メタ認知を働かせること，身体を実際に動かして行う練習に加えて身体を動かさずに**イメージ練習**を行うこと，比較的短時間で何回かに分けて分散練習を行うこと，模範演奏を聴くこと，などの有効性が確認されている（Parncutt & McPherson, 2002）。

　ただし，ひとつの楽曲を仕上げる過程において，種々の技能の上達が，必ずしも一直線の右肩上がりに実現するとは限らない。たとえば，楽譜どおり正確に弾くことを目標に練習してきた学習者の演奏から表情を引き出そうとするとき，知覚やイメージといった認知構造の変化を要することがある。坂田（山下）(Sakata-Yamashita, 2006) は，学習者の認知構造が変化する際，これまでひととおり弾けていた楽曲が突然弾けなくなったり，演奏が崩壊したりするなど，一見，技能が退歩したような状態におちいることが珍しくないとしている。このような場合，学習者のモチベーションが下がる恐れもあるため，指導者には，学習者の内面に寄り添いながら，必要に応じてその理由を説明するなどして，解決の方策を講じることが求められる。

3 演奏と医療

2000年頃から，演奏家の医学的問題についての概説書が，数多く出版されるようになった。本項では，演奏行為に関わって生じる心身の不調とその原因，治療方法などについて概観する。

(1) 演奏不安[13]と最適覚醒水準

パフォーミング・アートの一種である演奏においては，日常の練習に比べて，本番[14]で心身の状態に変調をきたす割合が高い。緊張状態が演奏に良い影響をもたらす場合もあるが，集中力の低下や心拍数の増加，手や足の震えなどにより，演奏の質の低下をもたらすことも少なくない。なかには，本番数週間前から，予期不安に悩まされる演奏家もいる。

ウィルソン（Wilson, 2002）は，**演奏不安**の要因となるストレスを次の三つに分類している。①特性不安（性格特性），②課題習熟度（課題の複雑さと準備の状態），③状況的ストレス（環境からのプレッシャー）。ケニー（Kenny, 2011）は，生理的な覚醒の度合いとパフォーマンスの質との関係について，ヤーキーズ＝ドッドソンの法則や，カタストロフィー・モデルなどを批判的に検討している。前者によれば，覚醒の度合いが低いと緊張感に乏しい演奏になり，適度な覚醒は演奏に良い緊張感をもたらすが，過剰に覚醒すると集中力が失われて演奏に支障をきたすこととなり，両者は逆U字型の関係になる。これに対して後者によれば，過度に覚醒すると，演奏の質が徐々に下がるのではなく，突然演奏が崩壊し，いったんこの状態になると，なかなか**最適覚醒水準**には戻ることができないと考えられる。さらにケニーは，バーロウ（Barlow, D. H.）の情動を基礎とした理論を発展させて，演奏不安の発生と持続，脱出に関する独自のモデルを提示している（Kenny, 2011, p.163）。

演奏不安の治療方法には，薬物療法，精神分析，行動療法や認知行動療法，催眠療法などがあり，アレクサンダー・テクニークの有効性も明らかにされつつある。

---

13) ここでいう演奏不安は「舞台恐怖症（stage fright）」と同義。「あがり」とも訳される。
14) 人前で演奏したり，録音を行ったりすることを意味する。

(2) 身体的な痛みと故障

演奏家は，幼少期から学習を開始し，さまざまな精神的ストレスにさらされているうえ，長時間，同じ姿勢をとり，一定の身体部位を酷使することになる。楽器によっては，日常生活と大きく異なる無理な姿勢を強いられるものもあることから，身体，特に手や指，肩，首などの痛みを訴える演奏家が数多く存在する。

具体的には，摩擦による炎症（腱炎，腱鞘炎）や筋肉の断裂（腱断裂，腱板断裂），手根管や肘部管などに生じる神経や血管の圧迫（絞扼性神経障害，胸郭出口症候群），腫脹（ガングリオン），関節リウマチなどの疾患のほか，外傷や加齢によるもの（凍結肩）もある（根本・酒井，2013）。

治療方法は，楽器や故障の種類によって多様であるが，筋や腱の痛みに対する治療は，そのほとんどが抗炎症薬の投与やアイシング，休息など，内科的な治療である。神経絞扼では，このほかに添え木なども用いられる。外科的な治療は失敗することもあり，利益がリスクを上回るかどうかによって，慎重に決定されるべきものと考えられている。これらに加えて，身体的特性などの個人的要因による場合には，演奏家が自分の演奏上の癖を理解して自然な運動や呼吸法などを身につけること，身体と楽器が合わないことに起因している場合には，楽器のインターフェイスを調整することなども有効であるとされる（Winspur & Parry, 1998）。

(3) 脳神経系の不調

これまで述べてきた心身の不調が，あらゆる発達段階や音楽経験の段階で生じうるものであるのに対して，**局所性ジストニア**は熟練した一部の音楽家だけに発症する（イ・リョベー・イ・モラス，2012）。

症状は筋攣縮（cramp）の一種といわれ，自分の意思に反して，筋肉の持続的な収縮が生じる（図10-7参照）。その発現部位は，指，手，口唇，喉頭など，楽器奏者や声楽家たちが，高度の技能を獲得し保持するため，長年にわたって酷使してきた身体の一部分である。多くの場合，特定の動作のときに限って筋肉のコントロールが障害される。

音楽家に起こるジストニアの要因としては，遺伝子，習慣の変更やストレ

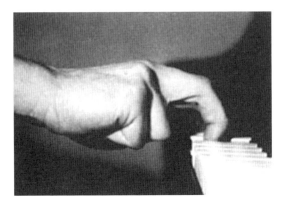

図 10-7　ジストニアの例（古屋，2012，p.118）

ス，生体力学的な制限，外傷，末梢神経の伝導障害などが挙げられているが，その原因はいまだ十分には解明されていないといってよい（根本・酒井，2013）。

治療の方法としては，投薬やボツリヌス毒素の注射，神経リハビリテーション，外科手術などのほか，最近では感覚運動訓練や振動器を用いたリハビリテーションが注目を集めている。一度発症すると治療が困難な病気であることから，何より予防が重要である（古屋，2012）。

4　まとめにかえて

本節では，演奏者の内面に迫ろうとする心理学的な研究や，演奏者の不調に関わる医学的な研究を概観してきた。これらは近年，神経科学や生理学などの近接諸科学から影響を受けながら，大きな発展を遂げつつある。研究手法の多様化に伴い，演奏を生みだす心と身体の研究には，今後ますますの発展が期待される。

優れた演奏者，すなわち熟達者によって語られる豊かな内的世界に耳を傾けつつ，それを客観的に検証することの意味はきわめて大きい。なぜなら，そのことによって，演奏者やその指導者たちが，日ごろ無意識に行っていることや，独自に編み出した課題解決の方策などを振り返り，改善することが可能になるからである。

また，演奏を学び始めたばかりの学習者にとって，熟達者の内面で生起している事柄は，想像をはるかに超えた未知の世界であろう。そのために，指導者から要求されていることの意味がわからず，困惑する学習者も少なからず存在する。そして，熟達者であっても，何らかの障壁に直面し，ひとり思い悩むことがあるかもしれない。演奏心理学の研究は，何より，このような演奏に関わる人々のモチベーションを維持し，高め，問題解決の糸口となるものであってほしいと衷心より願う。

【引用文献】

Allmendinger, J., Hackman, J. R., & Lehman, E. V. (1996). Life and work in symphony orchestras. *Musical Quarterly*, **80**, 194-219.

Bailes, F. A. (2002). *Musical imagery: Hearing and imaging music*. University of Sheffield, PhD thesis.

Clayton M. (2005). Communication in Indian raga performance. In D. Miell, R. McDonald, & D. Hargreaves (Eds.), *Musical communication*. Oxford University Press. pp. 361-381.

Dahl, S. & Friberg, A. (2007). Visual perception of expressiveness in musicians' body movements. *Music Perception*, **24**, 433-454.

Davidson, J. W. (1997). The social in music performance. In D. J. Hargreaves, & A. C. North (Eds.), *The social psychology of music*. Oxford University Press. pp. 209-228. (デイヴィドソン，J. W. 磯部 二郎（訳）(2004). 演奏における社会的要因　ハーグリーヴス，D. J.・ノース，A. C.（編著）磯部 二郎・沖野 成紀・小柴 はるみ・佐藤 典子・福田 達夫（訳）人はなぜ音楽を聴くのか――音楽の社会心理学　東海大学出版会　pp. 257-282.)

Davidson, J. W. & Correia, J. S. (2002). Body movement. In R. Parncutt, & G. E. McPherson (Eds.), *The science and psychology of music performance: Creative strategies for teaching and learning*. Oxford University Press. pp. 237-250. (デイヴィドソン，J. W.・コレイア，J. S. 正田 悠・森下 修次（訳）(2011). 身体の動き　パーンカット，R.・マクファーソン，G. E.（編）安達 真由美・小川 容子（監訳）演奏を支える心と科学　誠信書房　pp. 370-394.)

Ericsson, K. A. (2006). The influence of experience and deliberate practice on the development of superior expert performance. In K. A. Ericsson, N. Charness, P. Feltovich, & R. R. Hoffman (Eds.). *Cambridge handbook of expertise and expert performance*. Cambridge University Press. pp. 685-706.

Friberg, A. & Battel, G. U. (2002). Structural Communication. In R. Parncutt & G. E. McPherson (Eds.), *The science and psychology of music performance: Creative strategies for teaching and learning*. Oxford University Press. pp. 199-218. (フリー

ベリ, A・パテル, G. U. 雨池 圭位子・村上 康子（訳）(2011). 楽曲構造のコミュニケーション　パーンカット, R.・マクファーソン, G. E.（編）安達 真由美・小川 容子（監訳）演奏を支える心と科学　誠信書房　pp. 309-340.）

Friberg, A. & Sundberg, J. (1999). Does music performance allude to locomotion? A model of final ritardandi derived from measurements of stopping runners. *Journal of the Acoustical Society of America*, **105**, 1469-1484.

古屋 晋一（2012）．ピアニストの脳を科学する――超絶技巧のメカニズム　春秋社

Gabrielsson, A. (1987). Once again: The theme from Mozart's piano sonata in A major (K.331). In A. Gabrielsson (Ed.), *Action and perception in rhythm and music*. Kungliga Musikaliska Akademien. pp. 81-103.

Godøy, R. I. & Jørgensen, H. (Eds.) (2001). *Musical imagery*. Swets & Zeitlinger Publishers.

Gordon, E. E. (2001). *Preparatory audiation, audiation, and music learning theory: A handbook of a comprehensive music learning sequence*. GIA Publications.

Hargreaves, D. J., MacDonald, R., & Miell, D. (2005). How do people communicate using music? In D. Miell, R. MacDonald, & D. J. Hargreaves (Eds.), *Musical communication*. Oxford University Press. pp. 1-25.（ハーグリーヴズ, D. J.・マクドナルド, R.・ミール, D. 星野 悦子（訳）(2012). 人は音楽を用いてどのようにコミュニケーションするのか　ミール, D.・マクドナルド, R.・ハーグリーヴズ, D. J.（編）星野 悦子（監訳）音楽的コミュニケーション――心理・教育・文化・脳と臨床からのアプローチ　誠信書房　pp. 1-29.）

イ・リョベー, J. R.・イ・モラス, S. F.（編）平 孝臣・堀内 正浩（監修）ジストニア友の会（訳）(2012). どうして弾けなくなるの？――〈音楽家のジストニア〉の正しい知識のために　音楽之友社

Juslin, P. N. (2005). From mimesis to catharsis: Expression, perception, and induction of emotion in music. In D. Miell, R. MacDonald, & D. J. Hargreaves (Eds.), *Musical communication*. Oxford University Press. pp. 83-115.（ジュスリン, P. N. 川上 愛（訳）(2012). ミメーシスからカタルシスへ――音楽における情動の表現, 知覚, 誘発　ミール, D.・マクドナルド, R.・ハーグリーヴズ, D. J.（編）星野 悦子（監訳）音楽的コミュニケーション――心理・教育・文化・脳と臨床からのアプローチ　誠信書房　pp. 98-130.）

片平 建史（2012）．合奏場面での非言語的コミュニケーションの対人的効果――身体動作チャネルの相互作用からの検討　対人社会心理学研究, **12**, 51-58.

Kawase, S. (2014). Gazing behavior and coordination during piano duo performance. *Attention, Perception, & Psychophysics*, **76**, 527-540.

河瀬 諭・中村 敏枝（2008）．打楽器を用いた2者間相互作用における感性情報の研究　大阪大学大学院人間科学研究科紀要, **34**, 165-188.

Kendall, R. A. & Carterette, E. C. (1990). The communication of musical expression. *Music Perception*, **8**, 129-164.

Kenny, D. T. (2011). *The psychology of music performance anxiety*. Oxford University Press.
Kivy, P. (1993). *The fine art of repetition*. Cambridge University Press.
子安 増生（編著）(2005). 芸術心理学の新しいかたち　誠信書房
MacDonald, R. A. R., Kreuz, G., & Mitchell, L. (2012). *Music, health and well-being*. Oxford University Press.
丸山 慎 (2006). 交響を知る身体――指揮者はいかに音楽を現実にしているのか　佐々木 正人（編）アート/表現する身体――アフォーダンスの現場　東京大学出版会　pp. 87-119.
松本 彰 (2007). ピアノの誕生　伊東 信宏（編）ピアノはいつピアノになったか？　大阪大学出版会　pp. 1-28.
門馬 直美 (1957). シューマン――子供の情景とアベッグ変奏曲　全音楽譜出版社
Murnighan, J. K. & Conlon, D. E. (1991). The dynamics of intense work groups: A study of British string quartets. *Administrative Science Quarterly*. **36**, 165-186.
Nakamura, T. (1987). The communication of dynamics between musicians and listeners through musical performance. *Perception & Psychophysics*, **41**, 525-533.
根本 孝一・酒井 直隆（編著）(2013). 音楽家と医師のための音楽家医学入門　協同医書出版社
大串 健吾 (1996). 音楽演奏とコミュニケーション　日本音響学会誌，**52**，558-562.
大浦 容子 (2000). 創造的技能領域における熟達化の認知心理学的研究　風間書房
Palmer C. (1996). On the assignment of structure in music performance. *Music Perception*, **14**, 21-54.
Palmer, C., Koopmans, E., Carter, C., Loehr, J. D., & Wanderley, M. (2009). Synchronization of motion and timing in clarinet performance. In A. Williamon, S. Pretty, & R. Buch (Eds.), *Proceedings of the international symposium on performance science 2009*. European Association of Conservatoires. pp. 159-164.
Parncutt, R. & McPherson, G. E. (Eds.) (2002) *The science and psychology of music performance: Creative strategies for teaching and learning*. Oxford University Press.（パーンカット，R.・マクファーソン，G. E.（編）安達 真由美・小川 容子（監訳）(2011). 演奏を支える心と科学　誠信書房）
Penel, A. & Drake, C. (2004). Timing variations in music performance: Musical communication, perceptual compensation, and/or motor control? *Perception & Psychophysics*, **66**, 545-562.
Povel, D. J. (1977). Temporal structure of performed music: Some preliminary observations. *Acta Psychologica*, **41**, 309-320.
Repp, B. H. (1990). Patterns of expressive timing in performances of a Beethoven minuet by nineteen famous pianists. *Journal of the Acoustical Society of America*, **88**, 622-641.
Repp, B. H. (1995). Expressive timing in Schumann's "Traumerei"：An analysis of per-

formances by graduate student pianists. *Journal of the Acoustical Society of America*, **98**, 2413-2427.

Repp, B. H. (1996). The dynamics of expressive piano performance: Schumann's "Traumerei" revisited. *Journal of the Acoustical Society of America*, **100**, 641-650.

Repp, B. H. (2001). Expressive timing in the mind's ear. In R. I. Godøy & H. Jørgensen (Eds.) *Musical imagery*. Swets & Zeitlinger Publishers. pp. 185-200.

坂田 薫子（1993）．内的聴感の本質とその形成過程――演奏行為における心的作用の考察を通して 音楽教育学．**23**(2), 4-13.

Sakata-Yamashita, K. (2006). A case study on the formative process of musical imagery, *Asia-Pacific Journal for Arts Education*. **4**(2), 22-42.

Sawyer, K. R. (2003). *Group creativity: Music, theater, collaboration*. Lawrence Erlbaum Associates.

Schubert, E., Evans, P., & Rink, J. (2006). Emotion in real and imagined music: Same or different? *Proceedings of the 9th International Conference on Music Perception and Cognition*, 810-814.

Seashore, C. E. (1938). *Psychology of music*. McGraw-Hill.

Shaffer, L. H. (1995). Musical performance as interpretation. *Psychology of Music*, **23**, 17-38.

Shaffer, L. H. & Todd, N. P. M. (1994). The interpretive component in musical performance. In R. Aiello(Ed.), *Musical perceptions*. Oxford University Press. pp. 258-272. （シェーファー，L. H.・トッド，N. P. M. 奥宮 陽子（訳）（1998）．演奏における解釈的要素 アイエロ，R.（編）大串 健吾（監訳）音楽の認知心理学 誠信書房 pp. 297-313.）

Shoda, H. & Adachi, M. (2010). A case study of acoustical and movement variations in a piano performance (Technical Report No. 59). Department of Psychology, Hokkaido University.

正田 悠・安達 真由美（2010）．ピアノ専攻生の身体動作における楽曲様式の効果 日本音楽知覚認知学会 2010 年度春季研究発表会資料．65-70.

Shoda, H. & Adachi, M. (2012). The role of a pianist's affective and structural interpretations in his expressive body movement: A single case study. *Music Perception*, **29**, 237-254

正田 悠・安達 真由美（2013）．ピアニストによる「バッハ風」，「シューマン風」，「ドビュッシー風」のスケールの表現（未公刊）

Shoda, H. & Adachi, M. (2015). Why live recording sounds better: A case study of Schumann's Träumerei. *Frontiers in Psychology*, **5** (1564), 1-15.

Sloboda, J. A. (1983). The communication of musical metre in piano performance. *Quarterly Journal of Experimental Psychology*, **35A**, 377-396.

Sudnow, D. (1978). *Ways of the hand: The organization of improvised conduct*. Harvard University Press. (サドナウ，D. 徳丸 吉彦・村田 公一・卜田 隆嗣（訳）

(1993). 鍵盤を駆ける手——社会学者による現象学的ジャズ・ピアノ入門　新曜社)

高橋　範行（2006). ピアノ演奏における熟達——演奏解釈と聴覚フィードバック利用に関して　京都市立芸術大学大学院博士論文

高橋　範行・大浦　容子（2009). 音楽アンサンブルにおける演奏調整の分析　新潟大学教育学部研究紀要　人文・社会科学編，**1**, 129-138.

Todd, N. P. M. (1992). The dynamics of dynamics: A model of musical expression. *Journal of the Acoustical Society of America*, **91**, 3540-3550.

Trevarthen, C. (1999-2000). Musicality and the intrinsic motive pulse: Evidence from human psychobiology and infant communication. *Musicae Scientiae*, **3**, 155-215.

Van Zijl, A. G. W. & Luck, G. (2013). Thoughts in concert: A multi-method approach to investigate the effect of performers' focus of attention. In A. Williamon, & W. Goebl (Eds.), *Proceedings of the international symposium on performance science 2013*. European Association of Conservatoires. pp. 665-670.

Vines, B. W., Krumhansl, C. L., Wanderley, M. M., & Levitin, D. J. (2006). Cross-modal interactions in the perception of musical performance. *Cognition*, **101**, 80-103.

Williamon, A. & Davidson, J. W. (2002) Exploring co-performer communication. *Musicae Scientiae*, **6**, 53-72.

Wilson, G. D. (2002). *Psychology for performing artists* (2nd ed.). Whurr Publishers.

Winspur, I. & Parry, C. B. W. (Eds.)(1998). *The musician's hand: A clinical guide*. Taylor Francis Books.（ウィンスパー，I.・ペリー，C. B. W.（編著）酒井　直隆・根本　孝一（監訳）（2006). 音楽家の手——臨床ガイド　協同医書出版社)

参考図書

ミール，D.・マクドナルド，R.・ハーグリーヴズ，D. J.（編）星野　悦子（監訳）(2012). 音楽的コミュニケーション——心理・教育・文化・脳と臨床からのアプローチ　誠信書房

パーンカット，R.・マクファーソン，G. E.（編）安達　真由美・小川　容子（監訳）(2011). 演奏を支える心と科学　誠信書房

吉川　茂・鈴木　英男（編著）(2007). 音楽と楽器の音響測定　コロナ社

第11章 音楽の社会心理学

佐藤 典子

第1節 音楽の社会心理学とは

　音楽の社会心理学について考える前に，社会心理学とは何かについて触れておきたい。末永（1998）は社会心理学が，「社会的な場面における個人の認知，感情，動機づけ，一般に個人の社会的行動に関する科学的研究を目指している」としたうえで，「なんらかの意味で仲間の存在，他者の存在を前提とするような場面での行動が社会心理学の研究対象となる」と述べている。また，個人の行動に加え，個人間の相互的な影響や行動，集団の一員であることによって受ける影響や，その集団の中で起こる現象，集団相互間で生じる現象や，特定の集団を超えたより広い社会から受ける影響など，広範な問題領域が社会心理学の研究対象となっていることも示している。さらに，社会心理学の中には「心理学的」アプローチと，「社会学的」アプローチがあり，前者は社会的反応を個人の立場から取り扱おうとし，後者は社会的条件の差異から個人の行動の違いを説明しようとする傾向があるとされる。

　音楽心理学領域の中で，社会心理学に該当するような研究は比較的少ない傾向にあった。たとえば，ハーグリーヴズとノース（Hargreaves & North, 1997）は，音楽心理学は，楽音の物理的特性の作用，聴き手が楽音を知覚・理解する方法，音楽としての意味が作られる社会・対人関係の状況を扱わねばならないとしたうえで，この最後の音楽の社会心理学ともいうべき内容についての研究が，あまりなされてこなかったことを指摘している。

　このような分野の本としては，ファンズワース（Farnsworth, 1954/1969）

の『音楽の社会心理学』があり,この本を書いた理由として,音楽行動の文化面での決定要因が,これまでの研究でほとんど取り上げられてこなかったため,この状況のバランスを取ろうとしたことが挙げられている。それでも,この本においては,まだ半分の章では社会心理学特有の問題よりも音楽の知覚の問題に充てられていたが,ファンズワース自身が行った**音楽の好み**に関する研究をはじめとして,産業や医療分野での**音楽の応用**などにも触れている。

前出のハーグリーヴズとノース (Hargreaves & North, 1997) は,このファンズワース自身が行った音楽家の重要度[1]と音楽の好みに関する研究も含め,職場における音楽の研究や,音楽教育の研究,音楽の臨床的・療法的な応用研究,音楽家の能力と作曲についての研究,民族音楽学的研究を,音楽の社会心理学における初期の研究としてまとめている。

それをふまえて,彼ら自身の本においては,以下のような構成を取っている。まず,第1部に含まれる二つの章では個人内部の問題を対象としており,**音楽家の性格**を含む個人差と,ジェンダーの問題について取り上げている。第2部は,比較的小さな社会集団や社会状況が個人の行動に及ぼす影響を考察するために,音楽における社会の影響過程,**実験美学**が日常生活に見られる音楽の好みを説明できるかについて取り上げている。第3部は,音楽の好みに及ぼすより大規模な社会文化的影響に進み,音楽に対する計量歴史学的な研究,民族音楽学の観点からの社会における音楽の役割,音楽の好みへの社会の影響について扱っている。第4部では,音楽行動の発達的側面を扱っており,10代の若者の音楽の好みを決定する要因,さらに音楽専門家の生涯発達に関する環境要因について言及している。第5部では,音楽家の能力の社会心理学として,主に西洋芸術音楽の演奏への社会文化的影響と,演奏不安について取り上げている。第6部では,音楽の応用社会心理学にあたるものとして,音楽療法,消費者行動,音楽教育について扱っている。

音楽の社会心理学が扱う範囲については,このような本で取り上げられた内容がひとつの基準となるが,本書においては他の章で扱っている内容が重複するため,本章の中では,性格と音楽行動,ジェンダーと音楽,社会の中での音楽の役割,音楽の好みと社会との関係,音楽についての語りを取り上げる。

---

[1] たとえば,アメリカ音楽学会会員対象の調査では,クラシック音楽の作曲家リストの中から,音楽遺産の一部として保存するに値する作品の作曲者を選ばせている。

第2節　性格と音楽行動

1　音楽行動に影響を与える性格とは

　ケンプ（Kemp, 1997）は，音楽心理学の研究領域において，性格心理学が軽視されていることを指摘すると同時に，この分野の研究を行うことで，音楽認知の研究だけでは明らかにできない側面，たとえば音楽専門家の動機づけや態度，多くの時間を音楽活動に費やすことができる理由などについて，理解できる可能性を示している。なお，性格心理学は，心理学全体の中での位置づけとして，一般的に社会心理学とは独立に扱われる研究領域であるが，音楽に関わるこの分野の研究が少ないことと，性格の形成において社会的要因も関わっていること，ハーグリーヴズとノース（Hargreaves & North, 1997）もこのテーマを音楽の社会心理学の一領域として扱っていることから，この章の中に含めて紹介する。

　性格（またはパーソナリティ）[2]の定義としては，「パーソナリティとは個人のうちにあって，その個人に特徴的な行動や思考を決定する，心理的物理的体系の力動的体制である」という**オルポート**（Allport, G. W.）のものがよく知られている。詫摩（1990）はこのような定義をふまえて，「性格とはその人の行動にその人らしさを与えるもので，全体としてのまとまりと，過去から現在，現在から将来へのつながりをもつことを示している」と言い換えている。また，このような性格は，「さまざまな状況を通して行動に独自性と一貫性を与えるような，持続的な内的特性が個人の中に存在するという考え方が一般的」ともされている。このような状況を超えての行動の一貫性については否定する立場もあり（Mischel, 1968），論争も招いたが，人間のもつ質と環境の質との相互作用で行動が決まる，という合意が後に得られたとされる（Kemp, 1996）。

　性格をとらえる方法として代表的なものに，類型論と特性論がある。**類型論**は，ある観点から典型的な性格像を定めて，それを基礎にして多様な性格を分類しようとするものであり，代表的なものに**ユング**（Jung, C. G.）のタイプ論

2）　性格とパーソナリティについては，その語源の違いもあり，後者のほうがより広い概念であると説明されることもあるが（詫摩，1990），ここではほぼ同義として扱う。

がある。ユングは，心のエネルギーの向かう方向によって，外界のさまざまな刺激に向かう**外向型**と，心の内面に向かう**内向型**の二つの態度があるとし，さらに四つの心理機能（思考，感情，感覚，直観）のうち，その人の中で最も発達している機能が結びつき，タイプに分類されるという考えを示している（河合，1967）。

　特性論は，性格を基本的単位（特性）に分けて，その程度を量的に測定して，各特性の組み合わせで個人の性格を記述しようとするものであり，この特性は，直接観察できないが行動から推測的に構成される概念である（詫摩，1990）。特性論では，因子分析を使用した**キャッテル**（Cattell, R. B.）と**アイゼンク**（Eysenck, H. J.）の研究が有名である。キャッテルは，あらゆる領域にわたる根源的な特性を同定することを目的とし，観察できる行動上の特徴を調べて項目を作成して評価に使用し，因子分析の結果として12の根源特性を取り出した。その後の研究によって，4因子を加えた16因子を測定する16PFテストが作成されている。アイゼンクは，主に外向性や神経症傾向の2次元に焦点を当てており，モーズレイ性格テスト（MPI）や，改良されたアイゼンク性格テスト（EPI）が作成されている。さらに，精神病傾向の次元を加えるなどして，アイゼンク性格質問紙（EPQ）も作られた。

　キャッテルとアイゼンクの意見の相違や，その後の特性論の研究史においてそれぞれの研究者が発表する結果に違いもあったが，近年では五つの因子によって性格をほぼ記述できるという5因子モデル，または**ビッグファイブ**と呼ばれる考え方に収束してきている（柏木，1997；丹野，2003ほか）。この5因子については研究者により表現に違いもあるが，マックレー（McCrae, R. R.）とコスタ（Costa, P. T., Jr.）による5種類の性格特性の名称に，柏木（1997）が日本語訳を充てたものを示すと，情緒不安定性（Neuroticism），外向性（Extraversion），経験への開放（Openness to experience），協調性（Agreeableness），勤勉性（Conscientiousness）となる。また，この5因子を，日本人の文化に合わせた名称として表した辻ら（1997）のものを挙げてみると，情動性-非情動性，外向性-内向性，遊戯性-現実性，愛着性-分離性，統制性-自然性となる。

　性格の変化・発達に関しては，生まれもった**気質**の部分と，環境の影響で作られていく部分があると考えられる。音楽家のもつ性格の特徴を研究する中で

ケンプ (Kemp, 1996) は，ある人が音楽家になるためにもともと適切な気質をもっていたからなのか，あるいは音楽家になるために必要な能力が発達する過程で性格の発達を刺激するのか，そのような原因と結果の因果関係をいまだにはっきりさせられないと指摘している。つまり，音楽家に特徴的な性格特徴が見いだされたとしても，ある性格的特徴をもっているからこそ，音楽に対する強い動機づけを抱いて，長時間の練習に耐えられるのかもしれないし，音楽訓練を行う過程で，それにふさわしい性格特徴が備わってくる可能性もある。また，音楽の専門家といっても一様ではない。演奏家，作曲家，指揮者，指導者という役割によっても，あるいはすでに専門家になっている音楽家と，音楽を専門的に学ぶ学生とでも違いは出てくる。

このような点もふまえて，音楽家の性格について調べた諸研究を紹介する。また，性格と音楽の好みとの関係について取り上げた研究も見ていく。

2 音楽専門家の性格の特徴

ここでは，ケンプらを中心として行われている音楽家の性格に関する研究を紹介するが，まず**内向性-外向性**について取り上げる。

先に述べたユングのタイプ論の中で，内向的な人は心のエネルギーが内向きで，内的世界を重視するとされ，外向的な人は外界に影響されやすいことが示されている。特性論の研究においても，内向性-外向性の次元は取り上げられる。アイゼンクは，特性をまとめ上げた3次元のうちの一つを，外向性-内向性の次元としている。キャッテルは，外向性を16因子のうちの四つの特性，すなわち打ち解けやすさ（A+），高潮性（F+），大胆さ（H+），集団依存性（Q2-）から成り立っているとしている。反対に内向的な傾向は，打ち解けなさ（A-），退潮性（F-），内気さ（H-），自己充足性（Q2+）となる。ビッグファイブにおいても5因子のうちの一つとして，外向性-内向性は取り上げられている。

ケンプ（Kemp, 1996）によると，音楽家の内向的な傾向について論じられることは多いが，自らの研究も含めた検討から，音楽家の内向性は一般的なものとは異なるとしている。キャッテルの特性で表すと，音楽家はどの分野においても**打ち解けなさ（A-）と自己充足性（Q2+）**を示し，退潮性（F-）は音楽専攻の学生にのみ確認でき，内気さ-大胆さ（H）因子は一貫性のある結

果をもたないとしている。音楽家に見られるこのような性格の傾向については，音楽活動を行ううえで必要になる，練習室で長い時間ひとりで過ごすというような仕事のパターンに耐えられる性格をもともともっていた者が，そのような活動を継続することができるためと考察されている。一方で，長時間の個人練習によって，そのような傾向が強められる可能性も指摘されている。

その他の性格の特徴としてケンプ（Kemp, 1996）は，キャッテルの「パセミア（pathemia）」[3] の要素でもある，**感受性**（I+），**想像力**（M+）が音楽家の特徴として示されるとしている。一般的には打ち解けやすさ（A+）もこのパセミアの要素に加わるが，音楽家のパターンではむしろ打ち解けなさ（A－）が現れることは，内向性の説明の中で述べたとおりである。

ほかにも，音楽家の性格特徴について興味深い研究結果をケンプ（Kemp, 1996）は示しているが，16の根源特性とその上位因子である内向性やパセミアなどとの対応関係でも，根源特性の重なりが見られるなど，研究に用いているキャッテルの性格テストの複雑さから理解されづらい点もある。ケンプも，自身の研究結果をビッグファイブ理論に当てはめて考察しているが，今後そのような考えに基づいた尺度を使用した研究が増えることで，音楽家の性格特徴がより明らかになっていくだろう。

3　性格と音楽聴取行動に見られる好み

性格と音楽の好みに関する初期の研究としては，アイゼンクの主要な2次元である外向性-内向性と情緒の安定性を組み合わせたような**性格類型**ごとに，**好まれる音楽**の特徴を示したバート（Burt, 1939）のものを挙げることができる。安定した外向性の人は，堅実なクラシックやバロック音楽（ヘンデル，ムソルグスキー，ブラームスなど）を好み，安定した内向性の人は，古典派やバロック音楽を好むとともに，バッハのような認知的な音楽を好んだ。不安定な外向性の人は，ロマン派（ワーグナー，リヒャルト・シュトラウス，リスト，ベルリオーズなど）の色彩豊かでセンセーショナルな音楽を好み，不安定な内向性の人は，ロマン派様式を好むとともに，現実からの逃避を示す印象主義

---

[3]　パセミアは，感傷的で空想にふけり，感情的に生きているような人との関係が指摘されるものであり，その対極は注意深く現実的であろうとする姿勢（cortertia）とされる。

的・神秘主義的作品（ドビュッシー，ディーリアスなど）を好むとした。

ペイン（Payne, 1967）は，古典派では形式と構造が表現の中心であり，ロマン派では形式は感情的体験を伝えるための目的達成の一手段でしかないと考え，神経症傾向の高い人がロマン派の音楽を好む傾向にあることを示した。また，内向的な人は形式的構造を有する作品を好み，外向的な人は人間的で感情的なものを反映した作品を好むことを明らかにした（Payne, 1980）。

ポピュラー音楽の好みとしては，外向性の人が内向性の人よりもロックに対する好みが強く，ハード・ロックの場合に最も強く表れることを示した研究（Daoussis & McKelvie, 1986）などもあるが，近年では，ビッグファイブと若者の音楽の好みを結びつけた研究も出てきている。

レントフローとゴスリング（Rentfrow & Gosling, 2003）は，アメリカの大学生を対象に，音楽の好みと性格特性との関係を扱った大規模な調査を行っている。音楽の好みについては，14のジャンル名に対して7段階の好み評定を行う尺度を使用してデータを収集し，因子分析を行っている。その結果，ブルース，ジャズ，クラシック，フォークとの関係が強い Reflective and Complex（思慮深さと複雑さ）因子（以下，RC因子），ロック，オルタナティブ，ヘヴィメタルの Intense and Rebellious（激しさと反抗）因子（以下，IR因子），カントリー，サウンドトラック，宗教音楽，ポップの Upbeat and Conventional（陽気さと因習）因子（以下，UC因子），ラップ/ヒップホップ，ソウル/ファンク，エレクトロニカ/ダンスの Energetic and Rhythmic（活発さと律動）因子（以下，ER因子）という4因子を見いだしたうえで，ビッグファイブを測定する尺度を使用し，ジャンルの好みと性格特性尺度得点との相関を検討している。

また，デルシングら（Delsing et al., 2008）は，オランダの10代の若者の音楽の好みとビックファイブとの関連を調査している。11の音楽ジャンル名への好み評定を行う，音楽の好み質問票を使用して，「ロック」因子（ヘヴィメタル/ハード・ロック，パンク/ハードコア/グランジ，ゴシック，ロック），「エリート」因子（ジャズ，クラシック，ゴスペル），「アーバン」因子（ヒップホップ/ラップ，ソウル/R&B），「ポップ/ダンス」因子（トランス/テクノ，トップ40/チャート）を見いだしたうえで，性格特性との関連を調べた。

音楽の好み因子と性格特性との関係について両研究に共通した結果としては，外向性が「アーバン」・ER因子，「ポップ/ダンス」・UC因子と正の相関，

表 11-1　音楽ジャンルの好みと性格特性との相関係数（N＝121）
（佐藤，2009 を著者一部改変）

	伝統的な音楽の因子	刺激の強い音楽の因子	のりの良い音楽の因子
外向性	−0.018	0.194*	0.141
情緒不安定性	0.245**	0.059	0.025
開放性	−0.057	0.116	0.029
誠実性	−0.011	−0.148	−0.064
調和性	0.016	0.262**	0.115

*$p<.05$，**$p<.01$

調和性が「ポップ/ダンス」・UC 因子と正の相関，開放性が「ロック」・IR 因子，「エリート」・RC 因子と正の相関が見られたことを挙げることができる。

また，佐藤（2009）は，過去の調査[4]で選択した 22 の音楽のジャンル名を用いて，大学生を対象とした好み評定結果を使用して因子分析を行い，「伝統的な音楽の因子」（民謡，演歌，サンバ，カントリー，フォーク，ジャズ，ブルース，クラシック，ボサノバを含む），「刺激の強い音楽の因子」（パンク，ロック，ヘヴィメタル，ポップ，洋楽を含む），「のりの良い音楽の因子」（ラップ，ヒップホップ，レゲエ，R&B，J-POP を含む）の 3 因子を見いだした。これらの因子とビッグファイブ尺度（和田，1996）によって測定された性格特性との相関を算出し，外向性と「刺激の強い音楽の因子」に弱い正の相関，情緒不安定性と「伝統的な音楽の因子」に弱い正の相関，調和性と「刺激の強い音楽の因子」にも弱い正の相関があることを見いだした（表 11-1 参照）。さらに，音楽を表す形容語への好み評定結果を用いた因子分析結果から，沈静因子（「おだやかな」他を含む），緊張因子（「緊張感のある」他を含む），流行因子（「最新の」他を含む），悲嘆因子（「悲しい」他を含む）の 4 因子を見いだした。これらの因子と性格特性との相関については，特に情緒不安定性について，すべての因子と弱い正の相関が見られた（表 11-2 参照）。音楽ジャンルの好みについては，日本国内におけるさまざまな音楽のとらえ方と，欧米の若者のとらえ方を同列に論じることは難しいが，今後この分野の研究が増えることで，音楽の好みと性格との関連性，およびそのような関連が見られるこ

---

[4]　佐藤（2005）のことを指すが，この調査については第 5 節で説明する。

表11-2 ある特徴を持つ音楽の好みと性格特性との相関係数
(*N*=109) (佐藤, 2009 を著者一部改変)

	沈静因子	緊張因子	流行因子	悲嘆因子
外向性	0.050	0.149	0.343**	−0.110
情緒不安定性	0.192*	0.212*	0.218*	0.191*
開放性	−0.081	0.085	−0.094	−0.126
誠実性	0.098	−0.154	−0.200*	−0.061
調和性	0.033	0.038	0.141	−0.152

$^*p<.05$, $^{**}p<.01$

との意味がより明らかになるだろう。

第3節　ジェンダーと音楽

1　音楽領域におけるジェンダー差

　本節では音楽行動に関わる男女差について扱っていくが，その差の基礎には生物学的な性差があるとしても，実際の音楽活動を行ううえでの違いの多くは，社会から影響を受けながら**学習されてきたもの**と考えられる。そのため，性の社会的側面を重視する用語であるジェンダー（gender）を，ここでは使用する。

　オニール（O'Neill, 1997）は，西洋文化の過去の歴史における，男性と女性の音楽との関わりについての差を指摘している。音楽の専門職に就くのは男性であり，女性は仕事に就くどころか，公開の場で演奏することも不適切であるとの指摘がなされていたことや，音楽専門職に就くことができるレベルで教育を受けることや，十分な経験を積むことができず，そのため，たとえば女性の作曲家に関して，有名な男性作曲家のような大規模で複雑な作品を作ることが困難であったと説明されている。川嶋（2004）においても，過去のクラシック音楽の歴史における女性の音楽教育や，社会における差別を紹介するとともに，女性作曲家が生まれにくかったことを説明している[5]。このような過去の状況に限って見ると，女性の社会参加に関する権利が制約されていたことが，

女性の音楽教育や音楽関連の専門職に就けるか否かの問題に反映していたと考えられる。

ただし，男女平等の教育機会が与えられていると考えられる現在の西洋文化圏においても，ジェンダーによる差はあるとオニール（O'Neill, 1997）は指摘する。むしろ音楽教育の段階においては，より多くの女子生徒が楽器演奏を学び，学校の音楽の試験の成績も良い。しかし，音楽専門職に就く女性の数は増加傾向にはあるが，音楽専門職に占める割合については，まだ男性が優位であるという。このような差が現在でも生じていることについては，社会的な制約そのものというよりは，より心理的な制約として働く可能性のあるジェンダー・ステレオタイプの影響を指摘している。

ステレオタイプとは，「特定の集団に属している人の特性に関する信念（女性は論理的思考能力に欠ける，など）」（安藤ら，1995）と定義されるものであり，認知の枠組み，つまりスキーマの一種とされる。ただし，ステレオタイプ化された信念は，実際の男女差を正確に反映したものではない可能性について，オニール（O'Neill, 1997）は，世界中のオーケストラの首席フルート奏者の大多数が男性であるとしても，男の子がフルートを女の子の楽器だと信じている例を挙げて説明している。

2　音楽のジェンダー・ステレオタイプ

音楽適性を測るとされるテストの結果からは，信頼できる性差は見いだされていないようであるが（Shuter-Dyson & Gabriel, 1981），教育の段階と，専門職に就く段階における男女の逆転現象は，先に挙げたとおりである。このような差が生じることに関して理解するために，ジェンダー・ステレオタイプについて見ていく。

音楽活動の好みについて，ジェンダーによる違いを指摘する研究がある。クロウザーとダーキン（Crowther & Durkin, 1982）は，12～18歳の男女に対し

5）ただし，アーロン・コーエン編『国際女性作曲家百科事典』に世界75カ国，紀元前2700年から紀元1980年までに，約6,200名の女性作曲家が収録されていることを例に挙げたうえで，日本および欧米の主な音楽大学に対して，女性作曲家に対する認知状況を確認するアンケート調査を行い，国や学校によりその状況に大きな差があることを示している。

て音楽への態度を測定する質問紙調査を行い，女の子が音楽へより肯定的な態度を示し，楽器演奏や合唱などへの参加が多く，音楽を学校の科目の中で重要なものと報告する傾向が示された。日本の研究（杉江，2001）においても，女子学生のほうが楽器演奏に関わる習い事などの音楽活動に，より多く参加していることは確認されている。また，音楽以外の科目も含め，どの領域に自分の肯定的能力を認めるかを，7～10歳の子どもを対象に調べた研究（Eccles et al., 1993）では，男の子がスポーツに，女の子が楽器演奏に対して，より肯定的であることが示唆された。

　楽器についても，ジェンダー・ステレオタイプの存在が確認されている。たとえば，エイベルズとポーター（Abeles & Porter, 1978）は大学生を対象に，男性的-女性的という両極をもつ連続体上に八つの楽器の位置を決めるよう求めた結果，ドラムス，トロンボーン，トランペットは「男性的」，フルート，ヴァイオリン，クラリネットは「女性的」，チェロとサキソフォンは中間に位置づけられた。また，大人に対して，自分の（仮想的な）娘や息子のために，上記の八つの楽器から一つ選択するように求めた結果，クラリネット，フルート，ヴァイオリンを娘に，ドラムス，トロンボーン，トランペットを息子により多く選ぶ傾向が見られた。さらに，5～10歳の子どもを対象に，同じ八つの楽器の絵と演奏の録音テープを用意して，好みを示すよう求めたところ，最年少の子どもに男女差は見られなかったが，より年長の子どもは自分の性に合う楽器を選択する傾向を示し，また男性より女性のほうがより選択の幅が広い傾向を示した。

　また，オニールとボールトン（O'Neill & Boulton, 1996）は，9～11歳の子どもの楽器の好みを調べるために，六つの楽器の絵を用いて，最も演奏を学びたい楽器から学びたくない楽器まで順序を問い，女の子はフルート，ピアノ，ヴァイオリンに，男の子はドラムス，ギター，トランペットにより強い好みを示した。また，この六つの楽器のどれかを，女の子が演奏すべきではないと思うか，男の子が演奏すべきではないと思うかと質問し，男の子と女の子が同様の考えをもつことを示唆した。

　なぜ，子どもたちは楽器について，ジェンダー・ステレオタイプ化された信念をもつのかについては，親の影響も考えられるが，自分のジェンダーに反する楽器を選ぶことは，仲間からの非難を浴びかねないことも影響している可能

性がある。実際ハウとスロボダ（Howe & Sloboda, 1992）は，音楽の専門学校に通う学生を対象に行ったインタビューの中で，この学校に入る前の仲間関係において，ジェンダーにふさわしくない楽器を演奏することに対する仲間からの否定的な反応が示されたことを報告している。また，オニールとボールトン（O'Neill & Boulton, 1995）は，仮想の同性の子どもについて予想をさせることで，ジェンダーにふさわしくない楽器を選ぶ子どもほど，仲間たちからの否定的反応があると考えていることが示唆された。

このようなステレオタイプ化された見方を，変化させることはできるのだろうか。たとえば前出のエイベルズとポーター（Abeles & Porter, 1978）の実験では，楽器を提示する際に，ジェンダーにふさわしい楽器を持つ奏者を見せる条件に比べ，そのようなバイアスがかからない奏者なしで楽器が見せられた条件では，男の子の場合，後者のほうが幅広い楽器を選択する傾向が確認されている。ブルースとケンプ（Bruce & Kemp, 1993）の研究においても，トロンボーン奏者が女性である場合と男性である場合では，コンサートを見た5～7歳の女の子がこの楽器に興味を示す割合が，20%以上と2%未満と大きく異なっていた。このように，短期的にはステレオタイプ化された信念を変えさせることができるようだが，長期的な影響についてはまだ確認されておらず，何度もさまざまなサポートを受けることが必要であろう。

音楽の嗜好の男女差について，ジェンダーに関するアイデンティティで説明する立場もあるが（Dibben, 2002），嗜好についての研究は第5節で取り上げる。

第4節　社会の中での音楽の役割

ここでは，社会の中で音楽がどのような役割を果たしているかについて紹介するが，第13章で産業音楽心理学を扱っているため，ここではより伝統的なものや，日常的な音楽聴取について取り上げておく。

音楽心理学の定義については第1章で述べられているが，梅本（1996）ではこのような定義について，狭義と広義とに分けて説明している。狭義には，音楽行動そのものについての規定要因を心理学的に分析することであるとしたう

えで，広義には，音楽が人間や生物に及ぼす影響を心理学的に分析することとしており，この広義は社会の中での**音楽の役割**について，ひととおり網羅している。内容としては，①知覚の操作，②感情の操作，③表現を通じて，④社会性をもつものとして，⑤運動を必要とするものとして，の五つに分かれている（第1章のコラム参照）。このうちの④の社会性に関しては，音楽を集団作業のタイミングのコントロールに使用した例として，地曳き網を曳くときの漁師の歌などが挙げられている。また，幼児教育の中でのリズムに合わせた歩行，遊戯，合奏が，音楽の基礎の学習だけでなく，自分の行動のテンポを皆と一緒にするということにより，幼児の自己中心性の抑制の経験につながることも示している。大人についても，合唱や合奏から仲間意識や共感が生まれ，**集団の維持**に貢献することなど，社会的な効果を指摘している。

次に，文化の中の音楽研究である**民族音楽学**の観点から，音楽の機能を見ていく。この民族音楽学では，非西洋音楽を対象とした研究を多く行っているが，メリアム（Merriam, 1964）は，民族音楽学を非西洋音楽だけの研究ではなく，すべての種類の音楽を対象としていることを強調している。グレゴリー（Gregory, 1997）はこのような民族音楽学の観点から，音楽の伝統的な役割について次のように述べている。「多くの社会で，音楽は文化の必要不可欠な一

コラム　教育場面での社会心理学

音楽教育の場面での人間関係も，社会心理学のテーマとなりうる。

学習者に対する教師の期待が，学習者の到達度に対してもつ効果については認められてきているが（Rosenthal & Jacobson, 1968），このような研究では学級集団が対象であった。音楽領域では，たとえば楽器の指導場面に関して，一対一，あるいは少人数のグループで教えることが多い。デイヴィドソンら（Davidson et al., 1997）は，演奏レベルの異なる若者を対象とした調査で，主な楽器の最初と最後（または現在）の教師に関して質問した。その結果，演奏技能の高い学習者ほど，最初の指導者に対して親しみやすさを感じる傾向があり，その中でも特に演奏技能の高い者は，現在の教師にそれ以上の親しみやすさを感じており，専門性の高さについても高く評価している。

学校における音楽指導に関しては，バレット（Barrett, 2005）が，音楽実践コミュニティにおける正統的周辺参加の例を挙げたうえで，より柔軟性をもつ開かれた音楽教育に向けての示唆を行っている。

部分であって，音楽そのものを楽しむためという，独立した芸術としてあるのではない」。さらに，音楽があらゆる**人生の活動**に伴うものであることを指摘している。具体的には，子守り，遊び，踊り，仕事，癒し，戦い，儀礼や儀式が挙げられているが，このような利用法は，ほとんどすべての社会に共通するものである。しかし，たとえば言語を音楽的に表現する，アフリカ社会に見られるトーキング・ドラムのようなコミュニケーションの取り方や，個人のシンボルとして歌をもつというような，特定の社会にのみ存在する特殊なものもある。また，このようなさまざまな社会的場面で音楽が用いられることもあり，少数民族や集団のアイデンティティの形成に音楽が役立つことも指摘されているが，一方で，楽器演奏者が集団から離れて**個人の楽しみ**のために演奏することも，アフリカ社会の研究で見いだされている（Nketia, 1988）。

現代社会の中での音楽の機能についての研究としては，ノースら（North et al., 2000）が若者に行った調査を挙げることができる。この研究では，イギリスの13～14歳の2,465名に対して，音楽を聴く理由を12個提示し，自分にどのくらい当てはまるかを回答させた。因子分析の結果から，「感情的欲求を満たす」「緊張やストレスをやわらげるために聴く」「感情を表現するために聴く」という三つの因子が見いだされた。

第5節　音楽の好みと社会との関係

1　音楽の好みとは

音楽の好み（preference）を取り上げる際に，まず考えておかなければならないのは，一瞬で変わりうるような短期的な好みと，ある程度長期的な好みが存在する点である。前者については，たとえば実験室で呈示された曲を聴いた直後に，好みの程度を回答するような場合を挙げることができ，その曲を続けて何度も繰り返し聴いて，一回ごとにその程度が変化していくようなものである。後者については，ラッセル（Russell, 1997）がまとめているような，あるジャンルの音楽や作曲家や演奏家などに対する，安定していて長期にわたる好み（趣味）のことである。たとえば，自己紹介をするときに，好きな音楽はク

ラシックであるとか，好きな作曲家はドビュッシーであるという場合がこれにあたる。本節では，基本的に後者の**長期にわたる好み**[6]について取り上げる。

このような好みの測定方法については，質問紙調査や面接のような形式で，好きな音楽のタイプを直接言語報告するような場合もあれば，普段の生活において聴いている音楽や，購入したCD，聴きに行ったコンサートを調べることもできるが，別の方法で測定された音楽の好みを同じものとして扱えるかどうかについては，議論の余地がある（たとえば，Russell, 1997のまとめ）。

また，音楽のタイプ（ジャンル）の分類についても，難しい問題がある。初期の研究で行われていたように，クラシック音楽とそれ以外のポピュラー音楽に分ける方法もあるが，よく行われているのは，クラシック，ジャズ，ロック，ポップスなど，代表的ないくつかのジャンル名を並べて示す方法である。ただし，研究するうえですべてのジャンルを取り上げることは，その膨大な数[7]からいって不可能である。また，たとえばジャズの**下位分類**として，ディキシーランド・ジャズ，スウィング・ジャズ，モダン・ジャズ，フリー・ジャズが存在するように，主要なジャンルには下位分類が存在する。さらに，他のジャンルとの**融合**のような形で境界線が曖昧になってきていることも，ジャンルを取り上げることの難しさにつながっている。

研究を行う文化圏によっても，使用する適切なジャンル名の選択について考える必要がある。たとえば，トルコの大学生を対象に行われた調査では，知っている音楽スタイルをすべてリストアップさせて，後の調査に用いるジャンル名を選び出す方法を取っている（Tekman & Hortacsu, 2002）。このようなボトムアップでジャンル名を選択する方法を使って，佐藤（2005）は現代の日本の若者を対象に研究するうえで適切なジャンル名を選択するため，大学生171名を対象に，思い出すことができる限りのジャンル名を自由記述で挙げさせて分析を行った。その結果，113のジャンル名が挙げられ，そのうち10名以上の回答者が共通に挙げている22ジャンルを，その後の調査に用いた。

さらに，音楽の好みは**聴く状況**（たとえば，食事中，電車で移動中，仕事中など）で変化する場合もあれば，**そのときの感情**によっても異なると思われるが，本節では取り上げない。

---

6) 長期にわたる好みを示す場合，preferenceではなくtasteが使われることもある。
7) 音楽ジャンルの全体像の説明としては，みつとみ（1999）を参照。

2 音楽の好みと社会との関係性

　ガンズ（Gans, 1974）は，ある種の音楽や演奏家を特に好む人々の集団のことを趣味層（taste public），そこに属する人々が共有する価値観を趣味文化（taste culture）と呼んでいる。ラッセル（Russell, 1997）はそれをもとにして，趣味層は，性別，年齢，社会的階級，民族集団のような社会人口統計学的変数によって，趣味文化は，人々の音楽の価値や選択によって定義されるものとしている。ここでは，音楽の好みと，社会人口統計学的変数との関連性を指摘する諸研究を中心に紹介する。

　まず**社会的階級**については，より高い社会・経済的地位の人々ほど，クラシック音楽を好むという傾向にあることを示す諸研究がある。たとえば，ハーグリーヴズ（Hargreaves, 1986）でまとめられた4研究のうち三つからは，その予測を支持する結果が得られている。また，アメリカ（DiMaggio & Useem, 1978）やイギリスの調査（Pegg, 1984）において，クラシックのコンサートの観客層と，ポピュラー音楽の観客層を調べた結果も同様の傾向を示した。クラシックへの好みは全体として少数派ではあるが，より高い社会・経済的階級の人々の間では，比較的好まれる傾向にあるようだ。また，ポピュラー音楽については分類上の問題もあってとらえにくいが，少なくともアメリカ（Robinson & Hirsch, 1972），イギリス（Murdock & McCron, 1973），カナダ（Tanner, 1981）の1960～80年代の研究では，労働者階級よりも中流階級の家庭に育つ若者の好みが，より「進歩的」で「反主流派的」になるらしいことを示している。

　次に**年齢**について，若者と年長者との音楽の好みの違いが認められるが，年齢とともに好まれる音楽が変化していくのか，あるいは若いときに好んだ音楽が年齢を重ねても持続するのかについては，議論の余地があるようだ（Russell, 1997）。後者については，ポピュラー音楽に関してその根拠となるデータもある。たとえば，ホルブルックとシンドラー（Holbrook & Schindler, 1989）が16～86歳までの人々を対象に，ヒットした流行歌の好みを調べると，回答者が思春期後期や成人期初期に流行した歌を最も好むことが明らかになった。日本国内の研究（NHK放送世論調査所, 1982）においても，同様の結果が確認できる。

ジェンダーについては，その影響についてまとめている研究（たとえばFinnäs, 1989）から，男性がハードでタフな音楽，ジャンルとしてはハード・ロックやヘヴィメタルなどを好む傾向があり，女性がソフトでロマンティックな音楽，具体的には今流行っているポップスやクラシック，ダンス指向の音楽を好む傾向があるという結論が出されている。音楽の好みに認められるこのような男女差については，**ジェンダー・ステレオタイプ**による可能性もある。
　このような社会構造と音楽の好みとの関係では，社会構造が音楽の好みに影響を与えるのか，音楽の好みが社会構造に影響を与えるのかという二つの解釈がありうるが，ここでは前者の音楽の好みに与える**社会的影響**を，ラッセル（Russell, 1997）のまとめを参考にして以下に挙げる。
　まず，**家庭や学校教育**などの影響が考えられる。家庭の影響については，たとえばクラシック音楽への好みが，家庭での共有体験から子どもに影響する可能性がある。学校の音楽の授業の中で紹介される音楽，さらに専門的レッスンを受けることで接する音楽なども，影響すると思われる。ただし，実際には先に述べたような世代間ギャップの存在もあり，家庭や教育の影響については個人差が大きい可能性もある。
　また，自分の所属する**集団への同一化**の方法として，特定の音楽への好みを示す場合がありうる。その集団の中で認められている音楽に対する好みの表明が，自分が集団の一員であることの証明につながる。このような集団への同一化は，民族のような大きな集団に当てはまるだけでなく，身近な仲間関係にも当てはまる。仲間と同じ音楽への好みを示すことで仲間に認められ，その集団の結束力も高まる。ただし，仲間とは異なる音楽への好みを示すことは，仲間からの排除につながる恐れもあるためか，その好みを仲間の前で表明することを避けることもあるようだ（たとえば，小泉，2007）。
　最後に，さまざまなメディアからの影響も考えられる。テレビのCMなどで何度も繰り返し流されることで反復聴取効果が期待でき，メディアが人々の好みを形成する面もあるが，同時にメディアが人々の音楽の好みを反映する面もあると考えられる。また，マスメディア全盛の時代と，インターネットが浸透した時代の違いもあり，現在ではより細分化された好みに対応したものとして，メディア上の音楽が存在していると考えられる。

第6節　音楽についての語りとアイデンティティ

　音楽についての語りも，音楽行動の一種と考えることができる。

　マクドナルドら（MacDonald et al., 2005）は，音楽的コミュニケーションの中でも，音楽そのものではなく，音楽についての語りを取り上げている。コミュニケーションの社会構成主義モデルを採用して，語りは純粋な情報伝達手段として使われるよりも，それを通して個人的で社会的な目的が果たされるとしている。たとえば，ある人が自分の音楽の好みを語る際に，好みについての情報を伝達するだけでなく，他者との関係において**自分自身を位置づける**ことができるということである。学校外での自由時間において音楽活動をしているイギリスの若者と，プロのジャズ・ミュージシャンへのインタビューから，語りを通して自分が価値を置いているコミュニティの一員であることと，より望ましくないグループとは同一視されないことに努めている様子が観察されている。

　また小泉（2007）は，日本の高校生を対象にしたフィールドワークを行っている。そこから，高校生が「好きな音楽」について語るときに，本当に好きな音楽を語っているとは限らず，**場所や状況によって「好み」を使い分けている**ことを指摘している。**好みの三層構造**として，本来の個人的な嗜好である「パーソナル・ミュージック」，同世代に共通する「コモン・ミュージック」，異世代をつなぐ「スタンダード」に分けている。使い分けを行う状況としては，「フォーマルな空間」「インフォーマルな空間」「セミフォーマルな空間」を挙げており，状況によってはパーソナル・ミュージックを明かさないことや，男子と女子とで対応が異なっていることなどが指摘されている。

　以上のように音楽についての語りが，自らの**社会的アイデンティティ**[8]形成において重要な意味をもつことを示唆する研究が国内外で行われており，このような分野の研究が，音楽の社会心理学の幅を広げていく可能性はあるだろう。

---

8)　第8章第5節を参照のこと。

【引用文献】

Abeles, H. F. & Porter, S. Y. (1978). The sex-stereotyping of musical instruments. *Journal of Research in Music Education*, **26**, 65-75.

安藤 清志・大坊 郁夫・池田 謙一（1995）．社会心理学　岩波書店

Barrett, M. S. (2005). Musical communication and children's communities of musical practice. In D. Miell, R. MacDonald, & D.J. Hargreaves (Eds.), *Musical Communication*. Oxford University Press. pp. 261-280.（バレット，M. S. 佐藤 典子（訳）（2012）．音楽的コミュニケーションと子どもたちの音楽実践のコミュニティ　ミール，D.・マクドナルド，R.・ハーグリーヴズ，D. J.（編）星野悦子（監訳）音楽的コミュニケーション――心理・教育・文化・脳と臨床からのアプローチ　誠信書房　pp. 298-321.）

Bruce, R. & Kemp, A. (1993). Sex- stereotyping in children's preferences for musical instruments. *British Journal of Music Education*, **10**, 213-217.

Burt, C. (1939). The factorial analysis of emotional traits. *Journal of Personality*, **7**, 238-254; 285-299.

Crowther, R. & Durkin, K. (1982). Sex- and age-related differences in the musical behaviour, interests, and attitudes towards music of 232 secondary school students. *Educational Studies*, **8**, 131-139.

Daoussis, L. & McKelvie, S. J. (1986). Musical preferences and effects of music on a reading comprehension test for extraverts and introverts. *Perceptual and Motor Skills*, **62**, 283-289.

Davidson, J. W., Howe, M. J. A., & Sloboda, J.A. (1997). Environmental factors in the development of musical performance skill over the life span. In D. J. Hargreaves & A. C. North (Eds.), *The social psychology of music*. Oxford University Press. pp. 188-206.（デイヴィドソン，J. W.・ハウ，M. A.・スロボダ，J. A. 小柴 はるみ（訳）（2004）．演奏技能の生涯発達の環境要因　ハーグリーヴズ，D. J.・ノース，A. C.（編著）磯部 二郎・沖野 成紀・小柴 はるみ・佐藤 典子・福田 達夫（訳）人はなぜ音楽を聴くのか――音楽の社会心理学　東海大学出版会　pp. 231-253.）

Delsing M. J. M. H., Bogt, T. F. M. T., Engels, R. C. M. E., & Meeus, W. H. J. (2008). Adolescents' music preferences and personality characteristics. *European Journal of Personality*, **22**(2), 109-130.

Dibben, N. (2002). Gender identity and music. In R. A. R. MacDonald, D. J. Hargreaves & D. Miell (Eds.), *Musical identities*. Oxford University Press. pp. 117-133.（ディーベン，N. 岡本 美代子・東村 知子（訳）（2011）．ジェンダー・アイデンティティと音楽　マクドナルド，R. A. R.・ハーグリーヴズ，D. J.・ミエル，D.（編）岡本 美代子・東村 知子（訳）音楽アイデンティティ――音楽心理学の新しいアプローチ　北大路書房　pp. 154-176.）

DiMaggio, P. & Useem, M. (1978). Social class and arts consumption: The origins and consequences of class differences in exposure to the arts in America. *Theory and Society*, **5**, 141-161.

Eccles, J., Wigfield, A., Harold, R. D., & Blumenfeld, P.（1993）. Age and gender differences in children's self- and task perceptions during elementary school. *Child Development*, **64**, 830-847.

Farnsworth, P. R.（1954/1969）. *The social psychology of music*. Iowa State University Press.

Finnäs, L.（1989）. How can musical preferences be modified? A research review. *Bulletin of the Council for Research in Music Education*, **102**, 1-58.

Gans, H. J.（1974）. *Popular culture and high culture: An analysis and evaluation of taste*. Basic Books.

Gregory, A. H.（1997）. The roles of music in society: The ethnomusicological perspective. In D. J. Hargreaves & A.C. North（Eds.）, *The social psychology of music*. Oxford University Press. pp. 123-140.（グレゴリー，A. H. 小柴 はるみ（訳）（2004）. 社会における音楽の役割――民族音楽学の観点　ハーグリーヴズ，D. J.・ノース，A. C.（編著）磯部 二郎・沖野 成紀・小柴 はるみ・佐藤 典子・福田 達夫（訳）人はなぜ音楽を聴くのか――音楽の社会心理学　東海大学出版会　pp. 149-170.）

Hargreaves, D. J.（1986）. *The developmental psychology of music*. Cambridge University Press.（ハーグリーブス，D. J. 小林 芳郎（訳）（1993）. 音楽の発達心理学　田研出版）

Hargreaves, D. J. & North, A. C.（1997）. The Social Psychology of Music. In D. J. Hargreaves & A. C. North（Eds.）, *The social psychology of music*. Oxford University Press. pp. 1-21.（ハーグリーヴズ，D. J.・ノース，A. C. 福田 達夫（訳）（2004）. 音楽の社会心理学　ハーグリーヴズ，D. J.・ノース，A. C.（編著）磯部 二郎・沖野 成紀・小柴 はるみ・佐藤 典子・福田 達夫（訳）人はなぜ音楽を聴くのか――音楽の社会心理学　東海大学出版会　pp. 1-26.）

Holbrook, M. B. & Schindler, R. M.（1989）. Some exploratory findings on the development of musical tastes. *Journal of Consumer Research*, **16**, 119-124.

Howe, M. J. A. & Sloboda, J. A.（1992）. Problems experienced by talented young musicians as a result of the failure of other children to value musical accomplishments. *Gifted Education*, **8**, 16-18.

柏木 繁男（1997）. 性格の評価と表現――特性5因子論からのアプローチ　有斐閣

河合 隼雄（1967）. ユング心理学入門　培風館

川嶋 ひろ子（2004）. 日本及び欧米諸国の音楽大学における女性作曲家作品認知状況――アンケート調査に基づく分析と傾向　尚美学園大学芸術情報学部紀要，**3**，99-117.

Kemp, A. E.（1996）. *The musical temperament: Psychology and personality of musicians*. Oxford University Press.（ケンプ，A. E. 朝井 知（訳）（2004）. 音楽気質――音楽家の心理と性格　星和書店）

Kemp, A. E.（1997）. Individual differences in musical behavior. In D. J. Hargreaves & A. C. North（Eds.）, *The social psychology of music*. Oxford University Press. pp. 25-45.（ケンプ，A. E. 佐藤 典子・沖野 成紀・磯部 二郎・小柴 はるみ（訳）（2004）. 音

楽行動の個人差　ハーグリーヴズ，D. J.・ノース，A. C.（編著）磯部 二郎・沖野 成紀・小柴 はるみ・佐藤 典子・福田 達夫（訳）人はなぜ音楽を聴くのか——音楽の社会心理学　東海大学出版会　pp. 29-54.）

小泉 恭子（2007）．音楽をまとう若者　勁草書房

MacDonald, R., Miell, D., & Wilson, G.（2005）．Talking about music: A vehicle for identity development. In D. Miell, R. MacDonald, & D.J. Hargreaves（Eds.）, *Musical Communication*. Oxford University Press. pp. 321-338.（マクドナルド，R.・ミール，D.・ウィルソン，G. 佐藤 典子（訳）（2012）．音楽についての語り——アイデンティティ発達のための手段　ミール，D.・マクドナルド，R.・ハーグリーヴズ，D. J.（編）星野 悦子（監訳）音楽的コミュニケーション——心理・教育・文化・脳と臨床からのアプローチ　誠信書房　pp. 346-375.）

Merriam, A. P.（1964）．*The anthropology of music*. Northwestern University Press.

Mischel, W.（1968）．*Personality and assessment*. Wiley.（ミッシェル，W. 詫摩 武俊（監訳）（1992）．パーソナリティの理論——状況主義的アプローチ　誠信書房）

みつとみ 俊郎（1999）．音楽ジャンルって何だろう　新潮社

Murdock, G. & McCron, R.（1973）．Scoobies, skins, and contemporary pop. *New Society*, **29**, 690-692.

NHK放送世論調査所（編）（1982）．現代人と音楽　日本放送出版協会

Nketia, J. H. K.（1986）．*The music of Africa*. Gollancz.（ンケティア，J. H. K. 龍村 あや子（訳）（1989）．アフリカ音楽　晶文社）

North, A. C., Hargreaves, D. J., & O'Neill, S. A.（2000）．The importance of music to adolescents. *British Journal of Educational Psychology*, **70**, 255-272.

O'Neill, S. A.（1997）．Gender and music. In D. J. Hargreaves & A. C. North（Eds.）, *The social psychology of music*. Oxford University Press. pp. 46-63.（オニール，S. A. 佐藤 典子（訳）（2004）．ジェンダーと音楽　ハーグリーヴズ，D. J.・ノース，A. C.（編著）磯部 二郎・沖野 成紀・小柴 はるみ・佐藤 典子・福田 達夫（訳）人はなぜ音楽を聴くのか——音楽の社会心理学　東海大学出版会　pp. 55-76.）

O'Neill, S. A. & Boulton, M. J.（1995）．Is there a gender bias towards musical instruments? *Music Journal*, **60**, 358-359.

O'Neill, S. A. & Boulton, M. J.（1996）．Boys' and girls' preferences for musical instruments: A function of gender? *Psychology of Music*, **24**, 171-183.

Payne, E.（1967）．Musical taste and personality. *British Journal of Psychology*, **58**, 133-138.

Payne, E.（1980）．Towards an understanding of musical appreciation, *Psychology of Music*, **8**(2), 31-41.

Pegg, C.（1984）．Factors affecting the musical choices of audiences in East Suffolk, England. In R. Middleton & D. Horn（Eds.）, *Popular music 4: Audiences and musical tastes*. Cambridge University Press.

Rentfrow, P. J. & Gosling, S. D.（2003）．The do re mi's of everyday life: The structure and personality correlates of music preferences. *Journal of Personality and Social Psychology*, **84**(6), 1236-1256.

Robinson, J. P. & Hirsch, P. M. (1972). Teenage response to rock and roll protest songs. In R. S. Denisoff & R. A. Peterson (Eds.), *The Sounds of Social Change*. Rand McNally.

Rosenthal, R. & Jacobson, L. (1968) *Pygmalion in the classroom*. Holt, Rinehart, and Winston.

Russell, P. A. (1997). Musical tastes and society. In D. J. Hargreaves & A. C. North (Eds.), *The social psychology of music*. Oxford University Press. pp. 141-158.（ラッセル，P. A. 小柴 はるみ（訳）(2004). 音楽の好みと社会 ハーグリーヴズ，D. J.・ノース，A. C.（編著）磯部 二郎・沖野 成紀・小柴 はるみ・佐藤 典子・福田 達夫（訳）人はなぜ音楽を聴くのか――音楽の社会心理学 東海大学出版会 pp. 171-192.）

佐藤 典子（2005）．大学生の音楽ジャンルの認知 日本社会心理学会第46回大会論文集．640-641.

佐藤 典子（2009）．大学生の音楽の好みと性格特性 日本音楽知覚認知学会 平成21年度春季研究発表会資料

Shuter-Dyson, R. & Gabriel, C. (1981). *The psychology of musical ability*. 2nd ed. Methuen.

末永 俊郎（1998）．序論 末永 俊郎・安藤 清志（編）現代社会心理学 東京大学出版会 pp. 1-9.

杉江 淑子（2001）．音楽の趣味・嗜好にみられる男女間の相違とその形成要因――音楽の稽古事経験および家庭の音楽的環境の影響に焦点を合わせて 滋賀大学教育学部紀要．I．教育科学．**51**, 107-118.

詫摩 武俊（1990）．性格の定義・性格の研究史 詫摩 武俊・瀧本 孝雄・鈴木 乙史・松井 豊 新心理学ライブラリ9 性格心理学への招待――自分を知り他者を理解するために サイエンス社 pp. 3-11.

Tanner, J. (1981). Pop music and peer groups: A study of Canadian high school students' responses to pop music. *Canadian Review of Sociology*, **18**, 1-13.

丹野 義彦（2003）．性格の心理――ビッグファイブと臨床からみたパーソナリティ サイエンス社

Tekman, H. G.& Hortacsu, N. (2002). Aspects of stylistic knowledge: What are different styles like and why do we listen to them? *Psychology of Music*, **30**(1), 28-47.

辻 平治郎・藤島 寛・辻 斉・夏野 良司・向山 泰代・山田 尚子・森田 義宏・秦 一士（1997）．パーソナリティの特性論と5因子モデル：特性の概念，構造，および測定 心理学評論．**40**, 239-259.

梅本 堯夫（1996）．音楽心理学の研究 ナカニシヤ出版

和田 さゆり（1996）．性格特性用語を用いた Big Five 尺度の作成 心理学研究．**67**, 61-67.

参考図書

ハーグリーヴズ, D. J.・ノース, A. C.（編著）磯部 二郎・沖野 成紀・小柴 はるみ・佐藤 典子・福田 達夫（訳）(2004). 人はなぜ音楽を聴くのか――音楽の社会心理学 東海学出版会

第12章 音楽療法

鈴木　涼子
星野　悦子

第1節　音楽療法の概要

1 音楽療法の歴史

　心理学者エビングハウス（Ebbinghaus, 1908）は，「心理学の過去は長いが，その歴史は短い」と述べた。これは，心理学が独立した学問として成立したのは百数十年前だが，心の探求は二千年以上前から行われてきたことを意味している（大山，1998）。心理学の歴史と同様，音楽療法も「過去は長いが歴史は短い」といえる。音楽を健康回復のために使用することは古代から行われてきたが，音楽療法が独立した学問として発展したのは，20世紀以後のことである。

　アメリカでは20世紀初頭から，音楽の医療・教育への活用に関する研究と実践が行われるようになった。アメリカでは第二次世界大戦中，負傷した帰還兵への慰問活動が多くの音楽家たちによってなされ，音楽療法の効果と専門性が論じられるようになった。1950年に音楽療法の全国統一組織が設立され，音楽療法士の養成や，資格認定制度の整備や研究活動が発展していった。

　日本では，明治時代の精神病院で，音楽活動が実施された記録が残っているが（幸，2000），音楽療法の本格的な実践・研究の開始は，1950年代以後のことである。時代を経るにしたがい，少しずつ実践・研究の発展と専門家集団の組織の整備がなされ，2001年には日本音楽療法学会が設立されるに至った。現在，同学会を中心に，音楽療法士資格の認定，学会の開催や研究誌の発行を

通じた研究活動などが行われている。2014年現在，日本音楽療法学会認定音楽療法士は，全国で約2,600名を数える。

2　音楽療法の定義

音楽療法は，「音楽に関わるヒューマン・サービス」の一種であり，音楽教育もそのひとつである。では，音楽療法と音楽教育はどこが違うのか。音楽療法の目的は「健康に関するニーズに応える」ことだが，音楽教育の目的は，一般的には，教わる人の音楽の知識や技術，音楽性が向上することである。音楽教育は，学習者が音楽を学ぶ経験を通じて，より調和の取れた豊かな人格になることを目指すものなので，音楽療法と音楽教育の目的は広い意味では共通している。ただ，音楽教育では，教わる人の"音楽以外の変化"を直接的に目指すことはあまりないが，音楽療法では"対象者の健康"という"音楽以外の目的の達成"のために，音楽を使用するのである。

日本音楽療法学会では，音楽療法を「音楽のもつ生理的，心理的，社会的働きを用いて，心身の障害の回復，機能の維持改善，**生活の質**[1]の向上，行動の変容などに向けて，音楽を意図的，計画的に使用すること」と定義している。音楽療法研究者や世界各国の音楽療法の団体によって，異なる音楽療法の定義がなされているが，それらの定義に共通することは「音楽の特性を，対象者の健康上の目的に合わせて使用すること」といえるだろう。

3　健康の諸側面に応じた音楽療法

「健康」にはさまざまな側面がある（身体的健康・心理的健康・社会的健康）。音楽療法士は，対象者のニーズが「健康のいずれの側面に関するものか」を見定め，それを満たすことを目指して実践を行う。ニーズは，「身体的健康」（例：脳卒中の後遺症による麻痺）なのか，「心理的健康」（例：**コミュニケーション・スキル**[2]の不足のため他者と上手に関われない）なのか，それとも「社会的健康」（例：知的障害があるために地域の音楽活動への参加がかなわない）にあるのか，音楽療法が実践される場合，当該の対象者の抱える健康問題の種類に応じて介入が行われる。

---

1)　Quality of Life の訳。略して QOL と呼ばれる。
2)　他者とコミュニケーションを取るための技術のこと。

4 音楽療法の対象者の音楽体験

音楽療法では，対象者（音楽療法を"受ける"人のこと。患者，クライアントなど，さまざまな呼び方があるが，本稿では対象者と記述する。また対象が児童の場合は対象児と記述する）が，何らかの「音楽体験」をする。「音楽体験」には，聴取，歌唱，楽器演奏，即興，音楽に合わせての身体運動など，いくつかのスタイルがあり，対象者のニーズに応じて，いずれの「音楽体験」をしてもらうかが選択される。

また，上記の「音楽体験」のひとつのスタイルにも，さまざまなバリエーションがある。たとえば，「聴取」による音楽療法の場合，ただ音楽を楽しむために聴くわけではなく，療法における目的に応じた"聴取のさせ方"が存在する。特定の状況で強いストレスを感じる人が，音楽を聴きながらリラクゼーション訓練を行う（牧野，1998），音楽を聴きながらイメージ体験に誘導し，気づいていない自分の心の奥底の気持ちに向き合う（Bonny, 1993），低体重で生まれた新生児に，おしゃぶりを吸啜している間だけ音楽が流れる装置を用いて，吸啜時間を伸ばしたり，哺乳率を上げたりする（Standley, 2003）など，さまざまなアプローチがある。一口に「聴取による音楽療法」といっても，対象者の多様な健康問題の解決に寄与するための多様な方法が考案されている。

対象者が「歌唱」する音楽療法にも，さまざまな方法がある。失語症の患者が表出言語を再獲得するために歌を活用する方法（三宅，2014），パーキンソン病患者の声の問題（声が小さくなる，かすれる）の改善のための歌を用いた訓練（羽石，2012），認知症高齢者の社会的行動の促進のための歌唱（高橋，1997），余暇活動・発散・自己表現を目的とした歌唱，などが挙げられる。

聴取と歌唱について以上に説明したが，楽器演奏，即興，身体運動の場合も同様に，対象者のニーズに応じて，さまざまな方法を使い分けることになる。

5 実践の流れ

音楽療法は，"計画的・系統的に"行われる。それはすなわち，介入において，アセスメント，実施，および記録，評価という一連の流れが存在する，ということである。

アセスメントでは，対象者やその家族から話を聴く，対象者の行動の観察，

医学的・心理学的検査などを通して，必要な情報を収集する。そして，対象者の得意なこと・不得意なこと，問題点，問題はなぜ生じているか，問題を改善するためにどんな方法をとるべきかを，見定めていく。

アセスメントの結果をもとに立てられた介入計画に基づいて，音楽療法を実施する。そして，音楽療法実践のプロセスは，必ず何らかの形で記録しておく。医師がカルテを書くのと同様である。記録は，音楽療法士が音楽療法の経過をきちんとモニターするうえで欠かせない。

そして，一定期間ごとに，音楽療法士が行った取り組みが有効だったか，対象者に利益をもたらしたのかを評価する。対象者の問題が解決したと評価されれば，その対象者への音楽療法は終了する。

第2節　音楽療法の実際

現在，音楽療法は，新生児から高齢者まで非常に幅広い対象者に対して実践されている。ただ，諸外国でも日本でも広く実践されているのは，知的障害・発達障害[3]の子ども，精神疾患[4]の患者，高齢者の3領域である。以下，この3領域の日本における音楽療法の実践例を説明する。

1　知的障害・発達障害の子ども

(1) 知的障害・発達障害の子どもへの音楽療法の意義

知的障害や発達障害の子どもは，幼稚園や小学校における"平均的な子どもを想定した平均的な教育"のみでは，社会適応に必要なスキル（言語，コミュニケーション行動，集団での適切なふるまい方など）の学習が困難なことが少なくないため，個々の対象児の特性に合わせた特別な教育的支援が必要となる。知的障害・発達障害の子どもへの音楽療法は，こうした教育的支援のひとつであるといえる。

---

3)　自閉症スペクトラム障害（自閉スペクトラム症），注意欠如多動性障害（注意欠如・多動症）などが含まれる。
4)　統合失調症，うつ病，パニック障害などが含まれる。

知的障害・発達障害の子どもを対象とした音楽療法は，特別支援学校，特別支援学級，通園施設等の福祉関係施設，医療機関などで実践されている。
　言語機能が発達途上にある子どもは，通常のことばかけよりも，抑揚の強調されたことばかけや，メロディが印象的な歌のほうが知覚しやすい（呉，2009）。また，音声言語の表出や理解が未発達の子どもでも，操作の簡単な楽器を鳴らすことや，音楽に合わせて身体を動かすのを楽しむことはできる場合が多い。こうした音楽を通して他者と関わる体験によって，コミュニケーションに関する行動など，適応的な行動が学習されることを目指す。
　知的障害・発達障害の子どもへの音楽療法は，ほとんどの場合，治療者と対象児が一緒に音楽活動（楽器演奏，歌唱，音楽に合わせての遊び・身体運動など）をする。演奏が容易な楽器，対象児の興味を引く形状・音色の楽器，写真，絵カード，簡単なパズルなどの教材を使用し，セラピストがギター，ピアノ，電子キーボードなどの楽器を，対象児の行動に合わせて演奏することも多い。大人とのやりとりが難しい対象児には個人セッション，大人との関係はとれても他児との関わりが難しい対象児には集団セッションが適切である（鈴木ら，2013）。

(2) 知的障害・発達障害の子どもへの音楽療法の実際例
　知的障害・発達障害児に対する音楽療法の課題と，達成のための活動例を示す。

　　①**活動性を高める・やりとりの楽しさを味わう**——対象児が太鼓などの打楽器を自由に鳴らし，それに合わせて治療者が即興的に歌ったり楽器を演奏したりする。
　　②**アイコンタクト・発声の促進，要求の表出**——対象児がオートハープ（小型のハープで，ボタンを押して弦を弾くと，特定の和音が鳴る。図12-1）を鳴らし，音楽療法士がその音に合わせて歌う。対象児が喜び，期待が高まってきたところで，音楽療法士が歌うのを止める。そこで対象児が音楽療法士の目を見たり，声を出したりしたら，治療者は歌の続きを歌う（二俣・鈴木，2011）。
　　③**音声模倣**——音楽療法士が，音声模倣をうながす歌を歌いながら玩具の

図 12-1　オートハープ　　　　図 12-2　カバサ

マイクを対象児の口もとに近づけ，対象児は音楽療法士の発声を模倣して発声する（二俣・鈴木，2011）。

④要求・身体部位の名称の表出——音楽療法士が，歌に合わせて対象児の身体でカバサ（グリップの上の円筒にチェーンなどが巻いてあり，グリップを持って円筒を手の平などで擦ると摩擦で音が鳴る。図12-2）を擦って鳴らす。カバサの"触覚的"な遊びが楽しく，キャッキャッと笑う子どもは少なくない。子どもが喜んでいるところで，音楽療法士はカバサで擦るのを止め，対象児に身体のどこで鳴らしてほしいか尋ねる。対象児は治療者に，鳴らしてほしい部位を「頭」「お腹」などと言い（ことばのない子どもの場合，アイコンタクトや指さしで伝える），音楽療法士はその要求に応え，再びカバサで子どもを喜ばせる（二俣・鈴木，2011）。

⑤注意の持続・動作のコントロール——音楽療法士が歌いながら差し出すウィンドチャイム（金属製の棒が複数つりさげられた楽器で，触れると綺麗な音が鳴る。図12-3）を，対象児が優しく鳴らしたり，歌のスピードに合わせて鳴らすスピードを調整したりする（二俣・鈴木，2011）。

⑥粗大運動のコントロール——音楽に合わせて行進したり，ジャンプしたりする（二俣・鈴木，2011）。音楽のテンポに合わせて遅く/速く歩く，音の合図で指定された行動をとる。

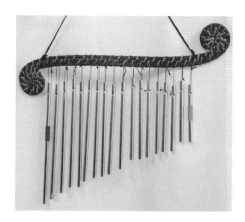

図 12-3 ウィンドチャイム

　以上に見てきたように，知的障害・発達障害児への音楽療法は，対象児にとっては楽しい音楽活動をしながら，なおかつ，個々の対象児の発達的な課題を達成していけるように組み立てて，実施することが大切である。

2　精神疾患

　精神疾患にはさまざまなものがあるが，わが国の精神科の音楽療法で広く行われているのは，統合失調症患者への実践である（村井，2001）。本項では，**統合失調症**患者への音楽療法について紹介する。

　統合失調症は，全人口の100人に1人弱が発症する病気である。幻覚・妄想，感情の障害，意欲の低下などの症状が生じ，専門的な治療が必要となる。治療には薬物療法と非薬物療法（心理療法，社会的技能訓練，その他）とがあるが，音楽療法は後者のひとつとして位置づけられる。

　音楽療法は多くの場合，対象者の入院している病棟，またはデイケア[5]で実施される。

　日本の精神科の音楽療法は，集団療法で行われていることが多い。入院中，またはデイケア参加の治療途上にある統合失調症患者のグループは，多様な状態の対象者（落ち着いて参加する人，うつむいて反応が乏しく，周りの声が聞

---

[5]　自宅から通院し，さまざまな活動プログラムを通して社会生活の支援がなされる。

こえていないように見える人，場違いなほどに明るく活動的な人など）が混在していることが多い。こうした多様な対象者が混在したグループでも，音楽療法であれば，個々の対象者が無理なく，充実感をもって参加できる場を作りやすい。以下に，典型的な活動例を紹介する。

① 歌唱——季節の歌を歌ったり，対象者からリクエストを受けた曲を歌ったりする。好きな曲に取り組むことは，意欲の向上につながる。また，他者との関わりが少ない対象者でも，思い出のある曲について会話が生じることもある。
② 合奏——ミュージック・ベルや打楽器などを用いた合奏が行われる。多様な機能レベルの対象者に合わせ，難易度の高いパート，簡単なパート，少人数のパート，大人数のパートを組み合わせる。
③ 音楽ゲーム——一定のリズムに乗って，提示されたお題（昨日の晩ごはんで食べたもの，好きな色，しりとり，など）に一人ずつ答えるゲームや，グループ対抗で行う曲当てゲーム（曲の一部を聴いて曲名を当てたり，アーティスト，年代などのヒントから曲名を当てたりする）などを行う。対象者同士が自然と関わりをもったり，話題が広がるように配慮する。

歌や合奏は，月ごとに課題曲を決めて完成に向けて練習を重ねたり，病院内外のイベントに向けて練習を積み重ねて，発表を行うこともある。

3　高齢者

高齢者に対する音楽療法は，健康な高齢者に対する介護予防・認知症予防の音楽療法（貫，2009，佐々木ら，2009，篠田・高橋，2000），慢性疾患の患者の音楽療法など，多様な健康問題に対して実践されているが，なかでも代表的なものとして，**認知症**の高齢者への実践がある。認知症は，脳の器質的障害に伴って，記憶・思考・理解・言語・**実行機能**[6]の障害などが生じる疾患である。

---

6) 実行機能については第6章第3節参照。

認知症の対象者に対する音楽療法は，特別養護老人ホーム，高齢者デイケアなどで，広く実践されている。個人療法がなされることもあるが，日本で実践されているこの領域の音楽療法のほとんどは，集団療法で行われている。認知機能の維持・改善，リラックスの促進，抑うつ感の改善，気分の安定，意欲の向上，他者との関わりの促進などを目的として，実施されることが多い。以下に，認知症の音楽療法でよく実施されるいくつかの活動について説明する。

①歌唱——集団もしくは一人で，対象者本人が馴染みの歌を歌う活動がよくなされる。高齢者は声の音域が狭くなり，原曲のとおりの調性（キー）だと歌いにくいことがあるため，歌いやすい音域の調性に移調して伴奏する必要があることが多い。満足感，気分の高揚，意欲の向上，自信の回復，などに働きかけることができる。

また，懐かしい歌や馴染みの歌を歌ったり，その曲について話したりすることは，「回想法」[7]（貫，2009），「なじみの歌法」（篠田・高橋，2000）と呼ばれ，忘れていた昔の記憶を引き出し，他者と関わる行動や発話量などが増え，生き生きとした気持ち，意欲をもたらすことができる。

②楽器活動——楽器活動は，和太鼓，タンバリン，鈴，ウィンドチャイムなどを用いて，自由に鳴らしたり，リズムを合わせて鳴らしたりする。対象者に適した楽器を選んだり，適切な身体サポート，声かけを行うことで，身体機能の維持・改善，満足感，意欲の向上，などをうながすことができる。

③身体活動——身体活動は，セラピストの動きを真似したり，他者と二人組になって触れ合いながら行う場合がある。ストレッチをすることでリラックスがうながされたり，活動性が上がったり，他者と言語でのやりとりが促進されることも多い。

音楽療法は，芸術，医療，福祉，教育，心理学，科学，美学など，さまざまな分野・領域が絶妙なバランスで絡み合い，成り立っている。また，対象者一

---

7) 1960年代に精神科医のバトラー（Butler, R. N.）が提唱した。

人ひとりの状況はさまざまであり、たとえ同じ対象者であっても、その時々によって状態は変化し続けている。セラピストは常にアンテナを張りめぐらせ、対象者を取り巻く多くの情報を考慮し、最適な方法を編み出し続ける必要がある。そのため、セラピストには、多くの学びと人間としての成長が求められる。

今後、音楽療法をより充実させるためには、少なくとも二つの要素が必要であると考える。一つ目は、セラピストがいつも真摯な姿勢で、より良い音楽療法を目指して実践を続けることである。二つ目は、音楽や心理学に関する基礎的な研究と、臨床現場から生まれる応用的な研究の両方が発展することである。音楽療法は、人や音楽の素晴らしい力を生かす領域であり、学術的発展の可能性を秘めている分野であると考える。

第3節　音楽心理学と音楽療法の関係

かなり多くの人が、音楽心理学と聞けば音楽療法だと思うことを、筆者は何度かの経験で知っている。この（半分は正しい）誤解が生まれるのには、理由が考えられる。一つは、心理学といえば臨床心理学と思われがちな昨今の風潮が関係するであろう。「音楽に関係する臨床心理学」なのだから、音楽心理学とは音楽療法のことであろうと推論されてしまう（それほど音楽療法という言葉は一般に浸透している）。もう一つは、「音楽は心を癒す」といったフレーズが巷を席巻していることで、「音楽、心理、癒し」がワンセットになって強く印象づけられたのかもしれない。

先に「半分は正しい」と記したのは、音楽療法を"臨床的"音楽心理学として、つまり音楽心理学の応用分野として理解すること自体は、誤りではないからである（ゆえに、本書にこの章がある）。しかしながら、厳密には二つは似ていて非なる専門領域であり、双方の研究の基本的枠組み（パラダイム）は異なっている。音楽心理学は経験[8]・基礎科学に位置づけられる（第1章参照）。他方、音楽療法は本章第1節、第2節で見たように、実践と応用の専門分野で

---

[8]　直接・間接に観測したデータの活用を指す。

ある。第3節では，両者の共通点と相違点を解説し，互いの関係と役割，連携について考察したい。

1 音楽心理学と音楽療法の共通点と相違点

(1) 共通点
音楽心理学も音楽療法も，ともに人間の心身のメカニズムと音楽との関係について強い関心をもっており，その探究に直接関わっている専門領域である。

(2) 相違点
①目的と対象者の違い

音楽心理学は，音楽をする人間の行動と精神の理解，説明，予測を目指す，基礎研究領域の科学である。音楽心理学の目的とは，音楽と人間（主に健常者が対象）に生じるさまざまな一般的事象を説明することであり，音楽と人間の相互作用のメカニズムを解明することである。対象は全人類であり，（それは当然不可能なので）ランダムサンプリングなどの適切な方法を用いて研究する。

一方，音楽療法は，音楽に内在する機能や治療的人間関係を活用して，心身に失調や障害のある人を回復改善へ導くという，**治療的援助**を目指す実践とその研究領域を指す。その目的は何よりも実践であり，対象者（クライアント[9]ともいう）の治療的援助である。対象者は心身に障害や疾病をもつ児童，思春期の子ども，成人，高齢者である（本章第1節参照）。

②方法の違い

音楽心理学では，経験科学的な手法（実験など）で，普遍的原理・原則を見つけようとする。その研究方法は，特定の研究者の主観に左右されないように，なるべく客観的で厳密な手続きを踏んで調査や実験を行う。そこから得られたデータを数量化し，仮説や仮定が正しいか否かを，統計学的な分析・検定にかけて結果を検討する。

他方，音楽療法では，臨床の場での実践を行いながら，観察や調査などによ

---

9) クライアントとは顧客の意味だが，患者（patient）とは呼ばずに，互いに人間として同格であるとの意味合いが込められている。

りデータが収集されることが多い。対象者の個別的事情を考慮し援助しながら、主に現象記述的な手法で個々の対象について記録する（事例研究）。そこに認められる類型や典型を集積したり，抽出したりして，治療に有効な理論や技法を作っていくことを目指す。EBM（根拠に基づく医療）のレベルが高い**ランダム化比較試験**[10] は，対象者の QOL（生活の質）や倫理問題を考えると，実際にはかなり困難な場合が多い（浅野ら，2010）。

③視点の違い

音楽心理学はどちらかというと自然科学的[11]，ないしは経験科学的[12]なアプローチをとって，音楽に参与する人間の行動を客観的に見ようとする。そして，結果の一般性・普遍性を求めようとする。他方，音楽療法は，サリヴァン（Sullivan, H. S., 1954）のことばを借りると，「関与しながらの観察」を行う。つまり，セラピストは対象者に関わりながら，一方では醒めた目で対象者を観察し，現象をできるだけ鮮明に深く記述して本質的な現象を見いだして治療に生かす。そのうえで，一般化にもつなげようとするのである。

以上見てきたことは，大きくいえば，学問研究における基礎分野と応用分野の違いによるもの，と言い換えることができるかもしれない。基礎分野と応用分野の研究の間では，その目的・役割・パラダイムが異なっている。基礎研究では一般法則を見いだすことに重きが置かれ，実際場面での応用に直接役立つかどうかには関心が薄いといえよう。応用研究はその逆であり，応用と実践場面での有用性・有効性が何より求められる。

2　二つの領域の関係と役割

それでは，音楽心理学と音楽療法は，まったく関係がないのであろうか。そのように見えて実は二つの領域には，ふさわしい役割分担に基づいた**連携的関係**が認められる。まず，音楽療法の治療の道具である「音楽」について，それが治療的な機能や根拠をもつことの説明に，音楽心理学の基礎的研究は実証的

---

10) 対象者をランダムに割り当てた実験群と統制群とを比較する方法（第9章コラム①参照）。
11) とりわけ音響学的な研究は，物理学と生物学に通じる面が多いので，自然科学的といえる。
12) 経験的事実を対象とする実証的な諸科学のこと。

な知見をしばしば提供する。また，音楽療法の臨床的研究は，音楽と人間との関わりについて経験的に獲得された，本当に意味のある音楽的事象や，音楽の知覚・認知，感情，行動が何であるのかを，心理学的基礎研究へ示唆する。

次の項では，音楽心理学が音楽療法へ提供する知見，つまり音楽による治療的な根拠，あるいは音楽療法の原理に関係する実証的研究を紹介する。

(1) 同質の原理

音楽療法には**同質の原理**（Iso-principle）と呼ばれる原理がある。それは，アメリカの精神科医アルトシューラー（Altshuler, I. M.）が1940年代に発見したもので，対象者の気分や精神テンポ[13]と合った性質の音楽を用いることである。そこから，音楽を対象者に受け入れてもらったり，その情動（不安，うつ，興奮など）を軽減できたりするという。しかし，これはアルトシューラーの精神科医としての経験と知識から出た原理で，実証的な検討はほとんどされていない。

ところが，音楽心理学の領域では「同質性仮説」という呼び方で，聴取者の心理状態（覚醒レベル）に一致した音楽が好まれることを示した実験がある。ホルブルックとアナンド（Holbrook & Anand, 1990）は，知られていないジャズのメロディに和音をつけた曲のテンポだけを14段階に変化させ，ランダムな順序で大学生に聴かせた。彼らは，①低覚醒群22名（席に座って目を閉じている），②高覚醒群（英語単語の綴り替えのゲームをした直後）の人々である。大学生たちは各曲を聴取し，その「活動性」と「快さ」を評定した。その結果，低覚醒群は，高覚醒群よりも遅いテンポを快いとした（96拍/分）。高覚醒群は，より速いテンポの曲を快いとした（118拍/分）。すなわち，高揚・覚醒しているときは速い曲を聴くと好ましく感じ，鎮静しているときにはゆったりした曲を聴きたい，つまり自らの覚醒度と同質な曲を快いとしたのである。

---

[13] 自発的テンポ，または心的テンポともいう（第4章第4節も参照）。タッピングによって測定され，交感神経が高まって緊張・興奮するときには速まり，副交感神経が働いて心が弛緩するときには遅くなるといわれる。精神疾患の症状とも関係するという研究がある（村井，2004）。

(2) 異質への転動

　他方，音楽療法では**異質への転動**という原理もある。これもアルトシューラーにより提唱された考えで，同質，あるいはニュートラルのテンポから入り，対象者の気分とは違う気分・テンポをもつ音楽に変えながらつなげていく方法である。あえて患者の気分とは違う質の音楽によって注意をうながしたり，気分を変えたり，想像や連想を刺激したりすることで，望ましい気分や体験世界へ導く方法である。これについては，音楽心理学では，「対処療法仮説」という呼び名でコネチニら（Konečni & Sargent-Pollock, 1976；Konečni, 1982）によって研究されたものが，示唆を与える。この実験には二つの段階がある。まず第一段階で，参加者たちはサクラによって言語的な侮辱を受けた（その結果，不快な高覚醒状態になった）。第二段階では，参加者に複雑さの異なる2種類のメロディ（高覚醒の複雑なメロディと低覚醒の単純なメロディ）から，好きなほうを選んで聴取させた。結果は，状況の70%において参加者たちは単純なメロディを選び，複雑なメロディを避けた。これは「対処療法仮説」を支持するものとされた。この結果の解釈は，不快な高覚醒（怒り）の参加者では情報処理能力が低下するので，メロディの情報量を少なくすることで音楽聴取をしのぐというものであった。

　上記の研究から示唆されるのは，単純な生理的覚醒には，「同質の原理」が上手く適用されるが，複雑な認知的覚醒（不快な対人的状況）では，「異質への転動」が上手く適用するということかもしれない。いずれにせよ，人は自分の気分を不快ではなく，最適で中庸レベルの覚醒状態に維持しようとして，音楽を選んでいるといえる（Zillmann, 1988；Sloboda & O'Neill, 2001）。

(3) 悲しみと音楽

　音楽を聴くことで辛く苦しい気持ちを軽減したり，あるいは自らを鼓舞したり，という**セルフコントロール**[14]に関する研究も，音楽療法の主要テーマである。そのひとつに，悲嘆に対して音楽は療法的に機能するのかという問題がある。人は悲しいときに音楽を聴くのだろうか。その場合の音楽はどのような

---

14) 自らの行動を意図的に調整すること。自分が設定した基準により，自分の行動や思考の頻度を増減させる。音楽による感情・行動の調整もこれに該当する。

もので，悲しみが緩和するとしたらそれはなぜなのだろうか。多くの場合，人は悲しい場面では「悲しい音楽」[15]を聴くのではないだろうか。このことは世界中の民族において，哀歌，惜別歌，葬送歌，挽歌（エレジー）などが存在することからも得心がいく。悲しいときに，人は悲しい音楽を聴くようである。それはなぜなのだろうか。これについて実験的に調べた研究がある。

　松本（2002）は，実験参加者たちを3群に分けて，以下のような**気分誘導**を行った。強い悲しみ群では「人生で最も悲しい出来事」を作文させ，弱い悲しみ群では「最近あったちょっと悲しい出来事」，ニュートラル気分条件群では「昨日一日の出来事」を作文させた。その後，各群の参加者はさらに三つの条件，①悲しい音楽を聴取する，②明るい音楽を聴取する，③幾何学問題を解く，に分けられた。音楽聴取と幾何学問題を解く前後には，参加者自身の気分が測定・比較された。その結果，条件①の悲しい音楽の聴取前後において，弱い悲しみ群では悲しみ気分が変化しなかったが，強い悲しみ群では悲しみ気分の得点が有意に低下した。ニュートラル気分群では，悲しい音楽を聴くと悲しみが上昇した。つまり，悲しい音楽の聴取によって，強い悲しみ群では悲しみが減じられた。人は悲しみが強いときには，悲しい性格の音楽を聴く傾向のあることは経験的に知られるが，それは悲しい音楽が，聴く人の悲しみの強さを実際に緩和する効果があるからだということが，この実験で示唆された。

　では，どのようにして悲しい音楽は悲嘆を緩和するのだろうか。ヒューロン（Huron, 2011）はそのメカニズムについて，興味深い仮説を提唱している。まず，音（サウンド）はどのように悲しみを伝達し描写するのかと問いかけて，悲しいときの発話の音韻特徴を指摘した。音楽も発話のそれと類似するという。つまり，多くの文化に共通して「悲しい音楽」には，①低めのピッチ，②弱い音量，③狭い音程幅，④遅いテンポ，⑤暗い音色，が含まれるという。これは低い生理的覚醒の影響と関連し，この音響特徴から悲しみの情動が伝達されたり，他者にも引き起こされたりする。

　どのようにそのような音楽から悲しみが起こり，そして緩和されるのかについては，三つの源泉が考えられている。①上の音響的な特徴を人は知覚し，**感情移入**する。ミラーニューロンが関与するのかもしれない。②悲しい音楽には

---

[15]「悲しい音楽」とは，悲しい感情的性格を聴き手に知覚させる音楽を意味する（第7章参照）。

学習された連合があるのかもしれない（例：短調の曲は悲嘆の文脈と結びついたり，悲しい歌詞と結びついたりすることが多い）。③悲しみなどの情動に伴って出る涙には**プロラクチン**が放出されており，これは心理的な「慰撫・鎮痛効果」をもつ。実際の悲しみでない場合（悲しい音楽の聴取など）にも放出され，これが麻薬のような快効果となるのかもしれないという。

　その他に，悲しい音楽を聴くことで一旦は悲しみが強まったとしても，その音楽の美しさ，回想による懐かしさ，気晴らしや発散といったさまざまな「心理的恩恵」によって，悲しみが肯定的感情へ変化するという仮説もある（Vuoskoski et al., 2011）。

3　二つの領域の連携

　上に眺めてきたように，音楽心理学の研究成果が，音楽療法の科学的根拠の説明に貢献する重要な情報源となりうるのは確かである。

　しかしながら，人が生きている現実には，科学では説明しつくせない混沌が含まれている。音楽療法士はその中で対象児・者に関わりながら，有効な介入法を探究する（たとえば，コラムの例を参照）。音楽療法研究では，アカデミック心理学のように人間一般に当てはまる普遍的理論というよりも，特定の集団や個人に限定された「ローカルな理論」を作っていくほうが，より実用性を有するという考えが成り立つかもしれない（遠藤，2002，p. 47）。

　他方，音楽心理学は科学的研究を行うことを目指しているが，この場合の「科学」とは唯一自然科学だけを意味しない。伝統的心理学では自然科学に準じることを重んじたが，現代の心理学はそれのみに限定はされていないし，実際には多くの方法論が並列している（下山，2002）。どんな方法論であろうと，経験データに基づく推論を行うという意味での**実証性**を大切にしながら，現実を離れた過剰な数量化・要素還元主義におちいらぬように注意していく必要があるだろう。特に，人間にとって音楽とは，個々の音響に単純に還元はできない「意味」を孕むことを，忘れないようにしたい（第4章参照）。

　音楽と人間の諸問題をめぐって，かたや科学性，かたや実践性をより重要視しながらも，互いの領域の発展のために，連携は可能であり必要でもある。下山（2002）は，「科学性」と「実践性」との有機的連携について，新しい枠組みを提唱している。実践性に軸を置く研究では，「実践を通して研究をする」

コラム　フリギア旋法を生かした「報告ゲーム」!?

　日常生活において，自分が見たことやったことを他者に「報告」するのは，とても大切である。自分の経験や困ったことを，他者に「報告」することで，楽しい事柄を共有できたり，困難を手助けしてもらったりすることができるからである。しかし，発達に遅れや偏りがある子どもは，弁別・記憶・叙述の不得意，他者に働きかけることの弱さなどにより，「報告」が苦手である場合が多い。そこで，主に4〜6歳の発達障害の子どもを対象に，「報告」ができるようになることを目的として，音楽療法のなかで行う「報告ゲーム」という活動を考えた（二俣・鈴木, 2011）。

【「報告ゲーム」の手順】
(1)　スタッフ1は「♪何をしてるか分からない〜，何をしてるか教えてね〜♪」と歌う。
(2)　スタッフ2はスタッフ1から見えない場所（部屋をパーテンションなどで区切った反対側や，ホワイトボードの裏など）で，パペットやおままごとセットなどを使って，何か動作をおこなう（例：うさぎのパペットがニンジンを食べている様子，など）。
(3)　子どもはスタッフ2の様子を見にいく。
(4)　子どもはスタッフ1に見た内容を報告をする（「うさぎがニンジンを食べていた」，など）。
(5)　スタッフ1はスタッフ2に答えを確認して，その答えをメロディに乗せて歌う。子どもを盛大に褒める。

　この活動の曲で用いたのが，教会旋法の一つである「フリギア旋法」である。フリギア旋法は，「不安で淋しく，情動を喚起させる旋法」という実験結果がある（鈴木, 2008）。「報告ゲーム」では，手順①において，フリギア旋法のメロディに乗せて「♪何があるのか分からない〜…♪」と歌われる。フリギア旋法がもたらす特質を利用して，手順③の場面を，子どもが未知のものを探しに探検へ行くような，不安で大げさな雰囲気に作り上げることができる。そして，実際には「うさぎがニンジンを食べていた」「猫が太鼓を叩いてた」など，明るくてかわいらしい内容の報告をする。曲の雰囲気と報告の内容には大きなギャップがあり，そこに"ユーモア"が生まれる。子ども達はその"ユーモア"により，苦手な「報告」の練習に，楽しく取り組むことができる。

　保護者からは「家でも報告ゲームをして遊んでいます」，「幼稚園のことを教えてくれるようになりました」などの報告を多く受けている。音楽療法士が音楽の特性をよく理解して意図的に利用することで，対象児の発達を，より楽しく効果的に促進することができるといえる。

のであり，研究者が実践を行いながらデータを得る（**質的記述研究**など）。そして，そこからモデルを生成することになる。一方，科学性に軸を置く研究は，「実践に関する研究」と位置づけられ，研究者は実践活動から離れてその事象を客観的対象として研究する。モデルを検証したり，メタ分析したりするといった**量的研究**を行う。さらに，そのモデルを実践の場において参照もできる。こうした「統合的な研究」によって，両分野の協働が可能であると主張する。この発想は，音楽心理学と音楽療法との連携について考える際にも，有益な示唆を与えてくれるのではないだろうか。

【引用文献】

浅野 雅子・古根川 円・中島 祥好・蓮尾 絵美（2010）．音楽心理学の動向について——音楽知覚，音楽と感情，音楽療法を中心に　芸術工学研究，**12**, 83-95.

Bonny, H. L. (1993). *The role of taped music programs in the GIM process*. The Bonny Foundation.（ボニー，H. L. 師井 和子（訳）（1998）．GIMにおける音楽プログラムの役割　音楽之友社）

Ebbinghaus, H. (1908). *Abriss der psychologie*. Veit & Co.（エビングハウス，H. 高橋 穣（訳）（1912）．心理学　冨山房）

遠藤 利彦（2002）．問いを発することと確かめること——心理学の方法論をめぐる一試論・私論　下山 晴彦・子安 増生（編著）心理学の新しいかたち——方法への意識　誠信書房　pp. 38-72.

二俣 泉・鈴木 涼子（2011）．音楽で育てよう——子どものコミュニケーション・スキル　春秋社

呉 東進（2009）．赤ちゃんは何を聞いているの？——音楽と聴覚からみた乳幼児の発達　北大路書房

羽石 英里（2012）．パーキンソン病のための歌による発声リハビリテーション　春秋社

Holbrook, M. B. & Anand, P. (1990). Effects of tempo and situational arousal on the listener's perceptual and affective responses to music. *Psychology of Music*, **18**, 150-162.

Huron, D. (2011). Why is sad music pleasurable? : A possible role for prolactin. *Musicae Scientiae*, **15**, 146-158.

Konečni, V. J. (1982). Social interaction and musical preference. In D. Deutsch (Ed.), *The psychology of music*. Academic Press. pp. 497-516.（コネチニ，V. J. 竹川 忠男（訳）（1987）．社会的相互作用と音楽の好み　ドイチュ，D.（編著）寺西 立年・大串 健吾・宮崎 謙一（監訳）音楽の心理学　下　西村書店　pp. 611-635.）

Konečni, V. J. & Sargent-Pollock, D. (1976). Choice between melodies differing in complexity under divided attention conditions. *Journal of Experimental Psychology: Human Perception and Performance*, **3**, 347-356.

牧野 真理子（1998）．成人の音楽療法 ［6］心身症 日野原 重明（監修）篠田 知璋・加藤 美知子（編）標準 音楽療法入門 下 実践編 改訂版 春秋社 pp. 195-203.
松本 じゅん子（2002）．音楽の気分誘導効果に関する実証的研究——人はなぜ悲しい音楽を聴くのか 教育心理学研究，**50**(1)，23-32.
三宅 聖子（2014）．音楽療法の代表的なアプローチⅡ 神経学的音楽療法の理論と実際の紹介——活用と課題 宮本 啓子・二俣 泉（編著）音楽療法を知る——その理論と技法 杏林書院 pp. 29-39.
村井 靖児（2001）．精神治療における音楽療法をめぐって 音楽之友社
村井 靖児（2004）．音楽療法を語る——精神医学から見た音楽と心の関係 聖徳大学出版会
貫 行子（2009）．新訂 高齢者の音楽療法 音楽之友社
大山 正（1998）．心理学史の展望 大山 正・上村 保子（編著）新訂 心理学史 放送大学教育振興会
佐々木 和佳・伊志嶺 理沙・二俣 泉（2009）．認知症 ケアと予防の音楽療法 春秋社
下山 晴彦（2002）．心理学の新しいかたちを探る 下山 晴彦・子安 増生（編著）心理学の新しいかたち——方法への意識 誠信書房 pp. 1-37.
篠田 知璋・高橋 多喜子（2000）．高齢者のための実践音楽療法 中央法規出版
Sloboda, J. A. & O'Neill, S. A. (2001). Emotions in everyday listening to music. In P. N. Juslin & J. A. Sloboda (Eds.), *Music and emotion: Theory and research*. Oxford University Press. pp. 415-429.（スロボダ，J. A.・オニール，S. A. 古賀 弘之（訳）(2008)．日常の音楽聴取における感情 ジュスリン，P. N.・スロボダ，J. A.（編）大串 健吾・星野 悦子・山田 真司（監訳）音楽と感情の心理学 誠信書房 pp. 319-341.）
Standley, J. M. (2003). *Music therapy with premature infants*. American Music Therapy Association.（スタンドリー，J. M. 呉 東進（訳）(2009)．未熟児の音楽療法——エビデンスに基づいた発達促進のためのアプローチ メディカ出版）
Sullivan, H. S. (1954). *The psychiatric interview.* W. W. Norton.（中井久夫ほか（訳）(1986)．精神医学的面接 みすず書房）
鈴木 涼子（2008）．各旋法の情動的特質について——音楽療法における音楽の意図的・計画的使用に向けて 日本大学大学院芸術学研究科博士論文（未刊行）
鈴木 涼子・二俣 泉・渕上 達夫（2013）．音楽療法とはどのようなことをするのですか。どのような効果がありますか 小児内科，**45**(8)，1480-1483.
高橋 多喜子（1997）．痴呆性老人における「なじみの歌」を使った歌唱セッションの効果——Brief Psychiatric Rating Scale を用いて 日本バイオミュージック学会誌，**15**，185-195.
幸 絵美加（2000）．日本の精神病院における音楽療法史の探求 第1報 音楽療法，第10巻，日本臨床心理研究所，11-19.
Vuoskoski, J. K., Thompson, W.F., McIlwain, D., & Eerola, T. (2011). Who enjoys listening to sad music and why? *Music Perception*, **29**, 311-317.

Zillmann, D. (1988). Mood management: Using entertainment to full advantage. In L. Donohew, H. E. Sypher & E. T. Higgins (Eds.), *Communication, social cognition, and affect*. Lawrence Erlbaum Association. pp. 147-171.

--- 参考図書 ---

二俣 泉・鈴木 涼子 (2011). 音楽で育てよう——子どものコミュニケーション・スキル 春秋社

宮本 啓子・二俣 泉 (編著) (2014). 音楽療法を知る——その理論と技法 杏林書院

村井 靖児 (1995). 音楽療法の基礎 音楽之友社

貫 行子・星野 悦子 (2002). 音楽療法 研究と論文のまとめ方——資格取得をめざす人のために 音楽之友社

篠田 知璋・加藤 美知子 (編) (1998). 標準 音楽療法入門 上 理論編 改訂版 春秋社

篠田 知璋・加藤 美知子 (編) (1998). 標準 音楽療法入門 下 実践編 改訂版 春秋社

第13章　産業音楽心理学

生駒　忍

本章では，音楽と，財やサービスを生産・提供する経済活動である産業とがつながりあうさまざまな場について，心理学的な視点からとらえていく。音楽がさまざまな産業に結びついていることを理解するとともに，生産者や消費者が音楽に求めるものは何か，音楽心理学は現代社会にどう関われるのかを，考える手がかりにもしてほしい。

第1節　現代社会と音楽

　進化心理学の議論によれば，人類は原始時代においてすでに，音楽をもっていたとされる。集団活動の調整，母子間コミュニケーション，配偶競争などの機能があったと考えられている。では，今日においては，音楽はどのような存在なのだろうか。そこで，わが国における音楽の位置づけを，調査データからとらえてみよう。

1　音楽への関心

　音楽は主要な娯楽のひとつであり，音楽に対する関心は高い。総務省統計局が5年ごとに行っている社会生活基本調査には，趣味・娯楽に関する行動の統計があり，平成23（2011）年調査での年間行動日数の上位10件は，図13-1のようになっている。最も高いのは，平均135.7日の「CD・テープ・レコードなどによる音楽鑑賞」で，4位に邦楽，5位に楽器演奏，10位にコーラス・声楽と，音楽に関するものが上位に並ぶ。さらに，テレビゲームやダンスに

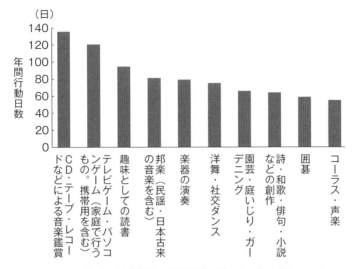

図 13-1　趣味・娯楽行動の年間行動日数（総務省統計局, 2013）

も，音楽はなくてはならないことを考えると，娯楽活動における音楽の存在の大きさがわかるだろう。

また，『レジャー白書』（日本生産性本部, 2013）による 2012 年の余暇活動参加人口の推計は，「音楽鑑賞（CD, レコード, テープ, FM など）」が推計 4,000 万人，「カラオケ」が 3,660 万人，「音楽会，コンサートなど」が 2,570 万人である。そして，音楽メディアユーザー実態調査（日本レコード協会, 2014a）によれば，「普段から音楽を聴いている」が 62.7%，「昔から好きだったり，気になる音楽アーティストがいる」が 63.9%，「テレビで音楽番組を視聴することがある」が 50.3% と，調査対象者の過半数が該当しており，音楽へ関心をもつ層の広さがうかがえる。

2　音楽産業の規模

その一方で，「音楽不況」「音楽離れ」などの嘆きを耳にするようになって久しい。CD に関しては，生産枚数が 4 億 5,717 万枚に上り，ミリオンセラーが 48 作も出た 1998 年をピークとして，右肩下がりが続いている。また，図 13-2 は，日本レコード協会（2014b）による楽曲ネット配信の売上額の推移である

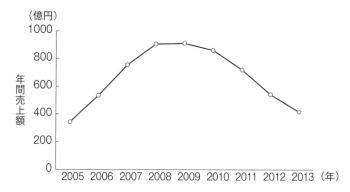

図 13-2　ネット配信による音楽売上の推移（日本レコード協会，2014b）

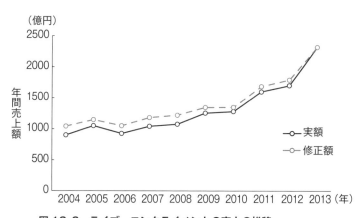

図 13-3　ライブ・エンタテイメントの売上の推移
（コンサートプロモーターズ協会，2014 を元に著者作成）

が，データのある 2005 年以降，いったんは拡大するものの苦戦に転じている。クロス・マーケティング（2014）のウェブ調査では，音楽鑑賞または楽器演奏を趣味とする人のみを対象とした調査でありながら，その 61％は，1 カ月あたりで音楽鑑賞にかける金額が，1,000 円に達しないことが明らかにされた。

　対照的に，近年伸びが著しいのが，生の音楽体験を供給するライブやコンサートである。図 13-3 は，コンサートプロモーターズ協会の正会員社での，売上額の推移である。実額，および 2013 年の会員社数を基準に修正した修正額ともに，ここ 5 年でほぼ倍増する急成長が見てとれる。

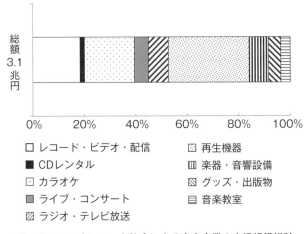

図 13-4　日本レコード協会による音楽産業の市場規模推計
（音楽産業の国際展開に関するタスクフォース，2014）

　ほかにも，音楽に関わる産業は幅広い。図 13-4 に，日本レコード協会による，わが国の音楽産業の市場規模の推計を示した。レコードがない時代からの音楽普及の手段である楽譜の出版，今も音楽の主要なメディアであり続けるラジオ放送，オーディオ機器，楽器やその学びの場である音楽教室などを合わせて，市場規模は 3 兆 1,000 億円に上っている。さらに，音楽大学など，この集計の対象には入っていない音楽関連産業も容易に思いあたり，相当な市場規模があると考えることができるだろう。

第 2 節　商品としての音楽

1　音楽マーケティング

　音楽を商品として売ることには，作曲者や演奏者以外のさまざまな人の夢や暮らしもかかっている。表 13-1 は，CD アルバムの出荷 1 枚あたりの分配の推定である。このさまざまな人々のためにも，**マーケティング**が重要になってくる。ここでは，マーケティングミックスの観点からその手段を 4 種類に大別

表13-1　CDアルバム1枚あたりの分配額

分配先	分配額 (円)
アーティスト	50
作詞家・作曲家	150
著作権管理団体	150
音楽出版社	150
レコード会社	1,000
レコード店	625
流通業者	375
容器代	278
消費税	222
合計	3,000

(高増，2013を元に著者作成)

した，マッカーシー（McCarthy, 1960）による 4P の分類に沿って，今日の音楽マーケティングの特性について整理する。

　まず，製品（Product）である。製品は，消費者のニーズに沿うものが必要である。作品は作曲家や作詞家の自己表現であってもよいが，消費者が求めるものでなければ買ってはもらえない。音楽の場合では，聴取によって喚起される美的体験や快感情が，購入の重要な目的となるだろう。また，好きなアーティストの作品を物理的，ないしは権利上で所有することや，所有を通してアーティストへの思いの強さを他者に表現することも，購入を動機づけるだろう。

　次に，価格（Price）である。消費者は，より安いものを求めるものである。音楽の場合，ここは特殊である。一般には，多くの数が売れるものほど，薄利多売の形で，1点あたりの価格を低く設定して売り上げを伸ばす戦略がとれるが，大ヒットがまちがいないからといって，安く設定してさらに大きなヒットをねらうマーケティングは，まず行われない。効果が上がりにくいことが，経験的に知られているのであろう。価格の変動によって起こる購買意欲の

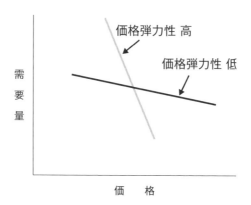

図 13-5 価格弾力性の概念図

変動の程度は，経済学では**価格弾力性**という概念で，図13-5のように表現される。よって，音楽ソフトに関しては，価格弾力性は低いと考えられる。

一般に，米などの生活必需品は，価格に応じて食べる量を上下させることはあまりないことから，価格弾力性が低くなるが，その意味では，音楽は生活必需品に近い。CD不況に関連して，買わなくなったのは高いからという主張が聞かれるが，無理に安くしてもさほど売上にはつながらず，表13-1に示したような関係者の暮らしを苦しめるだけ，という可能性が高いだろう。一方で，音楽は同じメディアであれば，その内容の質の高さに関係なく，価格はほぼ同じである。服飾品から米のような生活必需品まで，高級ブランドとそうでないブランドとでは価格に大きな開きが生じるが，音楽ソフトに限っては，一流歌手，一流レーベルだからといって高くなることはまず起こらない。

　流通（Place）は，消費者へ届ける場所，届け方である。音楽ソフトについては，店舗型の販売形態は縮小しつつあり，ダウンロード販売はもちろんのこと，CDもネット通販で購入されることが多くなった。ホートン（Horton, 1976）は，通信販売のリスク知覚に関して，購入したものが外形的な手がかりから期待された品質に届かないというリスクを，**パフォーマンスリスク**と呼んだ。これは，現物を確認できない通信販売の，大きな不安要因である。しかし，音楽では，パフォーマンスリスクは減らせる。ケースに入ったCDに，手触りや大きさのイメージのずれはまず起こらない。ジャケットは画像で確認でき，内容が試聴できる商品も，むしろ店頭の試聴機よりも豊富であったりす

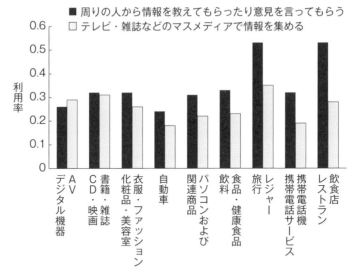

図 13-6　商品カテゴリー別にみた口コミおよびマスメディアの利用率の比較
（宮田, 2008, p. 81 を元に著者作成）

る。そして，在庫の有無にかかわらず，画像も内容も確認できるようにすれば，莫大な選択肢の中からじっくり選ぶことができる。

　しかし，選択肢の豊富さは，必ずしも消費者の満足をもたらさないとされる。アイエンガーとレッパー（Iyengar & Lepper, 2000）は，スーパーにジャムの試食コーナーを設けて，6種類が試食できる場合と，24種類が試食できる場合とを比較し，後者のほうが客の注意を引くものの，前者のほうが購入に至る率が高いことを示した。選べなければ「それで仕方ない」と思えるところを，選択肢が多いほど，きちんと考えて選ばないと後悔することが予期され，その認知的負荷や時間が大きくなるので，購入の意思決定が回避されてしまうと考えられている。

　最後に，販売促進（Promotion）である。どんなに良い製品も，消費者に知られ，関心をもたれなければ購入されない。そこで，広告や販促イベントなどを展開して，注意を引きよせて，購買行動を刺激する。音楽などのコンテンツ産業においては，マスメディアの影響力は大きい。図13-6を見ると，「書籍・雑誌・CD・映画」での，口コミに比べたマスメディアの比重の大きさが

わかる。また，近年では，インバウンドマーケティングと呼ばれる，顧客の側から自発的に注意が向くように誘導するマーケティング手法も増えている。インターネット上で顧客が検索して見つけ，そこから関心や購入につながるようにするのである。

2　映像メディアと音楽

　映像と音楽との関わりは長い。初期の映画は，音声を伴わない無声映画であったが，上演時には生演奏で伴奏をつけるようになった。そこにあるはずの登場人物の声よりも先に，そこにないはずの音楽が足されたのだった。そして，音声を伴う史上初の映画とされる『ジャズ・シンガー』（1927 年）は，その名のとおり，歌がふんだんに盛り込まれた作品だった。

　映画における音楽の多くは，サウンドトラックとして加えられたものであって，その場面の中で流れているわけではない。しかし，違和感がないばかりか，映画に不可分の存在となっている。リップスコムとトルチンスキー（Lipscomb & Tolchinsky, 2005）は，映画音楽の心理的機能を整理している。まず，場面の全体的なムードやエネルギーの表現である。映像だけではあいまいであっても，あるいはむしろあいまいであるほど，音楽によって雰囲気や方向性が描き出される。また，そこにいる人物や，その感情，内面の描写もある。登場人物と対応させた音楽の使い方は，古くはワーグナー（Wagner, R.）の楽劇におけるライトモチーフとして見られるが，映画ではたとえば，『スター・ウォーズ』シリーズでの「帝国のマーチ」（いわゆる「ダース・ベイダーのテーマ」）の使用が有名である。一方で，物語の大きな構造を伝えることもできる。始まりや終わりの感覚，時間の進行が，音楽によって表現できる。そして，映像と音楽との意図的なミスマッチも効果的に使われている。暴力的な場面に明るい音楽を合わせ，葛藤を生じさせることは，その場面の意味を考えさせることにつながる。

　その後普及したテレビも，音楽に強く関わるメディアとなった。ラジオの音楽番組では既製の音源をそのまま流すことが多いが，テレビではビデオクリップをそのまま流すことはあまりなく，番組のためにオリジナルに歌唱，演奏する形がとられやすい。一方で，国土が広いためケーブルテレビが普及したアメリカでは，ビデオクリップばかりを流し続けるチャンネルとして，1981 年に

表 13-2 「無料聴取層」が音楽を購入しない理由

理由	該当率(%)
現在保有している音楽で満足している	39.0
購入しなくても好きな時に聴取できた（YouTube 等を使った）ため購入しなかった	34.2
パソコン・スマートフォン等で視聴・利用できる無料の動画配信サイト（YouTube 等）やアプリで満足している	28.9
購入したいと思ったが、金銭的な余裕がなかった	27.6
パソコン・スマートフォン等で視聴・利用できる無料の音楽配信サイトやアプリで満足している	21.4
購入したいと思うほど、好きな楽曲ではなかった	21.3
購入したいと思うほど、好きなアーティストではなかった	18.1
購入しなくても無料ダウンロードで入手したため購入しなかった	10.6
購入したいと思ったが、時間的な余裕がなかった	9.5
そもそも音楽にお金を払おうと思わない	8.5

(日本レコード協会，2014a)

MTV が登場し，若者文化に強い影響力をもった。マイケル・ジャクソン（Michael Jackson）がここで，多数のゾンビが復活して踊る『スリラー』をはじめ，映画的な作品で注目を集め世界的な歌手となったように，音楽を映像と一体化させてのプロモーションを盛んにした。

今日では YouTube などの**動画サイト**が，音楽を"視聴"するメディアとして発展した。マーケティングの視点からは，動画サイトは，良い作品には自然に人が集まり，大きな注目を集めたものは結果的に売り上げにもつながっていくという，インバウンドマーケティング的な有用性がある一方で，全体的にとらえた場合，音楽に対価を払わない感覚をつくるという，相反する特徴をもつと考えられる。音楽を聴くが購入はしない「無料聴取層」の非購入理由の上位 10 件は，表 13-2 のようになっており，動画サイトの影響の大きさがうかがえる。

第3節　産業のための音楽

音楽自体をつくり，流通させる産業とは別に，音楽がほかの産業に有効に活用されることも多い。本節では，そのような音楽の用法に関する心理学的知見を見ていく。

1　広告と音楽

テレビやラジオの CM では，商品をことばや映像でアピールするだけでなく，たいていは音楽が組み合わされて強い効果を上げている。歌詞には企業名や商品名が含まれなくても，たとえば『日立の樹』（いわゆる「この木何の木……」）のように，音楽からその企業を連想させるようにもできる。また，タイアップによる CM ソングは，その商品のアピールにつながるだけでなく，その歌自体も CM のたびに流されることから，曲のヒットや歌手のブレイクにつながることも多い。

企業・ブランド名や商品名，あるいはそれらを含むコピー文を音楽的なフレーズに乗せたものは，**サウンドロゴ**，ないしはサウンドマークと呼ばれる。

コラム①　スピーカーの試聴に適した曲

音響機器を購入する際に，音質は重要な選択基準になるが，試聴時にはどんな曲をかけて試すのがよいだろうか。小説家でオーディオ評論家でもあった五味 (1980) は，合唱曲での聴き比べを勧めている。人の声は耳慣れており，ゆがみを検出しやすいのだという。ヒトの聴覚が同じ種の声に敏感であるという，進化心理学的な特性の活用ともいえる。

一方で，よく聴き慣れた音楽で確認するのが安心できる側面もある。ゴーンら (Gorn et al., 1993) は，スピーカーの評価を行う実験で，そのスピーカーから流された音楽による快感情がスピーカー自体に誤って帰属され，評価に混入することを示した。しかし，その音楽が快いものであると事前に知ったうえで聴く場合には，その快感情をスピーカーではなく曲のほうに正しく帰属できるので，混入は抑制された。よって，日常よく聴いている曲であれば，日常での聴取経験と比較できるだけでなく，このような誤帰属を抑制できる点でも，適切な選択がされやすくなるといえるだろう。

2014（平成26）年4月の商標法改正により，わが国でも「音からなる商標」が法的保護を受けられることとなった。松田ら（2006）は，架空の商品のサウンドロゴを提示する実験を行い，商品名への好意度やその商品への購買意図に与える影響を検討している。その結果，第5章で述べた単純接触効果にあたる，繰り返して提示することの効果が得られたほか，コピー文を乗せるメロディの親近性が高いほうが良い効果があり，これらは商品名に感じられる安心感を高めることで生起していることが明らかになった。

音楽はこのように，**親しみやすさ**を増す働きにより，広告の効果を高める。そのため，音楽の使い方に規制が加えられることさえある。アメリカでは，全米ビール協会のマーケティングガイドラインで，飲酒が認められない低年齢層へアピールする音楽の使用が禁じられている。

2　背景音楽と消費者行動

こんにち，多くの商業施設では，何らかの音楽が耳に入ってくる。そのような**背景音楽**[1]からは，没入して聴き，味わうものとは大きく異なる**音楽の機能**がうかがえる（音楽の機能については，第1章のコラムも参照）。店舗内が静まってしまうことによる居心地の悪さを抑えたり，マスキング現象を使って騒音を聞こえにくくしたりといった，音環境デザインの一環としての背景音楽もある。また，企業のテーマソングや，CD店であれば売出し中の作品を流すなど，直接的な宣伝が目的の場合もある。そして，心理学的に興味深いのは，背景音楽がもつ特徴が消費者行動と対応する現象である。

心理学的な実証研究が広がるきっかけを作ったのは，ミリマン（Milliman, R. E.）である。ミリマン（Milliman, 1982）は，スーパーマーケットでの購買行動に，**背景音楽のテンポ**が与える影響を明らかにした。テンポの速い音楽のほうが，店舗内での購買行動が早く完了され，購入額は遅いテンポの音楽の場合のほうが高くなっていた。買い物に時間をかけるようになることで，購入する選択が増えたためと考えられる。また，ミリマン（Milliman, 1986）は，人気レストランでの背景音楽の効果を検討した。やはり，テンポが速いほうが食事は手早く済まされ，遅いとゆっくりと過ごしており，客単価は滞在時間が長

---

[1] 背景音楽（background music）をBGMと略すのは，和製英語である。また，東洋メディアリンクスは"BGM"を商標登録（第3191209号）している。

くなるテンポの遅い音楽のほうでより高くなった。さらに，損益分岐点に関する分析からは，食事を手短にさせて来客の回転率を上げるよりも，飲料などへの支出を増やしてもらえる，ゆっくりと過ごす方向のほうが，より利益が上がりやすいことが明らかにされた。

その後，消費者行動と音楽との関係について，多くの研究が行われるようになった。なかでも，ハーグリーヴズ（Hargreaves, D. J.）とノース（North, A.）による検討は幅広い。ノースとハーグリーヴズ（North & Hargreaves, 2009）は自身らの一連の研究を，7領域に分けて取り上げている。①音楽が流れているところに立ち寄る行動，②覚醒水準を調整する目的の背景音楽，③価格の感じ方，④商品の選択，⑤広告内容の記憶，⑥電話の保留時に流れる音楽，⑦店舗環境の印象と，広範にわたる。ノースら（North et al., 1997）によるワイン売り場のフィールド実験は，特に有名である。ワインコーナーで，価格では大差ないフランスワインとドイツワインとを並列したところに，棚の上から音楽を流した。すると，フランス風の音楽を流している間はフランスワインのほうがよく売れ，ドイツ風の音楽を流している間にはドイツワインのほうがよく売れたのだった。

店内に歌が流れている場合には，その歌詞も聴き取られて，消費者の行動に影響を与えることがある。ジャコブら（Jacob et al., 2010）は，レストランで向社会的な内容の歌詞の音楽を流すと，食後にチップを渡す行動が促進されることを示している。

3　背景音楽と生産性

消費する側ではなく，生産する側にも，音楽の効果が起こりうる。古くから，音楽は労働から解放された時間のレジャー，レクリエーション[2]として，精気を回復する活動に生かされてきた。前に紹介したレジャー白書の統計は，今日でも音楽がそのような機能にすぐれることをうかがわせる。

一方で，労働の場で音楽が有効に活用されることもある。田植え歌や木挽き歌には**作業促進**の機能があったとされ，事業場で始業時に歌う社歌は，連帯意

---

[2]　レクリエーションは，単に遊びというだけではなく，字義的には「再創造（recreation）」であるように，働くエネルギーをよみがえらせる，という意味合いが含められたことばである。

識や士気を高めたり，歌詞に盛り込まれた社是の精神を意識させたりする。また，1920年代に，今日使われている方式のスピーカーが生産されるようになると，工場内に無人で音楽を鳴らすことが可能となり，労働の最中の影響に関心が向けられるようになった。

スミス（Smith, 1947）は，背景音楽をさまざまに操作し，工場のラインにおける生産性に与える影響を探索した。音楽は4〜25％の向上をもたらし，昼間のシフトでは平均7％，夜間のシフトでは17％の生産性向上が得られた。また，音楽の効果は，生産性が落ちる時間帯により強く働いた。業務中の事故の発生に対しては，音楽による明確な影響は見いだされなかった。ほかにも多くの研究が，音楽による生産性向上の効果を報告している。

一方で，頭脳労働に関しては，背景音楽の効果は明確ではない。実験室的な研究ではむしろ，音楽は認知的負荷の大きい知的活動のさまたげとなる場合もある（第6章参照）。

背景音楽の効果をとらえるには，いろいろな留意点がある。まず，全員に等しく効果がある保証はなく，同じ音楽でも特に，好みの音楽かどうかによって影響が異なる。知っている曲かどうかも影響し，同じ曲を使い続ければこの既知性も変化する。また，**速さと正確さのトレードオフ**にも注意が必要である。作業速度の向上は，正確さを犠牲にして成り立つことがあるので，両方を併せてプラスになるかどうかを考えなければならない。そして，第7章で述べたように，音楽聴取は気分に影響を及ぼすが，労働者の気分が良くなることと生産性の向上とは，必ずしも同時に起こるとは限らない。ただし，その場の生産性が上がらなければ無意味だとはいえ，快適に感じられる職場環境が作られれば，長期的なメンタルヘルスの維持や，職場への不満や離職の防止につながり，労使双方にメリットがある。

第4節　音楽の消費の方法

音楽は，さまざまな形で提供され，さまざまな聴き方で消費されている。そこで本節では，今日における音楽の消費の方法について見ていく。

1 音響技術と聴覚心理学

　今日耳にする音楽のほとんどは，何らかの録音物の再生やその放送である。高音質の録音を手軽に扱えるようにした音響技術には，聴覚心理学の知見が活用されている。

　デジタル録音を身近なものにした**コンパクトディスク**（CD）は，再生を繰り返しても劣化せず，機器の精度に左右される部分も少なく，高音質を安価に手にすることを可能とした。CDのサンプリング周波数は，44.1 kHzで設計されている。これは，1秒あたり44,100回の0-1のパルス信号で表現しているという意味である。原理上，これを2で除した周波数の音が表現できる上限となり，これを指摘したナイキスト（Nyquist, 1928）の名をとって，**ナイキスト周波数**と呼ばれている。よって，CDのナイキスト周波数は22.05 kHzとなる。それを超す周波数成分は，適切なデジタル化ができずにノイズに化けてしまうので，CD化する際には，フィルタを通して取り除かれる。それでも，第2章で述べたように，人間の可聴周波数の上限はそれよりも下にあるので，音域が狭まって聴こえることは起こらない。

　また，電子データで販売，流通される音楽は，圧縮処理を行って，CDの何分の一かにサイズを抑えてある。元の情報を削る非可逆圧縮が行われるので，音としての情報量自体は大幅に落ちる。しかし，音質がそこまで劣って聴こえることはない。ここには，聴覚の特性が応用されている。まず，第3章で述べた等ラウドネス曲線にある，最小可聴域である。これより小さい音は，物理的には存在しても人間には知覚されないため，削っても問題ない。また，第2章で述べた，聴覚のマスキング現象も活用されている。一般に，大きな音は小さな音をマスクし，また，ある高さの音によるマスクは，それより高い方向に影響を広げやすい。これらを考慮して，単独であれば聴こえるはずの音でも，その音楽の中でなら知覚されないところをはじき出してはじいていけば，ほぼ同じ聴覚体験を生じるのに，サイズは大幅に減らすことができる。

　一方で，CDよりもはるかに情報量の多い規格も実用化されている。スーパーオーディオCD（SACD）のサンプリング周波数は，2,822.4 kHzである。SACDは，ΔΣ変調という方式を使っており，量子化ノイズというデジタル変換に伴うノイズがかなり生じてしまう。しかし，これはナイキスト周波数に近

づくほど強くなる性質があるので，サンプリング周波数を高くして，量子化ノイズのほとんどを可聴域よりもはるかに上に広げることで，聴こえないようにしてある．

2 携帯音楽プレイヤーと自己

　音質には比較的こだわらない聴き方として，携帯音楽プレイヤーの利用がある．その使い道は特徴的である．表 13-3 は，大学生への調査で得られた，携帯音楽プレイヤーの使用理由である．音楽を積極的に楽しむというよりは，自己の感情や活動を調整したり，物理的，社会的環境から自己を切り離したりする手段となっていることがわかる．ただし，特に後者の手段の場合には，不快な入力を打ち消そうと音量を上げて使用することで聴力損失が起きる，ヘッドホン難聴への注意が求められる．フランスの 100 dB 規制（第 2 章参照）に端を発し，EU では難聴対策として，携帯プレイヤーの音量に規制がある．

　一方で，ヘッドホン自体がファッションや自己提示の目的を帯びることもある．自分だけの聴覚を作る装置が，自分を他者の視覚にアピールする装置にもなるのである．

3 生演奏の経験価値

　音楽 CD が売れなくなったといわれて久しいが，前に示した図 13-3 のように，ライブ・コンサートの市場には急成長が見られる．1 世紀続いた録音の時

表 13-3　携帯音楽プレイヤーを使用する理由

理由	回答率(%)
気分転換	80.0
時間つぶし	72.9
周囲のうるささ緩和	38.6
作業効率を上げる	25.7
話しかけられたくない	18.6
集中力を上げる	14.3

（濱村・岩宮，2013 を元に著者作成）

代から抜けて，生演奏の復権が訪れているのだろうか。

　近年，マーケティング分野で注目されている考え方に，**経験価値**がある。これは，ものを買うことは，そのものがもたらす経験を買うことであるという発想に基づく。そして，消費者が体験，経験して得られる，共感や愛着，感動や思い出を価値づける。シュミット（Schmitt, 1999）によれば，経験価値は5側面に分類される。①感覚的経験価値，②情緒的経験価値，③創造的・認知的経験価値，④肉体的経験価値とライフスタイル全般，そして⑤準拠集団や文化との関連づけ，である。ライブやコンサートをこれに照らし合わせると，情緒的経験価値はもちろんだが，視聴覚だけでなく重低音や観客の反応による会場の振動や「熱気」など，五感をふんだんに刺激することによる感覚的経験価値も大きいと考えられる。ポピュラー音楽のライブであれば，自然に，ないしは会場の空気で一斉に体を動かすことになり，肉体的経験価値にも及ぶ。そして，ライブという祝祭の場を共有し立ち会ったという感覚，ファン同士の一体感や自己確認は，準拠集団との関連づけに相当するだろう。最後のものは，第8章や第11章にあるような，アイデンティティと音楽との関わりの点でも重要である。

　今日のポピュラー音楽のライブでは，音としての音楽を考えるのであれば，

コラム② 超音波とCDと「癒し」

　可聴周波数を超える音波を，超音波と呼ぶ。これは定義上，人間には聴覚を生じないので，聴こえることはない。一方で，超音波も振動であり，これを身体に当てることで，中枢神経活動を含む生理的な反応が惹起されるという知見はある。

　民族音楽のジャンルや有名歌手の名前を挙げて，超音波成分が豊富に含まれていると指摘して，「癒し」効果やヒットと関連づけられることがある。しかし，CDには超音波がほとんど収録できず，テレビやラジオの放送もほぼ同様である。よって，その歌手のCDを聴いても，そこに豊富な超音波は期待できない。SACDであれば収録可能であるが，量子化ノイズのほとんどは超音波なので，歌手に関係なく，超音波をふんだんに含むことになる規格である。SACDの音に迫力や「癒し」感が感じられたとしても，実は電子的なノイズが起こした生理反応が，可聴域で聴こえている音楽が原因であるように誤って帰属された結果かもしれない。

メディアを通した聴取を上回るとは考えにくい。CDのようなよく整えられたバランスでは聴こえず，周囲の雑音も相当である。口パクを当然とする人気歌手グループも珍しくない。さらに視覚でも，席にもよるが，遠くて直接にはよく見えず，モニターに映った姿をほかの観客の頭ごしに見るのであれば，自宅でよく編集されたDVDを見たほうが見やすい。それでも人々がライブやコンサートにお金を払う大きな要因は，**参加**することにあるのだろう。スモール（Small, 1998）は，音楽を音として聴かれる作品ととらえる，特にクラシック音楽やそこに足場を置く音楽学では自明とされる理解を批判し，音楽を**行為**ととらえ，**ミュージッキング**，つまり「音楽すること」を音楽の本質とした。ミュージッキングの考え方では，聴くこと，演奏することだけでなく，それらの過程を支援することも，音楽に合わせて踊ることも，すべてミュージッキングである。音楽を聴く，アーティストを見ること以上に，ライブの場に参加するという行為に価値があることを，ミュージッキングの概念はよく説明できる。英語のliveは，音楽のライブであると同時に，命あることを意味する単語でもあるが，ライブにこそ，音楽という行為の「命」があるのかもしれない。

【引用文献】

五味 康祐（1980）．いい音いい音楽　読売新聞社
Gorn, G. J., Goldberg, M. E., & Basu, K. (1993). Mood, awareness and product evaluation. *Journal of Consumer Psychology*, **2**, 237-256.
濱村 真理子・岩宮 眞一郎（2013）．大学生に対する携帯型音楽プレーヤの使用実態調査　日本音響学会誌，**69**, 331-339.
Horton, R. L. (1976). The structure of perceived risk. *Journal of Academy of Marketing Science*, **4**, 694-706.
Iyengar, S. S. & Lepper, M. (2000). When choice is demotivating: Can one desire too much of a good thing? *Journal of Personality and Social Psychology*, **79**, 995-1006.
Jacob, C., Guéguen, N., & Boulbry, G. (2010). Effects of songs with prosocial lyrics on tipping behavior in a restaurant. *International Journal of Hospitality Management*, **29**, 761-763.
クロス・マーケティング（2014）．音楽鑑賞に関する調査　http://www.cross-m.co.jp/report/mu20140210/
コンサートプロモーターズ協会（2014）．基礎調査推移表　http://www.acpc.or.jp/marketing/transition/

Lipscomb, S. D. & Tolchinsky, D. E.(2005). The role of music communication in cinema. D. Miell, R. MacDonald & D.J. Hargreaves (Eds.), *Musical communication*. Oxford University Press. pp. 383-404.(リップスコーム, S. D.・トルチンスキー, D. E. 生駒 忍(訳)(2012). 映画における音楽によるコミュニケーションの役割 ミール, D.・マクドナルド, R.・ハーグリーヴス, D. J.(編)星野 悦子(監訳)音楽的コミュニケーション——心理・教育・文化・脳と臨床からのアプローチ 誠信書房 pp. 376-404.)

松田 憲・楠見 孝・山田 十永・西 武雄(2006). サウンドロゴの反復呈示とメロディ親近性が商品評価に及ぼす効果 認知心理学研究, **4**, 1-13.

McCarthy, J. E.(1960). *Basic marketing: A managerial approach*. Richard D. Irwin.

Milliman, R. E.(1982). Using background music to affect the behavior of supermarket shoppers. *Journal of Marketing*, **46**(3), 86-91.

Milliman, R. E.(1986). The influence of background music on the behavior of restaurant patrons. *Journal of Consumer Research*, **13**, 286-289.

宮田 加久子(2008). オフラインとオンラインで重層化する対人コミュニケーション 宮田 加久子・池田 謙一(編)ネットが変える消費者行動——クチコミの影響力の実証分析 NTT出版 pp. 77-113.

日本生産性本部(2013). レジャー白書2013 やめる理由はじめる理由——余暇活性化への道筋 日本生産性本部

日本レコード協会(2014a). 2013年度音楽メディアユーザー実態調査報告書 公表版 http://www.riaj.or.jp/report/mediauser/pdf/softuser2013.pdf

日本レコード協会(2014b). THE RECORD, **652**.

North, A. C. & Hargreaves, D. J.(2009). Music and consumer behaviour. S. Hallam, I. Cross & M. Thaut (Eds.), *The Oxford handbook of music psychology*. Oxford University Press. pp. 481-490.

North, A. C., Hargreaves, D. J., & McKendrick, J.(1997). In-store music affects product choice. *Nature*, **390**, 132.

Nyquist, H.(1928). Certain topics in telegraph transmission theory. *Transactions of the American Institute of Electrical Engineers*, **47**, 617-644.

音楽産業の国際展開に関するタスクフォース(2014). 我が国の音楽産業の国際展開に向けて 知的財産戦略本部 検証・評価・企画委員会(第7回)資料1-2

Schmitt, B. H.(1999). *Experiential marketing: How to get customers to sense, feel, think, act and relate to your company and brands*. The Free Press.(シュミット, B. H. 嶋村 和恵・広瀬 盛一(訳)(2000). 経験価値マーケティング——消費者が「何か」を感じるプラスαの魅力 ダイヤモンド社)

Small, C.(1998). *Musicking: The meanings of performing and listening*. University Press of New England.(スモール, C. 野澤 豊一・西島 千尋(訳)(2011). ミュージッキング——音楽は〈行為〉である 水声社)

Smith, H. C.(1947). Music in relation to employee attitudes, piecework, production,

and industrial accidents. *Applied Psychology Monographs of the American Psychological Association*, **14**.
総務省統計局（2013）．平成 23 年社会生活基本調査報告　第 7 巻　国民の生活時間・生活行動（解説編）　統計センター
高増　明（2013）．日本の音楽産業の構造　高増　明（編）ポピュラー音楽の社会経済学　ナカニシヤ出版　pp. 25-61．

---- **参考図書** ----

蘆原　郁・坂本　真一（2012）．音の科学と擬似科学——音の不思議と怪しい話　コロナ社

ミール，D.・マクドナルド，R.・ハーグリーヴズ，D. J.（編）星野　悦子（監訳）（2012）音楽的コミュニケーション——心理・教育・文化・脳と臨床からのアプローチ　誠信書房

高増　明（編）（2013）．ポピュラー音楽の社会経済学　ナカニシヤ出版

事項索引

●──ア行──●

アイコンタクト　267
アイデンティティ　175, 257
　──形成　176
アセスメント　265
アタッチメント　165
暗意　88
　──-実現モデル　87
アンサンブル　224
異質への転動　276
一次聴覚野　36, 187, 200
遺伝説　168
意味的な逸脱　196
イメージの働き　227
イメージ練習　231
イヤーワーム　97, 98
癒し　272, 298
意欲の転移　130
因果的関係　155
因子分析　17, 123, 144
印象管理　176
陰性電位　195
インバウンドマーケティング　290
ウィンドチャイム　269
ヴェルテン法　148
ウェルニッケ野　36, 188, 189
打ち解けなさ　244
うなり　39
運動感覚　226
運動野　188
映像メディア　290
エコー　27
　──現象　27
エピソード記憶　152, 153
エビデンス　192
　──に基づいた医療　192
円環モデル　140, 141
縁上回　197
演奏　222, 225, 229
　──慣習　217

　──技能　231
　──技能習得　177
　──行動　6
　──者　213
　──者の感情　224
　──習慣　217
　──心理学　211
　──中の脳活動　197
　──動機　19
　──における知覚　226
　──の研究　6
　──の心理　211
　──表現　215
　──不安　19, 219, 232
オートハープ　268
オクターブ類似性　41
音の大きさの等感曲線　50
音の高さ　50
音の強さの尺度　37
音のパターン　12
音の物理学的特徴　26
親の影響　250
音韻復元　40
音階旋律の錯覚　40, 70, 71
音楽アイデンティティ　173
音楽家の性格　241
音楽教育・訓練　126
音楽教育心理学　13
音楽訓練　74, 127, 128
音楽ゲーム　270
音楽構造　215
音楽行動　162, 242
　──の発達　162, 163
　児童期の──　170
　青年期の──　174
　乳児期の──　164
　幼児期の──　167
音楽才能の研究　6
音楽産業　284
音楽社会心理学　14, 240
音楽心理学　1

――の研究法　15
――の研究領域　11
――の定義　1
――の方向性　4
――の歴史　5, 10
音楽人類学　14
音楽専門家　179, 244
音楽知覚　137
――認知研究の始まり　8
音楽聴取　176
――行動　245
音楽的イメージ　227, 228
音楽的音響　6
音楽的感情　151, 154
音楽的期待　152, 153
音楽的行動　1
音楽的コミュニケーション　165
音楽的知能　111
音楽的喃語　169
音楽的認知　163
音楽的文法　194
音楽と感情　137
――の研究　9
音楽と脳　185
音楽についての語り　257
音楽認知　137
――の多様性　65
――心理学　13
音楽の意味処理　196
音楽の印象判断　58
音楽能力　13
――テスト　6
音楽の機能　12
音楽の好み　241, 253, 255
音楽の受容　189
音楽の認知　65
音楽の役割　252
音楽発達心理学　13
音楽不況　284
音楽への関心　283
音楽への態度　250
音楽マーケティング　286
音楽理解の発達　171
音楽療法　14, 263
――士　14

――の実際　266
――の定義　264
――の歴史　263
音響　26
――技術　296
――心理学　11
――分析の方法　29
文化における――　14
音源記述選択法　58
音源定位　187
音質　55
音声　31
――模倣　267
音速　27
音調性　52, 66
音脈　69
音脈分凝　40, 69
音律　41

●――カ行――●

快気分　113
外向型　243
外向性　244
快刺激　120
介入方法　192
快-不快　201, 202
階名　74
価格弾力性　288
楽音　29, 66
――の知覚　45
楽句　215
学際化　16
学際的連携　9
学習された連合　278
学習説　168
学習転移　126, 129
覚醒　113
――-気分仮説　113
――最適喚起レベル　119
――水準　22, 232
楽譜の読み　190
歌唱　265, 270, 271
過剰行動　116
仮説　15
――検証実験　16

可塑性　200
　　脳の——　200
可聴範囲　50
楽器活動　271
楽曲構造　215
　　——のコミュニケーション　216
活性化拡散モデル　85
合奏　270
活動電位　35, 185
家庭や学校教育　256
悲しみと音楽　276
カバサ　268
感覚運動期　162, 164
感覚記憶　93
観察法　16
　　自然——　16
　　実験的——　16
感受性　245
感情　138
　　——の喚起　147, 153
　　——移入　277
　　——識別　202
　　——体験　202
　　——的意図　145
　　——的コミュニケーション　145
　　——的性格　122, 142
　　——的欲求　176
　　——伝染　152, 153
　　——理論　139
簡約　86
　　延長的——　86
　　タイムスパン——　86
記憶　92
　　——のメカニズム　93
　　——力　103
　　音楽の——　92
　　歌詞の——　98
　　自伝的——　106
　　自伝的な——　199
　　単語の——　127
　　乳児の——　104
　　マルチモーダルな——　100
　　メタ——　98
気質　243
基底膜　34

機能局在　75
　　脳の——　188
気分　138
　　——誘導法　148
基本感情　139
　　——理論　139
基本拍　76
キャリア形成　175
キャリア発達　105
既有知識　96
教育場面での社会心理学　252
共振・共鳴現象　33
共鳴　33
　　——動作　165
協和　41
　　——音　41
　　不——音　41
局在化　75
局所性ジストニア　233
近接の要因　67
空間的推論課題　112
空間分解能　192
具体的操作期　162, 170
繰り返し聴取の効果　101
グルーピング構造　86
クロマ固着　53
群化　67
　　——の法則　68
　　楽音の——　67
　　垂直方向の——　69
経験科学　3
経験価値　298
形式的操作期　162, 174
芸術的逸脱　6, 213, 214
芸術の解釈　213
携帯音楽プレイヤー　297
ゲシュタルト　66, 67
　　——原理　68
　　——法則　95
言語的能力　127
言語野　188
検索　92
検査法（テスト）　18
原始反射　164
広告　292

行動主義　4
後頭葉　189
高齢者　270
故障　233
子どもの歌の発達研究　170
好まれる音楽　245
好みの三層構造　257
好みのテンポ　76
鼓膜の振動　34
コミュニケーション　213
　　──・スキル　264
コレスポンデンス分析　123
コンパクトディスク　296

●──サ行──●

再認　95
サヴァン症候群　20
サウンドスケープ　58
サウンドスペクトログラム　32
サウンドロゴ　292
作業促進　294
雑音　29
サブカルチャー　105
産業音楽心理学　283
残響時間　28
　　最適──　28
参照点　79
ジェネヴァ感情音楽尺度　154, 155
ジェンダー　178, 248, 256
　　──と音楽　248
　　──・ステレオタイプ　249, 256
視覚　227
　　──的イメージ　152, 153
自我同一性　175
自我の芽生え　168
時間的近接性　68
時間的動態　203
磁気共鳴画像法　191
刺激的音楽　22
次元理論　140
自己意識　168
自己効力感　128
自己充足性　244
自己中心性　167
事象関連電位　191

ジストニア　200
親しみやすさ　293
実験心理学　2
実験的研究　128
実験美学　241
実験法　17
実行機能　130, 270
実証的方法　3
失旋律症　75
失調性症　75
質的記述研究　280
質問紙法（調査）　18
自動化　229
自発的テンポ　76
磁場変化　193
シャープネス　51
社会経済的地位　178
社会的アイデンティティ　257
　　──理論　177
社会的影響　256
社会的階級　255
周期　27
　　──音　29
　　──性　65
自由記述形式　18
終止音　79
　　──導出法　80
終止感　79
習熟　229
従属変数　17
集団の維持　252
集団への同一化　256
周波数　27
　　──比　41, 42
主音　80
主観的体験　142
主観的リズム　77
熟達　229
　　非──者　230
純音　29, 30
馴化　166
純正律　42
小楽節　215
状況と文脈　5, 219
小節　215

事項索引　305

象徴機能　　*167*
情動　　*21, 138*
消費者行動　　*293*
事例研究　　*20, 274*
進化　　*15*
神経基盤　　*115*
神経細胞　　*185*
　　──の自発的発火　　*35*
進行波　　*34*
深層構造　　*84*
身体運動のイメージ　　*228*
身体運動の感覚　　*226*
身体活動　　*271*
身体的な痛み　　*233*
身体の動き　　*222*
心的回転　　*114*
心的テンポ　　*76*
心理学　　*2*
心理進化説　　*140*
心理測定尺度　　*18*
心理的離乳　　*174*
心理評価法　　*47*
図　　*66*
　　──と地の分離　　*66*
推移型旋律　　*88*
スキーマ　　*194*
図形的タイプ　　*78, 172*
スピーカーの試聴　　*292*
スペクトル　　*30, 33*
性格　　*242*
　　──検査　　*19*
　　──類型　　*245*
生活の質　　*264*
精神活動　　*4*
精神疾患　　*266, 269*
精神テンポ　　*275*
生成的音楽理論　　*84, 86*
生成文法理論　　*84, 87*
生態学的妥当性　　*22*
声道　　*33*
生物学的生存　　*202*
声紋　　*32*
生理心理学的手法　　*21*
生理的反応　　*148*
生理反応　　*142*

絶対音感　　*53, 168*
　　──と脳　　*200*
絶対音名　　*74*
絶対不応期　　*35*
セマンティック・ディファレンシャル法　　*57*
セルフコントロール　　*276*
選好注視法　　*104*
潜在記憶　　*100*
　　音楽の──　　*100*
前操作期　　*162, 167*
前頭葉　　*188*
旋律線　　*66, 72, 73, 74*
　　──処理　　*75*
旋律認知　　*165*
旋律の変換　　*189*
旋律パターン（旋律線）　　──の認知　　*72*
旋律輪郭線　　*73*
騒音　　*29*
早期訓練説　　*169*
想像力　　*245*
側頭平面　　*200*
側頭葉　　*189*
即興演奏　　*198*
　　──の心理　　*230*
ソン　　*46*

●──タ行──●

第一反抗期　　*168*
対象者の多様性　　*192*
第二反抗期　　*174*
対乳児発話　　*222*
大脳　　*75*
　　──皮質の変化　　*200*
他者の存在　　*240*
多重知能理論　　*111*
多重貯蔵モデル　　*93*
脱馴化　　*166*
楽しい音楽　　*204*
楽しい-悲しい　　*204*
短期記憶　　*94*
　　音楽の──　　*94*
探索的研究　　*16*
単純接触効果　　*102*

地　66
知覚的体制化　66
知覚とイメージ　228
治療的援助　273
知的障害　266, 267
知能　111
チャンク　69, 94
注意資源　119
中心音　79
超音波　298
聴覚　226
　──器官　34
　──心理学　11, 296
　──説　35
　──伝導路　186
　──の機能局在　36
　──野　186
長期記憶　94
　音楽の──　96
調査面接　20
聴取習慣　14
調性　79, 194
　──階層性　82
　──スキーマ　80, 81
　──的体制化　66, 79
　──法　53
調節　82
跳躍-充填型旋律　88
聴力損失　36
貯蔵　92
鎮静効果　116
鎮静的音楽　22, 116
データ　3, 15, 273, 274, 278
適応的価値　155
電磁波　191
転調　42
テンポ曲線　214
同化　81
動画サイト　291
等価騒音レベル　38
同期　78, 169
動機（motif）　74
動機（motive）　121
統計的方法　15
統合失調症　269

同質の原理　275
頭頂葉　189
ドーパミン　113, 203
トーン・クロマ　51, 53, 66
トーン・ハイト　51, 66
特性論　243
独立変数　17
トスカニーニの暗譜　99
読解力　118, 127

●──ナ行──●

ナイキスト周波数　296
内向型　243
内向性　244
内側前頭皮質　198
内的クロック　78
仲間からの非難　250
ナポリの6度　195
生演奏　297
喃語　165
二次聴覚野　36, 187
認知　5
　──症　265, 270
　──心理学　5, 8
　──能力　110
　──評価　142
　──評価理論　140
　──容量モデル　119
音色　54
　──の定義　54
　楽器の──　56
ネガティブ感情　125
年齢　255
脳　185
　──の測定方法　190
脳幹反射　152, 153
脳機能イメージング技術　190
脳磁図　192
脳神経系の不調　233
脳地図　187
　ブロードマンの──　187
脳内報酬系　202
脳波　190

●──ハ行──●

パーソナリティ　117, 120, 242
ハーモニー　194
倍音　31
　──列　30
背外側前頭前野　199
背景音楽　116, 293
　──と生産性　294
　──のテンポ　293
　個人差と──　120
　算数問題と──　116
　読解力と──　118
灰白質　200
拍節　76
　──構造　77, 86
　──スキーマ　77
　──的体制化　66, 76, 77
迫力感　57
場所説　35
パターンの認知　67
波長　29
発達　162
　──障害　266, 267
パフォーマンス・プラクティス　217
パフォーマンスリスク　288
速さと正確さのトレードオフ　295
汎化　129
半構造化面接　20
判断処理　204
販売促進　289
反復聴取　22
ビート　76
非侵襲的　190
ピタゴラス音律　42
左手の運指　189
左手の指　199
ビッグファイブ　19, 243
美的畏敬　154
皮膚コンダクタンス　148
評価条件づけ　152, 153
拍子　76
標準化　18
表象　167
表情表出　142
表層構造　84
頻度説　35
フーリエ変換　30
フォルマント　31
　日本語母音の──　32
フォン　46
不快度　201
複合音　29
　──のラウドネスの算出法　48
　周期──　31
腹側線条体　202, 205
符号化　92
普遍素　15
プライミング　85
　──効果　101
　意味──　85
　和音──　85
フリギア旋法　279
フレーズ　215
　──の区切り　96
　──のまとまり　69
ブローカ野　36, 188, 189
プロラクチン　278
文化資本　105
文化的独自性　15
文献研究　21
分裂　70
平均律　42
べき関数　47
ヘッシェル回　200
　──研究　201
ヘッドホン難聴　297
ベルカント唱法　32
変形規則　84
報告ゲーム　279
放射性薬剤　191
ポジティブ感情　125
ポジトロン断層撮影法　191

●──マ行──●

マーケティング　286
マグニチュード推定法　47, 48
マザリーズ　164
マスキング　37
マルチモーダル　100

ミスマッチ陰性電位　191
身震い　202
耳　185
　──の仕組み　34
ミュージッキング　299
民族音楽学　252
無意識的剽窃　102
無限音階　40
無料聴取層　291
メタ認知　171
メタ分析　113, 280
　──研究　113
メディア　256
メトリック（拍節的）タイプ　78, 172
メル尺度　51
メロディ　66
　──の知覚・認知　193
　──の知覚的体制化　65
　──の認知　65, 84, 82
面接法　20
モーツァルト音楽　122
モーツァルト効果　111, 112, 125
モラトリアム　175

●──ヤ行──●

有毛細胞　35
ゆらぎ　213
　表現──　213, 214
よい連続の要因　68

●──ラ行──●

ラウドネス　45
　──レベル　45, 46
　──レベル算出図　46
ランダム化比較試験　192, 274
リズム　76
　──の引き込み　152, 153
　──パターン　78

利他的な行動　150
流動的意図性　115
領域特殊　154
両耳分離聴　71
量的研究　280
臨界期　163
臨界帯域　37
臨場感　27
臨床面接　20
類型論　242
類同性　68
類同の要因　68
レミニッセンス・バンプ　106
連合聴覚野　187, 188
練習　231
連続記述選択法　60
連続スペクトル　30
論理実証主義　3

●──ラ行──●

ワーキングメモリ　115, 130, 199

●──アルファベット──●

A特性音圧レベル　38
CD　298
EEG　190
ERP　191
fMRI　191
　──研究　202, 204
FOK　99
GTTM　86
MEG　192
MI理論　111
MMN　191
MRI　191
4P　287
PET　191
SD法　57, 144

人名索引

●――ア行――●

アイエンガー（Iyengar, S. S.）　289
相沢陸奥男　8
アイゼンク（Eysenck, H. J.）　243, 244, 245
浅田まき　57
アシュケナージ（Ashkenazy, V.）　59, 60
安達真由美　218, 220
アトキンソン（Atkinson, R. C.）　93
アナンド（Anand, P.）　275
阿部純一　66, 98
アルヴァン（Alvin, J.）　14
アルテンミュラー（Altenmüller, E. O.）　199
アルトシューラー（Altshuler, I. M.）　275, 276
アルビノーニ（Albinoni, T. G.）　113
アレグリ（Allegri, G.）　96
イザード（Izard, C. E.）　139
イリー（Ilie, G.）　144
岩城達也　22
岩下豊彦　144
岩永 誠　120, 149
イワノフ（Ivanov, V. K.）　117
ヴァストヒャール（Västfjäll, D.）　147
ヴィエイヤール（Vieillard, S.）　144
ウィーナー（Winner, E.）　131
ウィリアムズ（Williams, T. I.）　98
ウィリアモン（Williamon, A.）　225
ウィルソン（Wilson, G. D.）　232
ウェスターマン（Westermann, R.）　148
ウェディン（Wedin, L.）　144
ウォード（Ward, W. D.）　53, 168
梅本堯夫　1, 5, 7, 8, 12, 13, 20, 165, 179
ヴント（Wundt, W.）　6
エイベルズ（Abeles, H. F.）　250, 251
エヴァンス（Evans, P.）　152
エクマン（Ekman, P.）　139
エッシャー（Escher, M. C.）　40
エッセンス（Essens, P.）　78
エビングハウス（Ebbinghaus, H.）　92, 263
エリクソン（Erikson, E. H.）　162, 165, 171, 175, 177
エリス（Ellis, A. J.）　6
エルバート（Elbert, T.）　199
大浦容子　13, 96, 146, 229, 230
大串健吾　53, 54, 56, 57
小川容子　58
オズグッド（Osgood, C. E.）　57, 60
オニール（O'Neill, S. A.）　248, 249, 250, 251
オルポート（Allport, G. W.）　242
オレロン（Oléron, G.）　7

●――カ行――●

柏木繁男　243
ガードナー（Gardner, H.）　111, 131
兼常清佐　7
カーネマン（Kahneman, D.）　119
ガブリエルソン（Gabrielsson, A.）　147, 151, 154, 216
カラヤン（Karajan, H. v.）　59, 99
カルファ（Khalfa, S. E. P.）　204
川嶋ひろ子　248
河瀬 諭　225
ガン（Gan, S. -L.）　176
ガンズ（Gans, H. J.）　255
キヴィ（Kivy, P.）　217
北村音壱　7, 55, 57
城戸幡太郎　7
キャッテル（Cattell, R. B.）　243, 244, 245
グッドウィン（Goodwin, C.）　121
クラウダー（Crowder, R. G.）　8
クラムハンスル（Krumhansl, C. L.）　82, 150
グリーク（Greake, J. G.）　117
グレゴリー（Gregory, A. H.）　252

クロウザー（Crowther, R.） 249
クロス（Cross, C.） 103
クロス（Cross, I.） 15, 115
グロムコ（Gromko, J. E.） 173
桑野園子 48
ケッセン（Kessen, W.） 166
ケニー（Kenny, D. T.） 232
ケルシュ（Koelsch, S.） 194, 195, 203
ケンプ（Kemp, A. E.） 242, 244, 245, 251
小泉恭子 176, 257
孔子 137
コスタ（Costa, P. T., Jr.） 243
コスタ-ジオミ（Costa-Giomi, E.） 128
ゴスリング（Gosling, S. D.） 246
後藤靖宏 101
コネチニ（Konečni, V. J.） 119, 154, 276
五味康祐 292
子安増生 229
コリアー（Collier, G. L.） 143
コリガル（Corrigall, K.） 127
コールバーグ（Kohlberg, L.） 171
コレイア（Correia, J. S.） 224
コーワン（Cowan, N.） 94
ゴーン（Gorn, G. J.） 292

●――サ行――●

ザイアンス（Zajonc, R. B.） 102
ザイル（Van Zijl, A. G. W.） 224
坂田（山下）薫子 227, 231
櫻林仁 1, 2, 7
サージェント（Sergent, J.） 197
佐瀬仁 3, 8
サティ（Satie, E. A. L.） 217
佐藤典子 247, 254
サドナウ（Sudnow, D.） 230
ザトーレ（Zatorre, R. J.） 193, 201, 202, 205
サニャル（Sanyal, T.） 103
サリヴァン（Sullivan, H. S.） 274
サリンポアー（Salimpoor, V. N.） 203
シェパード（Shepard, R. N.） 52
シェーファー（Schafer, R. M.） 58
シェーファー（Shaffer, L. H.） 217
シェーラー（Scherer, K. R.） 141
シェンカー（Schenker, H.） 84
シーショア（Seashore, C. E.） 4, 6, 214
シフリン（Shiffrin, R. M.） 93
下山晴彦 278
ジャクソン（Jackson, M.） 291
ジャコブ（Jacob, C.） 294
ジャッケンドフ（Jackendoff, R.） 8, 86
シャブリス（Chabris, C.） 113, 114
ジュスリン（Juslin, P. N.） 9, 152, 153, 154, 201
シュトゥンプ（Stumpf, C.） 6
シュトラウス（Strauss, R. G.） 245
シュバート（Schubert, E.） 152, 227
シューベルト（Schubert, F.） 122
シューマン（Schumann, R. A.） 218, 220, 221
シュミット（Schmitt, B. H.） 298
シュルキント（Schulkind, M. D.） 106
シュレンバーグ（Schellenberg, E. G.） 112, 113, 128, 129, 130
シュロスバーグ（Schlosberg, H. S.） 140
正田悠 218, 220
ジョソベック（Jausovec, N.） 116
ショパン（Chopin, F. F.） 217
ジョンスリュード（Johnsrude, I. S.） 193
ジルバーマン（Silbermann, G.） 217
ジルマン（Zillmann, D.） 176
ジンズボーグ（Ginsborg, J.） 16
シンドラー（Schindler, R. M.） 255
末岡智子 57
末永俊郎 240
スクリップ（Scripp, L.） 173
鈴木陽一 36
スティーヴンス（Stevens, S. S.） 47
スミス（Smith, H. C.） 295
スモール（Small, C.） 100, 299
スロボダ（Sloboda, J. A.） 8, 9, 178, 201, 251
スンドベリ（Sundberg, J.） 32, 33

人名索引 311

セイヴァン（Savan, A.）　116
関 計夫　8
ゼントナー（Zentner, M.）　154
ソープ（Thorpe, L. A.）　78

●──タ行──●

ダーウィン（Darwin, C. R.）　139
ダウリング（Dowling, D. J.）　7, 8, 95
高橋範行　229, 230
ダーキン（Durkin, K.）　249
詫摩武俊　242
竹内貞一　106
タジフェル（Tajfel, H.）　177
谷口高士　144
玉岡 忍　7
タラント（Tarrant, M.）　177
チャイコフスキー（Tchaikovsky, P. I.）　72
チャフィン（Chaffin, R.）　100
チャン（Chang, H. W.）　166
チョムスキー（Chomsky, N.）　8, 84, 86
ツヴィッカー（Zwicker, E.）　46, 48, 51
津崎 実　5
辻 平治郎　243
ツビスロッキ（Zwislocki, F.）　47
デイヴィドソン（Davidson, J. W.）　179, 180, 224, 225, 252
デイヴィドソン（Davidson, L.）　170, 173
ディーリアス（Delius, F. T. A.）　246
寺西立年　7
デルシング（Delsing, M. J. M. H.）　246
ドイチュ（Deutsch, D.）　8, 40
ドゥジェ（Dege, F.）　130
トスカニーニ（Toscanini, A.）　59, 99
トッド（Todd, N. P. M.）　217
ドビュッシー（Debussy, C. A.）　218, 219, 246
トマティス（Tomatis, A.）　116
トリハブ（Trehub, S. E.）　78, 105, 166
トルチンスキー（Tolchinsky, D. E.）　290
トレイナー（Trainor, L. J.）　104, 127, 130
トレヴァーセン（Trevarthen, C.）　222

トンプソン（Thompson, W. F.）　101, 117, 119, 144, 146

●──ナ行──●

ナイキスト（Nyquist, H.）　296
ナイサー（Neisser, U.）　5
中田智子　98
中田ヤスタカ　103
中西里果　146
ナームア（Narmour, E.）　87, 88
難波精一郎　11, 54, 56, 58, 60
ノース（North, A. C.）　240, 241, 242, 253, 294

●──ハ行──●

ハウ（Howe, M. J. A.）　251
ハーグリーヴズ（Hargreaves, D. J.）　13, 219, 221, 240, 241, 242, 255, 294
波多野誼余夫　96
バッチェム（Bachem, A.）　51, 52, 168
バッハ（Bach, J. S.）　43, 70, 117, 217, 218, 245
バテル（Battel, G. U.）　215
バート（Burt, C.）　245
羽藤 律　53, 54
バトラー（Butler, R. N.）　271
バートレット（Bartlett, D. L.）　149
ハノン（Hannon, E. E.）　130
ハーベ（Habe, K.）　116
ハラム（Hallam, S.）　117, 121, 122
ハリスン（Harrison, G.）　103
バルーチャ（Bharucha, J. J.）　85
バレット（Barrett, M. S.）　252
バーロウ（Barlow, D. H.）　232
パーンカット（Parncutt, R.）　212
バンガーテル（Bangertel, A.）　122
バンガート（Bangert, M.）　199
バーンスタイン（Bernstein, L.）　8
バンベルガー（Bamberger, J.）　171
ピアジェ（Piaget, J.）　162, 167, 171, 174
ヒース（Heath, C.）　122
ビスマルク（Bismarck, G. v.）　51
ピーチュニヒ（Pietschnig, J.）　114
ビートルズ（The Beatles）　103

ビーマン（Beaman, C. P.）　98
ヒューロン（Huron, D.）　277
ピンカー（Pinker, S.）　115
ファスル（Fastl, H.）　51
ファーナム（Furnham, A.）　120
ファンズワース（Farnsworth, P. R.）　7, 240, 241
フェヒナー（Fechner, G. T.）　17, 37
プライス（Price, J.）　116
ブラウン（Braun, A. R.）　198
ブラウン（Brown, S.）　202
ブラッキング（Blacking, J.）　14
ブラッド（Blood, A. J.）　201, 202, 205
ブラームス（Brahms, J.）　113, 245
ブラン（Belin, P.）　193
フランセース（Francés, R.）　7
フリス（Frith, S.）　177
フリーベリ（Friberg, A.）　215, 222
ブルース（Bruce, R.）　251
プルチック（Plutchik, R.）　140
ブルデュー（Bourdieu, P.）　105
古屋晋一　228
ブレグマン（Bregman, A. S.）　40
フレス（Fraisse, P.）　7
ブロードマン（Brodmann, K.）　187, 188, 202
ペイニーショグル（Peynircioğlu, Z. F.）　99
ペイン（Payne, E.）　246
ベッソン（Besson, M.）　196
ベートーヴェン（Beethoven, L.）　122
ヘトランド（Hetland, L.）　114, 131
ヘブナー（Hevner, K.）　7, 137, 142, 143
ヘルマン（Hellman, R. P.）　47
ヘルムホルツ（Helmholtz, H.）　5
ベルリオーズ（Berlioz, L. H.）　245
ペレス（Peretz, I.）　75
ヘンデル（Händel, G. H.）　245
ペンフィールド（Penfield, W.）　36
ボイル（Boyle, J. D.）　2, 8
星野悦子　17, 19, 117, 122
ボースウィック（Borthwick, S. J.）　180
ポーター（Porter, S. Y.）　250, 251

ホートン（Horton, R. L.）　288
ポベル（Povel, D. J.）　78
ボルツ（Boltz, M. G.）　100
ボールトン（Boulton, M. J.）　250, 251
ホルブルック（Holbrook, M. B.）　255, 275

●——マ行——●

マイヤー（Meyer, L. B.）　8, 21, 87, 102, 153
マイヤー（Meyer, M）　6
マクドナルド（MacDonald, R.）　257
マクファーソン（McPherson, G. E.）　212
マコーリー（McAuley, J. D.）　97
マーシア（Marcia, J. E.）　175, 177
マッカー（Macar, F.）　196
マッカーシー（McCarthy, J. E.）　287
マッカートニー（McCartney, J. P.）　103
マックレー（McCrae, R. R.）　243
松田憲　293
松本じゅん子　277
マンチュルゼウスカ（Manturzewska, M.）　179
三雲真理子　95
ミッターシュフェイラー（Mitterschiffthaler, M. T.）　204
ミラー（Miller, G. A.）　94
ミリマン（Milliman, R. E.）　293
ムーア（Moore, B. C.）　48
ムソルグスキー（Mussorgsky, M. P.）　59, 245
村尾忠廣　88
メノン（Menon, V.）　202, 205
メリアム（Merriam, A. P.）　252
モーク（Moog, H.）　169
モーツァルト（Mozart, W. A.）　96, 110, 112, 113, 114, 116, 117, 118, 119, 122, 123, 125, 130, 215
諸木陽子　120, 149

●——ヤ行——●

山崎晃男　146
山松質文　7

結城錦一　　7
ユング（Jung, C. G.）　　242, 243, 244

●———ラ行———●

ラウッカ（Laukka, P.）　　106, 147
ラダール（Lerdahl, F.）　　8, 86
ラック（Luck, G.）　　224
ラッセル（Russell, J. A.）　　140, 143, 253, 255, 256
ラドシー（Radocy, R. E.）　　2, 8
ラビノヴィッチ（Rabinovitz, B. E.）　　99
ラフマニノフ（Rachmaninov, S. V.）　　214, 223
ラモント（Lamont, A.）　　174
ランガー（Langer, S. K.）　　137
リー（Lee, C. S.）　　77
リカード（Rickard, N. S.）　　143, 149
リスト（Liszt, F.）　　245
リッグ（Rigg, M. G.）　　137, 142
リップス（Lipps, T.）　　6
リップスコーム（Lipscomb, S. D.）　　290

リトッサ（Ritossa, D. A.）　　143
リム（Limb, C. J.）　　198, 199
リュトケ（Ludke, K. M.）　　98
ルシュヴァリエ（Lechevalier, B.）　　96
レヴィティン（Levitin, D. J.）　　97, 202, 205
レヴィン（Lewin, K.）　　1
レヴェス（Révész, G.）　　6
レッパー（Lepper, M.）　　289
レップ（Repp, B. H.）　　227
レーマン（Lehmann, A. C.）　　178
レントフロー（Rentfrow, P. J.）　　246
ローシャー（Rauscher, F. H.）　　110, 112, 114, 128, 131
ローズ（Rose, J. E.）　　54
ローズマン（Roseman, I. J.）　　141
ロビテイル（Robitaille, B.）　　146
ロンゲット-ヒギンズ（Longuet-Higgins, H. C.）　　77

●———ワ行———●

ワーグナー（Wagner, R.）　　99, 245, 290
和田陽平　　7

■著者紹介（執筆順）

●はしがき・第1章・第6章・第12章
星野悦子（ほしの　えつこ）
〔編著者紹介参照〕

●第2章・第3章
羽藤　律（はとう　ただす）
2000年　大阪大学大学院工学研究科環境工学専攻博士後期課程修了，博士（工学）

●第4章
吉野　巌（よしの　いわお）
　1997年　北海道大学大学院文学研究科行動科学専攻博士後期課程修了
　現　在　北海道教育大学教育学部札幌校准教授

●第5章・第13章
生駒　忍（いこま　しのぶ）
　2010年　筑波大学大学院博士課程人間総合科学研究科心理学専攻単位取得退学
　現　在　川村学園女子大学非常勤講師

●第7章
山崎晃男（やまさき　てるお）
　1992年　大阪大学大学院人間科学研究科行動学専攻博士後期課程単位取得退学
　現　在　大阪樟蔭女子大学学芸学部心理学科教授

●第8章・第11章
佐藤典子（さとう　のりこ）
　1998年　早稲田大学大学院文学研究科心理学専攻博士後期課程単位取得退学
　2019年　東北大学大学院教育情報学教育部（教育情報学専攻）博士課程後期3年の課程修了，博士（教育情報学）
　現　在　東海大学・武蔵野音楽大学非常勤講師

● 第 9 章
宮澤史穂（みやざわ　しほ）
　　2012 年　早稲田大学大学院文学研究科人文科学専攻博士後期課程修了，博士（文学）
　　現　在　高齢・障害・求職者雇用支援機構障害者職業総合センター研究員
田部井賢一（たべい　けんいち）
　　2019 年　三重大学大学院医学系研究科生命医科学専攻博士課程修了，博士（医学）
　　現　在　東京都立産業技術大学院大学産業技術研究科准教授

● 第 10 章
正田　悠（しょうだ　はるか）
　　2013 年　北海道大学大学院文学研究科人間システム科学専攻博士後期課程修了，博士
　　　　　　（文学）
　　現　在　京都市立芸術大学音楽学部講師
山下薫子（やました　かおるこ）
　　1996 年　東京藝術大学大学院音楽研究科音楽専攻博士後期課程単位取得退学
　　現　在　東京藝術大学音楽学部教授

● 第 12 章
鈴木涼子（すずき　りょうこ）
　　2008 年　日本大学大学院芸術学研究科芸術専攻博士後期課程修了，博士（芸術学）
　　現　在　上野学園大学短期大学部・昭和音楽大学非常勤講師，日本音楽療法学会認定
　　　　　　音楽療法士

■編著者紹介

星野悦子（ほしの　えつこ）
北海道教育大学札幌分校特設音楽課程卒業
北海道大学大学院文学研究科心理学専攻博士後期課程単位取得退学
パリ第10大学人文学部大学院心理学専攻第Ⅲ期博士課程修了（心理学博士）
元・上野学園大学音楽学部教授

共著書　『児童心理学の進歩　1987年版』金子書房1987,『心理学 for you』八千代出版2000,『音楽療法　研究と論文のまとめ方――資格取得をめざす人のために』音楽之友社2002,『音の百科事典』丸善出版2006,『兼常清佐著作集　別巻』大空社2009,『音楽知覚認知ハンドブック』北大路書房2020,『音楽音響』コロナ社2023

監訳書　P. N. ジュスリン，J. A. スロボダ編『音楽と感情の心理学』誠信書房2008，D. ミール，R. マクドナルド，D. J. ハーグリーヴズ編『音楽的コミュニケーション』誠信書房2012

おんがくしんりがくにゅうもん
音楽心理学入門

2015年3月20日　第1刷発行
2024年6月20日　第5刷発行

編著者　星　野　悦　子
発行者　柴　田　敏　樹
印刷者　西　澤　道　祐
発行所　株式会社　誠　信　書　房
〒112-0012 東京都文京区大塚3-20-6
電話　03 (3946) 5666
https://www.seishinshobo.co.jp/

Ⓒ Etsuko Hoshino, 2015　　印刷所／あづま堂印刷　製本所／協栄製本
検印省略　落丁・乱丁本はお取り替えいたします
ISBN978-4-414-30004-8 C3011　　Printed in Japan

JCOPY　〈(社)出版者著作権管理機構 委託出版物〉
本書の無断複写は著作権法上での例外を除き禁じられています。
複写される場合は、そのつど事前に、(社) 出版者著作権管理機構
（電話03-5244-5088, FAX 03-5244-5089, e-mail: info@jcopy.or.jp）
の許諾を得てください。

音楽的コミュニケーション
心理・教育・文化・脳と臨床からのアプローチ

D. ミール・R. マクドナルド・D. J. ハーグリーヴズ 編　星野悦子 監訳

演奏者から聴取者への単なる伝達ではなく，相互作用的で場の状況に依存した交流・交信手段として，学際的見地から音楽を捉え直す。

目次抜粋
- 第 1 章　人は音楽を用いてどのようにコミュニケーションするのか
- 第 2 章　音楽と意味，多義性，そして進化
- 第 3 章　音楽と会話
- 第 I 部　認知、表象とコミュニケーション
  - 第 4 章～第 7 章
- 第 II 部　具体化されたコミュニケーション
  - 第 8 章～第 11 章
- 第 III 部　学習と教育におけるコミュニケーション
  - 第 12 章～第 13 章
- 第 IV 部　コミュニケーションの文化的文脈
  - 第 14 章～第 16 章

A5判上製　定価(本体6500円+税)

音楽と感情の心理学

P. N. ジュスリン・J. A. スロボダ 編
大串健吾・星野悦子・山田真司 監訳

音楽は感情の言語である。音楽を聴くと，その音楽は明るいとか楽しい，あるいは悲しいとか暗いなど，その音楽の性格を知覚することができる。一方，音楽を体験することで心が豊かになる。さらに，作曲・演奏・音楽鑑賞は感情的な関わり抜きには語ることができないものである。本書は，音楽と感情の結びつきについての様々な方面からの研究成果を伝える。

目次抜粋
- 第1章　音楽と感情　はじめに
- 第2章　音楽と感情についての心理学的展望
- 第3章　脳に耳を傾けて
- 第4章　音楽と感情
- 第5章　音楽的構造の感情表現に及ぼす影響
- 第6章　映画における感情の源泉としての音楽
- 第7章　演奏とネガティヴな情動
- 第8章　音楽演奏における感情伝達の概観とその理論構成
- 第9章　音楽の情動的効果/他

A5判上製　定価(本体5600円+税)